"十三五"国家重点图书出版规划

— 大学之道 —

Education's End
Why Our Colleges and Universities Have Given Up on the Meaning of Life

教育的终结
大学何以放弃了对人生意义的追求

［美］安东尼·T. 克龙曼 著
诸惠芳 译

北京大学出版社
PEKING UNIVERSITY PRESS

著作权合同登记号　图字:01-2009-5167
图书在版编目(CIP)数据

教育的终结:大学何以放弃了对人生意义的追求/(美)安东尼·T.克龙曼著;诸惠芳译. —北京:北京大学出版社,2018.10
(大学之道)
ISBN 978-7-301-29866-4

Ⅰ.①教… Ⅱ.①安…②诸… Ⅲ.①高等教育—教育研究—美国 Ⅳ.①G649.712

中国版本图书馆 CIP 数据核字(2018)第 202678 号

Education's End: Why Our Colleges and Universities Have Given Up on the Meaning of Life.
Yale University Press
Copyright © 2007 by Anthony T. Kronman.

书　　　　名	教育的终结——大学何以放弃了对人生意义的追求 JIAOYU DE ZHONGJIE——DAXUE HEYI FANGQI LE DUI RENSHENG YIYI DE ZHUIQIU
著作责任者	[美]安东尼·T.克龙曼　著　诸惠芳　译
丛书策划	周雁翎
丛书主持	周志刚　张亚如
责任编辑	刘军
标准书号	ISBN 978-7-301-29866-4
出版发行	北京大学出版社
地　　址	北京市海淀区成府路 205 号　100871
网　　址	http://www.pup.cn
电子信箱	zyl@pup.cn
新浪微博	@北京大学出版社
电　　话	邮购部 010-62752015　发行部 010-62750672 编辑部 010-62767346
印　刷　者	北京中科印刷有限公司
经　销　者	新华书店
	965 毫米×1300 毫米　16 开本　14.5 印张　220 千字 2018 年 10 月第 1 版　2023 年 7 月第 5 次印刷
定　　价	78.00 元(精装版)

未经许可,不得以任何方式复制或抄袭本书之部分或全部内容。
版权所有,侵权必究
举报电话:010-62752024　电子信箱:fd@pup.pku.edu.cn
图书如有印装质量问题,请与出版部联系,电话:010-62756370

谨以本书献给我的母亲罗塞拉

六岁的我问她:"星星的上面是什么?"
她说:"好一个玄妙的问题。"
她的语调清楚地告诉了我,
这一类问题有多么重要。

才智的愉悦显然既不如感官的愉悦那样生动,也不如情感的愉悦那样摄人心魄,因此,在青年时代,我们更强烈地追求的是即时的精彩,与之相比较,对知识的追求似乎足可以被忽略,被漠视。学习和知识带来的快乐虽然不是最强烈的,但却是最经久的,这种快乐最不受外界事物的左右,最不被机缘所戏弄,也不被时间所磨蚀。稳健的男人存钱是为满足年老时的生活做准备,所以他也需要为老年进行智力储备。随着星移斗转,相对价值发生转换——索福克勒斯说,时间带走了曾经的欢乐,使之更近似于痛苦。一个强壮的人到了弯腰驼背之时,欲望就将熄灭,届时更关心的事情是一个人是否还能说"我的心智是我的王国",灵魂之窗是朝向宽阔的、赏心悦目的景色,还是面对的只是一堵砖墙。

——A. E. 豪斯曼,1892

教育是什么?我假定教育是一个人为了追赶自己而不得不经历的全部的课程,而没有通过课程的人,即使其生活在最文明时代的事实对他也无济于事。

——瑟伦·克尔恺郭尔,1843

致　　谢

我要感谢我的同事布鲁斯·阿克曼(Bruce Ackerman)和保罗·卡恩(Paul Kahn),他们对本书的初稿提出了宝贵意见。感谢我的朋友贾斯廷·扎伦拜(Justin Zaremby)的帮助。还要感谢耶鲁法学院2008级的贾斯廷·舒鲍(Justin Shubow)和2006级的杰米·戴卡斯(Jamie Dycus),他们为我的研究提供了可贵的帮助;感谢我的助手玛杰·卡梅拉(Marge Camera)给予我的热情洋溢且称职的帮助。我衷心地感谢耶鲁法学院为我提供了支持性环境,正是在这样的环境中我才得以对本书所讨论的有关问题产生自己的见解。我的朋友和经纪人温迪·斯特罗斯曼(Wendy Strothman)给了我许多有益的指导;耶鲁大学出版社编辑部主任乔纳森·布伦特(Jonathan Brent)是一位出色的对话者和善于激励人的批评者。像往常一样,我最受惠于我的妻子南希·格林伯格(Nancy Greenberg),没有她的鼓励,无论是这本书还是我生活中其他的任何事情,都是不可能的。

序　言

　　1965年秋,我第二次成为威廉姆斯学院的二年级学生。一年前我离开了威廉姆斯学院,成为争取民主社会学生同盟(SDS)的组织者。这是学院中一段激动人心的时光。南方的黑人学生活跃在民权运动的最前线。他们的勇气为世人树立了令人赞叹的榜样。在北方,争取民主社会学生同盟的学生领袖(大部分是白人)开始了他们自己的争取社会和经济变革的运动。1962年的《休伦港宣言》*就是他们的宣言。它动情地、明确地阐明了美国的理念与种族主义的以及贫穷的现实之间的堑壕,号召我们这一代学生(我们是当代人,在至少是小康的环境中长大,目前住在大学校园里,正忐忑不安地注视着我们所继承的世界)去填平这个壕沟。① 越南战争刚刚开始。美国学院和大学的校园中开始涌动自20世纪30年代以来未曾见过的能量。到60年代末,这些鼓动人心的力量发展成这个国家有史以来最强大的学生运动。

　　作为当时的大学生,我们中的许多人都成为这一运动的一员。我们感到我们在书写历史。我们深信我们正在参与比我们个人的生活

---

　　* 1962年,美国积极投身民权运动与和平运动的大学生们创建了争取民主社会学生同盟。该同盟代表当时被称为新左派的力量。在密歇根州休伦港举行的成立大会上,该同盟正式通过了由密歇根大学研究生汤姆·海登起草的一篇宣言。《休伦港宣言》对美国社会进行了广泛的批评,涉及种族歧视、核战争危险、不是为了和平而发展原子能、冷战、财富分配不公、大学生的政治冷漠以及自由主义思想的枯竭,等等。——译者注

　　① Tom Hayden, *The Port Huron Statement: The Visionary Call of the 1960s Revolution* (New York: Thunder's Mouth Press, 2005).

壮阔得多的事件。这是令人振奋的思想，使我们其余的生活尤其是学校生活相形见绌。像我的其他同代人一样，我全身心地接受了这一思想并且像某些人那样按照这一思想行动起来了。在取得了父母的勉强同意后，我在1964年的感恩节离开了威廉姆斯学院，一个月后我就与其他四位组织者一起居住在芝加哥北部的白人贫民区的一所小公寓内，希冀能帮助发起我们所谓的"不同种族的穷人运动"。

我的父母是具有自由主义信念的民主党人。他们在1948年投票支持亨利·华莱士（Henry Wallace），并两次投艾德莱·史蒂文森（Adlai Stevenson）的赞成票。他们痛恨约瑟夫·麦卡锡（Joseph McCarthy），尊敬马丁·路德·金（Martin Luther King）。我吸收了他们的信仰并把这种信仰带到了学院。但是在威廉姆斯学院我接触到了一种能考验我的信念的新思想。民权运动的学生领袖们用自己的榜样证明了仅有对公正和平等的信念是不够的。他们表明了为了争得公正和平等，人们还必须进行斗争并作出牺牲。他们证实了必须投身于斗争，必须成为生活大辩论的一名辩手，或者不惜任何代价地去冒险。这是一种令人畏惧的思想，但又是一个令人振奋的思想，因为它暗示了一个人一旦举起了旗帜并大步前进，他的生命终将有可能变得重要。1964年秋我19岁。在这之前我的全部生活是在学校里面度过的。我在想，什么是更重要的——继续在学校里度过几年，所有的一切都导致我所能看到的结果；或者行动起来，为我看得非常清楚的事业服务？确切地说，我如何才能用这些我至今仍未搞明白的词来设计我的选择。我说不出还有什么其他的渴望能鼓动我作出这种选择。但是当我在第一次上大学二年级期间离开威廉姆斯学院时，是因为我最终确信了我的人生意义处于危机中，并且确信，如果我留在学校中，我则将继续自己正在走着的老路，而这意味着我在冒过一种毫无意义的生活的风险。

在芝加哥的工作是很辛苦的——整天不断的门铃声和分发传单，夜以继日地开会评估成绩和制订计划。我们的目标是建立一个周边居民的联盟，动员他们去对自己的房东和这座城市施加改革的压力——争取更干净的住宅、更安全的街道,最终争取对自己的经济和政治命运有更大的发言权。这个聚居区被称为"住宅区",我住在这里的时候,当地的居民大部分是来自肯塔基和西弗吉尼亚的过去的采煤工人,在矿山资源枯竭后他们来到芝加哥寻找工作。长期的经验使他们懂得工会的重要性。他们很有礼貌,但是对那些巧舌如簧的年轻人满腹狐疑,这些年轻人敲开他们家的门,试图说服他们相信街坊同盟是与工人的工会相同的组织,以及拒付房租与煤矿罢工毫无二致。

七个月之后,我们的努力所取得的成果只有一次流产的拒付房租和在市议员办公室外的人行道上的一次抗议活动(在这次抗议活动中,我和我的那些组织者伙伴的人数超过了那些抗议者),我开始怀疑我今后三十年从事组织工作的生涯是否会产生那种能证明我一生的努力是值得的结果。我的政见没有改变,我羡慕那些在住宅区定居的组织者。我仍能感受到同样的冲动,驱使我去过有目标和有价值的生活。我想要的生活是否就是我正在过的生活,对此我已不太自信了。对于什么是我想要的,我也不太有把握了。我去芝加哥寻找关于人生意义问题的答案,是因为我确信在学校中绝不可能找到对此问题的答案。七个月之后,问题依然还是问题,但是政治行动主义的生活不再被看作是对此问题的明确答案。我开始怀念曾被我抛弃的生活。

威廉姆斯学院是一个惬意的场所,它是我所怀念的一部分。然而我还怀念阅读(我现在几乎没有时间阅读)和学院生活中的神聊,而所有这一切是我的组织者工作的严酷现实所不允许的。还有来自我父母的温和的压力,他们即使已为我支付了全年的学费,但还是接受了我离校的决定(作为一个自己的孩子也在学院上学的父亲,我现在认识到这种牺牲是父母给予的礼物)。我的父母从不说"回学校去吧",但是当我在那年夏季回到洛杉矶的家中并对他们说我想回到威廉姆斯时,他们由衷地如释重负。但我并不比一年前更清楚学校将把我引向何方。对于学校能为人生的意义做点什么我也没有更充足的信心。世界的要求看来还是那么大、那么紧迫,与我当年离开威廉姆斯学院去迎合这些要求时并无二致。那是1965年的夏季,在我的父母和我讨论秋季返回威廉姆斯学院的计划时,我们看着电视中播放的二十英里之外的或另一个国家发生的暴动。但我已做好了返回学校和回归我曾经放弃的生活的准备,并尽我所能地把东西整理归类好。

我就是以这样的心态在那年秋季注册了后来成为威廉姆斯学院哲学系讲座教授的纳撒尼尔·劳伦斯(Nathaniel Lawrence)所教的讲习班。我上了一年级学生的哲学导论课程并想深入学习这门学科。我模模糊糊地感到我能在哲学中以及在劳伦斯教授的讲座中找到对那些折磨我的问题的答案。讲习班的名称叫"存在主义"。其他大部分学生都是三、四年级的学生,我感到他们略胜我一筹。那些阅读文献都很难啃。我们阅读克尔恺郭尔(Kierkegaard)的《非此即彼》(Either/Or)、萨特(Sartre)的《存在与虚无》(Being and Nothingness)和伟大的天主教哲学家加布里埃尔·马塞尔(Gabriel Marcel)的《存在的玄妙》(The Mystery of Being)。我们每周在劳伦斯教授的家中聚一次,他的家离校园只有几个街区。每次授课时间为三个小时,中间有一次吃茶点的休息时间,点心总是很新鲜(承蒙劳伦斯夫人的美意)。秋天来临了,白天变得越来越短,空气也变得越来越冷。巴克夏*披上了猩红色和金黄色。当我们下午到达劳伦斯教授的家时,看到炉火熊熊,他的两条金黄色的爱犬正在熟睡,就像火炉边的书靠那样。

每次讨论都是鼓舞人心的,并且常常是热烈的,对我们所有人而言好像利益攸关似的——就像对关于存在主义的讲习班所能期待的那样。讲习班的核心是关于如何生活得最好、应该关心什么和为什么的问题,以及关于人生意义的问题。克尔恺郭尔、萨特和马塞尔都以不同的方式涉及了这个问题,而我们围坐在劳伦斯教授家的壁炉旁困惑地、矛盾百出地、热切地讨论的也是这个问题。到了这学期的第三或第四周时我已经开始越来越激动地期盼我们的会谈。在那个秋季,讲习班成为我在课内外所做的每一件事的中心。这部分地是因为这些阅读文献很深奥并能开启心智,部分地是因为我发现我能赶上我的高年级同学并且能做出些许贡献,还部分地是因为劳伦斯教授的智慧

---

* 巴克夏为地名。——译者注

和仁厚包容了我们所有的人。但是最主要的是因为我在那个班上发现了我自己的自此以来的核心信念。我发现人生的意义是一个可以在学校中研究的主题。

在学院或大学中有许多东西可以研究。什么构成有意义和有价值的生活的问题，仅仅是其中的一个问题。可以在其他不同的场所去寻找答案。还有许多其他的机构(宗教场所是其中最显要的)，包括许多与正规教育没有什么关系的其他环境能提供有关人生意义的教诲，在这些环境中人们有许多发现，从而促使他们说"我的生活具有我认识到的和珍爱的价值"。40年前我在劳伦斯教授的讲习班中所发现的东西就是，高等教育机构是可以用一种有组织的方式探索人为什么而活这一问题的场所之一。我离开威廉姆斯学院是为了寻找我原本以为比学校更能使这个问题具有现实性的场所。而当我回来时，发现这里正是我一直在寻找的场所。从此以后这里就成了我的职业之家。

过去的40年中我依次是学生、教师和院长。当了10年院长之后我现在又是一位教师。在过去的28年中我一直是耶鲁法学院教授会的一员。现在我正执教耶鲁学院一年级新生课程，这门课程研究构成了西方传统的基础的哲学、历史、文学和政治学方面的经典著作。尽管我在自己的职业生涯中扮演了不同的角色，但这么多年来我最深信不疑的信念始终未变，这个信念就是：学院或者大学不仅仅是传授知识的场所，它还是通过仔细地、批判性地阅读从古人那里继承来的文学、哲学等伟大著作去探索人生奥秘和意义的论坛。多年来我的许多信念发生了变化，但唯独这个信念未变。我坚信人生的意义是可教的主题，自从劳伦斯教授首先帮助我产生了这个信念之后它从未动摇过，我的全部职业生涯都在为这一信念辩护并把它传授给我的学生。

这就是我写这本书的原因。因为我看到人生意义这个问题失去了它作为一门有组织的学术教学科目的身份，它被推到了人文学科的专业尊严的边缘。然而曾几何时，它在其中占据着核心的、尊贵的地位。我自己对此信念倾注了大量的心血因而产生了个人的失落感，我感到我能说的仅仅是这是一个能够也是必须在我们的学校中教授的问题。在我担任教师和院长的年代,我把人生意义问题看作是从人文学科中游离出来的,最初认为这是现代研究理念威望日益增长的结果,后来则认为这是政治正确性文化的结果——正是这种文化削弱了该问题本身的合法性基础,以及人文学科教师追问这一问题的权威性。在我看来是那么显而易见和重要的价值却被轻易地弃置一旁,对此我感到迷惑不解和气愤。在考察这种演变时我转而怀疑它们的原因和结果以及补救的可能性。

人为什么而活的问题,为什么从我们的学院和大学的应该以审慎的、训练有素的方式加以研究的问题目录中消失了?对研究理念的诉求其根源何在?为什么这一诉求如此敌视该问题?多样性思想和多元文化主义以及关于价值完全是权力的表现的信念,为什么对探究人生目标和意义的问题的努力具有如此的侵蚀性?当我们的教会现在正垄断着探讨这一问题的权威地位时该问题从学院和大学中消失了,这一般会对文化产生什么后果?复兴它在学术机构中的尊贵地位的前景又将如何?

这些问题正是我在本书中所要问的和回答的。我作为很早以前就爱上了人文学科的威廉姆斯学院的学生提出这些问题。我又作为一个力图把人生意义问题在自己的课堂上保持鲜活的法学和哲学教师来回答这些问题。我还作为曾经的院长提出这些问题,有关研究理念和政治正确性的精神诉求让这位院长整日焦虑,它们把人文学科置于防御地位,人文学科引导我们探究人生意义的权威性也受到了怀疑。

这个问题对我个人而言是极为迫切的。我力图回答这些问题是为了捍卫我在生活中所关心的和所做的事情。但是,这个问题对另外一些人也是十分重要的。他们就是人文学科教师,他们需要恢复曾经拥有的对其引导探索人生目标和价值问题的答案的威望所持的信心,他们原先是被这个问题本身所吸引而从事自己的工作,他们现在需要重新与这个问题建立起联系。这个问题对那些依赖其教师给予价值引导的学生也很重要,这个问题让他们兴奋、困惑,也可能让他们害怕,但是不管出于什么原因,他们发现宗教提供的对此问题的答案是不完全的。这个问题对学生的家长也很重要,尽管他们关于现实生活有自己的各种告诫性的忠告,但他们都热切地希望自己的孩子获得的教育能超越纯职业的范畴,使他们做好迎接比日后的职业生涯更大的挑战的准备。我写这本书是为了所有这些人——教师、学生和家长,他们处于迷惑和愤怒之中,但他们也满怀信心地希望,人为什么而活的问题将在美国的高等教育中恢复自己的正当地位。

目　录

序言 ··· 1

第一章　人为什么而活？ ·· 1
第二章　世俗人文主义 ·· 24
第三章　研究理念 ·· 67
第四章　政治正确性 ··· 102
第五章　科学时代的精神 ··· 154
附录　　耶鲁大学指导性研究计划
　　　　读物目录（2005—2006） ··························· 196

术语对照表 ·· 200

第一章 人为什么而活?

我们的生命是我们所拥有的最珍贵的资源,而如何度过自己的一生的问题是我们面对的最重要的问题。我们实际上正在过的生活某种程度上是我们对此问题所给出的最好的答案。我们的回答当然还要取决于我们看重的是什么以及如何实现生命的价值。我应该如何度过自己的一生? 这个问题会立即引起另外的问题。我最关心的是什么和为什么? 我活着是为了什么(或为了谁)? 我的生命是为了什么?

但是,这个问题究竟属于哪一类? 有些哲学家说,这根本不是一个真实的问题,而只不过是一个看上去像真实问题的妄想,因为它具有与那些真实问题相同的形式:我工作是为了什么,或者我的银行存款要派什么用场,或者我厨房墙上的钟有什么用处。① 人们对这个问题的直觉至少有一些是高度独特的,这种直觉可能最终真的是一种幻想,有一些丑角就利用我们的这种直觉对提出这个问题的人开一个大玩笑。有些饱学之士到处发表有关人生意义的武断意见,伍迪·艾伦

---

① See, eg., Ludwig Wittgenstein, *Tractatus Logoco-philosophcus* (London: Routedge and Kegan Paul, 1922), 6.52-6.52 I:"我们感到,即使所有可能的科学问题都得到了解答,但关于生活的问题却依然根本没有被触及。当然了,那样就没有问题留下了,这就是答案。生活问题的解决就是问题的消失。"关于人生意义"问题的质疑"的各种有深刻见解的观点,见 E. D. Klemke, ed., *The Meaning of Life*, 2nd ed. (New York: Oxford University Press, 2000),207—294。

(Woody Allen)*尤以刺破这些人的气球而闻名。蒙提·派森(Monty Python)**也为让这些高谈阔论的人大大泄气而作出了杰出贡献。① 这些笑话让我们全都捧腹大笑,因为这里关于人生意义的问题有点荒诞不经。但是如果这些纯粹是荒谬的,那么,这种幽默则是浅薄的。笑话很可笑,有其深刻性,这是因为它们触及了神经,提醒我们尽管这个问题看上去是多么的荒唐,但我们没法摆脱它,或者不能没有它。人为什么而活的问题不同于其他问题。它既是基础的又是幻觉的,既是紧迫的又是荒谬的,既是独立的又是共有的。在某些时刻,它给我们施加千钧重力;但在其他时候它却轻如鸿毛。在大部分时候,对我们所有人而言它根本就不是一个问题。

关于这个问题要说的可能最明白不过的一点,就是它不可避免地具有个人的性质。我如何回答,这取决于我的利益、趣味、才能,以及我的教育、社会和经济环境——简言之,取决于把我和你以及其他每个人区别开来的许许多多的因素。所有这些差异都影响到我会关心什么,因此也影响到我如何选择度过自己的一生。人们所过生活的多样性反映着他与生俱来的天赋(气质、文化和其他)的多样性。天赋的差异决定着用什么观点去处理为什么而活的问题。它们使这个问题"个人化"了,这一点是很现实的,也是很重要的。这个问题在我看来就不一样,因为我是从我自己的独特的禀赋角度去看它的。当然,这对于你以及其他每个人来说,也是同样的情况。

但是还有第二点,在更深刻的意义上人为什么而活的问题对我而

---

* 伍迪·艾伦,美国喜剧演员、导演和编剧。原名艾伦·斯图尔特·科尼斯本,1935 年 12 月 1 日生于纽约布鲁克林一个贫穷的犹太家庭。15 岁时,伍迪就开始写俏皮话,开始用伍迪·艾伦的名字给一些报纸的专栏投稿,后来被一些专栏作家推荐专为广播电台写广告中的俏皮话。1961 年,伍迪正式成为一名喜剧演员,在格林尼治村的小酒馆、夜总会和小剧场里演出,一时声名鹊起。1964 年,伍迪为电视台编写并主演了《猫咪最近怎么样了》剧集,大获成功。1966 年初涉影坛,1969—1970 年,由他编剧、主演的舞台剧《再弹一遍,萨姆》取得决定性的成功,在百老汇连演不衰,轰动一时,奠定了伍迪正式走向电影的商业基础。——译者注

** 蒙提·派森,又译蒙提巨蟒,是英国的六人喜剧团体。——译者注

① Woody Allen, *Getting Even* (New York: Random House, 1966); *Monty Python and the Meaning of Life*, DVD, directed by Terry Jones and Terry Gilliam (1983; Los Angeles: University Studios, 2003).

第一章 人为什么而活?

言是一个个人问题。因为这个问题只有我才能回答。世界上其他任何一个人都不能代替我回答这个问题,即使他们对我的性格的了解像我本人那样透彻。我当然可以向其他人学习,从他们的榜样中汲取教益。但是不管他们的所言所行如何让我受到启发或鼓舞,只有我对人生意义问题给出的答案对我来说才具有确实性,这仅仅是因为这是我自己的答案。我的答案可能与你的一样。我们可能关心同样的事情,过着类似的生活。我们可能采用同样的标准去判断其他人的生活是否有目标和有价值。我可能因我们的和谐而感到安慰并受到鼓舞。但是什么事情对我是最重要的(什么具有压倒一切的重要性),并非是对人为什么而活的问题的正确答案,这个答案其他人可能已经找到了,但是我的答案才是正确的,即使其他人早就发现了它。

但是并非对于所有的问题这都是正确的。事实上这对于其中的许多问题是不正确的。例如,数学中的问题就是这样。17 世纪法国数学家费马(Pierre de Fermat)去世后,在他的藏书中发现了一本书,在书的空白处有一条记录,上面写到他发现了"无数不可思议的证据"可用来证明以下定理:整数 x、y 和 z 不能为零,在 $x^n + y^n = z^n$ 中,其中 n 是一个大于 2 的整数。费马指出,此书的空白处太窄,写不下他所发现的证明。这就成了费马的"最后的"定理,"最后的"是因为这是最后被证明的。事实上这个定理直到 1995 年才被证明,普林斯顿大学的一位数学家安德鲁·怀尔斯(Andrew Wiles)在那一年发表了他的证明。这个证明被发表时,举世欢庆,他的发现成了通俗书刊广泛讨论的主题。举世同庆的理由是很显然的。虽然只有少数专家能懂得怀尔斯的推理,但显而易见的是困扰人们的数学问题现在已得到了彻底解答,其他人可以把它从自己的目录中勾销掉。还留下了其他一些问题,但至少这个问题已经得到了解决。其他数学家再也没有理由问自己费马的最后定理是否已被证明。①

---

① Gina Kolata, "At Last, Shout of 'Eureka!' in Age-Old Math Mystery", *New York Times*, June 24, 1993; Gina Kolata, "Flaw Is Found in Math Proof, but Repairs Are Under Way", *New York Times*, December 2, 1993; Gina Kolata, "How a Gap in the Fermat Proof Was Bridged", *New York Times*, January 31, 1995.

与怀尔斯旗鼓相当的某些数学家毫无疑问嫉妒他的发现。他们希望自己是做成这件事的人。这就是人性。但是根据他们恪守学术操守的程度,即恪守我们可以称为"真正的"数学家的学术操守的程度,他们承认,重要的不是谁作出了这个发现,而是确实作出了发现。

　　在看待这些发现方面存在个人观点与非个人观点的差别。从非个人观点看,即从世人的观点(有时我们称之为客观的观点)看,重要的是发现本身,而不是恰巧是这个人而非另一个人作出了发现这个事实。从个人观点来看则相反,重要的是我就是那个作出发现的人,我正是那个正确回答了问题的人。因此,从非个人观点来看,是谁,是莱布尼兹(Leibniz)还是牛顿(Newton)第一个发现了微积分,这并不重要;但是从莱布尼兹和牛顿两个个人看来这是很重要的,他们两人之间在这件宿怨上的争吵最终变得十分激烈。① 但是他们的争吵证明了关于这两种观点(个人观点和非个人观点)的相对优先问题,就微积分的发现而论这是很重要的一点。对于这两位伟大的天才而言,他们之间的争吵看起来是非常不足道的,非常不值得的。但他们所争吵的内容是可以理解的,因此也是可以谅解的。像我们其他人一样,莱布尼兹和牛顿也受虚荣心和私心的诱惑。作为数学家的他们为了表现出更"客观的"的姿态就必须克制人的这些本性,从"客观的"观点看来,微积分发明者的身份是无足轻重的。如果我们感到他们"应该"这样做,那是因为在这个问题上非个人观点占据了上风,尽管个人观点并非消失,但在现实性和重要性方面它处于下位。

　　这两种观点的区别以及非个人观点对于个人观点的优先性,在数学这样的学科中尤为明显,在数学方面,人们所能提出的大部分(不是全部)问题,都能得到一个确定无疑的正确答案。但在其他领域中就

---

① Jason Socrates Bardi, *Calculus Wars: Newton, Leibniz, and the Greatest Mathematical Clash of All Times* (New York: Thunder's Mouth Press, 2006); Gottfried Wilhelm Leibniz and Samuel Clarke, *Correspondence*, ed. Roger Ariew (Indianapolis: Hackett, 2000); A. Rupert Hall, *Philosophers at War: The Quarrel Between Newton and Leibniz* (Cambridge: Cambridge University Press, 1980); Alexandre Koyré, *From the Closed World to the Infinite Universe* (Baltimore: Johns Hopkins University Press, 1957), 235—272.

某些答案是否正确的问题有更大的辩论余地,然而在这些领域中也存在着同样的区别。例如,在历史领域,南北战争的起因问题,历史学家们作出了各种不同的回答,这个问题绝不会像费马的最后定理是否被证明的问题那样有最后的结论性答案。至于任何一个历史学家给出的答案是否正确的问题,始终会存在分歧。所以我们还得区分两种信念:一是历史学家认为其答案是正确的信念;二是这位历史学家发现了真理,他满足了发现所要求的一切条件的信念。我们确信,与在数学领域中一样,对于历史学家来说最重要的必须是他的答案的正当性,其正当性原则上应与其他人对此问题的答案相当(虽然这种姿态要求克制那种与雄心相近的虚荣心)。如果问一位历史学家:假使她写了一本很精彩的、很受关注的论述南北战争的书,但书中有错误,她宁愿这个错误只有她自己知道还是愿意让另一位历史学家来证明,而证明了她的错误的另一位历史学家的威望因此也就超过了她本人,这时这位历史学家如果选择了前者,那么,我们可以说,这表明她在内心深处并不是一位真正的历史学家,因为她的决定尽管在人性的意义上是可以理解的,但颠倒了历史学家的个人的和非个人的利益的重要性的次序,而真正的历史学家应该坚守这个次序以使答案正确。事实在于,在这里"正确"是很难(也许是不可能)确定的,而且历史学家对这类问题给出的答案中包含了各类客观因素。就非个人观点的优先性而言,二者在以上这个事实中没有丝毫差异。

在我对如何度过我的一生问题的答案所进行的研究中,以及对什么样的义务和追求能使生活有意义和有价值的研究中,优先次序是颠倒的。在这里最重要的不是正确的答案是由某个人或其他人找到的,而是我找到了正确的答案。这确实是唯一重要的事情。对于其他的、类似于数学家和历史学家所问的那些问题而言,我自然想给出正确的答案,如果我不能,我会很失望——如果是在测验时问我这个问题,我可能会感到大受挫折。但总能聊以自慰的是,即使我不能回答,总会有另一个人找到正确的答案。相反,我对人为什么而活的问题的兴趣,完完全全是个人的。根本就不能安慰自己说即便我不能回答,总会有人正确回答它。我所关心的一切,我应该关心的一切,是我给出的答案的质量,而不是由某个人或其他随便什么人抓住并公布了"事情的真相"。如果我回答得很差(无论这种回答意味着什么),这就不仅仅是像数学考试不及格那样的受挫了。这是一种灾难,被我错过了的正确答案的存在并不能缓和这种灾难。关于这个问题,很可能仅仅是关于这个问题,个人观点在对提出此问题的人的重要性方面完全压倒了非个人观点。我们并不认为关于优先性方面有什么错。如果不这样做,我们则认为这确实是不正当的,是不忠实于这个问题的精神和本质。

这就在更深的层次上赋予此问题以个人性。对我而言,费马的最后定理是否得到证明的问题已得到解决,因为安德鲁·怀尔斯解决了它。但是人为什么而活的问题,绝不能因为其他什么人为你解决了而对我来说就算解决了。我可以从你的言行中学习很多东西。我可以通过研究书本中所记载的或从我的经历中所看到的其他人的生活而受益。但在这件事情上我绝不能像在其他许多事情上那样听从他们的判断。其他人说些什么,做些什么,对于我对回答我的人生意义问题的思考是无关的。服从和授权在优先从非个人角度考虑真相的场合是合适的,但在这里是不合时宜的。如何度过我的一生以及我为什么而活的问题,是一个仅仅追问自我的问题,就像不能授权临终的任务一样,我不能授权别人回答此问题。

这个问题本质上是个人性的,这就是人生意义问题具有如此丰富的喜剧倾向的原因之一。因为认为人可以用与了解英国国王姓名或学习元素周期表或精通经济理论因素相同的方式去搞清楚人生意义的想法,不仅是错误的,而且是荒谬的。我可以用一种非个人的方式学习所有这些东西。我可以到学校去学习有关它们的一切真相,虽然对这些东西没有丝毫的兴趣。我可以愉快地承认历史、化学和经济学的真理不仅具有价值,而且其价值高于我自己的有关历史、化学和经济学的个人知识的价值。但是如果问题是关于如何度过我的一生,即如何过一种有目标、有价值的生活，那么，所有这些东西都是没有任何意义的。对这个问题如果没有兴趣，或者认为不管事情的真相如何，这种真相除了我承认的价值之外不具有任何价值，这样的态度和想法都是不当的。人为什么而活的问题成为我的私人问题，而我在学校中学的其他东西则不是，我不能简单地听从某个人的教导或阅读了一些正确的书就去回答这个问题。伍迪·艾伦言谈中的幽默即来源于，在玄学考查时他通过窥探坐在他旁边的男孩的灵魂进行哄骗。

  人生意义问题常常显得如此可笑的第二个原因是我们提问时所带有的稀罕性。这不是在日常生活过程中合规律地出现的问题。这是一个"偏执的"问题，我们能够经历生命中的所有阶段而无须提出这个问题。只是在非常偶然的场合下我们才会提出这个问题并发现这是一个很难面对的问题。我们发现很难对这个问题保持聚焦。拉罗什富科(La Rochefoucauld)*把死亡比做太阳。① 他说，就像我们不能片刻凝视太阳一样，我们也不堪在眼中看到死亡。人生意义问题与此十分相似。割断与那些占据了我们大部分时间的日常生活问题的联系看似荒谬，当我们审慎地向自己提出这个问题时，它就具有令人眩晕的巨大空间，预示着毁掉我们很熟悉的日常生活进程所依据的路标。伍迪·艾伦戏谑道，他不理解为什么有些人想知道宇宙的秘密，然而在唐人街周边却常常迷路。他是在提醒我们，从日常生活的观点来看人生的价值和目标问题看上去有多么可笑。

  可以确定的是，能载入史册的只有极少数像苏格拉底(Socrates)和耶稣(Jesus)那样的了不起的人的经历，他们能够以我等之辈绝无可能达到的始终如一的、处变不惊的境界去处理这个问题。正因为如此我们才被他们吸引，且不说他们的教诲的本质。他们如此不懈地、严肃地追究人生意义问题的能力令我们神往，使我们既仰慕他们，又

---

* 拉罗什富科，17世纪法国伦理作家。生于巴黎一个贵族之家。他博览群书，用最简明尖锐的语言提出伦理格言。他把自己的警句集成《箴言录》五卷，主要表现了自己愤世嫉俗的思想。受其影响的有英国的哈代，德国的尼采，法国的司汤达等。——译者注

① François duc de La Rochefoucauld, *Maxims*, trans. Stuart D. Warner and Stephanie Douard (South Bend: St. Augustine's Press, 2001), 8.

对他们的不近人情的淡漠(悲怆与幽默的源泉)感到迷惑。与苏格拉底和耶稣不一样，我们仅仅是间或地，至多是间接地面对这个问题。我们多半是在考虑更微末的一类问题中度过时日，诸如：我是否要带伞去上班？是否要给朋友打个电话，与他约个见面的日子？有的时候我们要面对稍微大一点的一类问题，诸如：我是否要换工作？是否要邀请上了年纪的父亲或母亲住在我家？有时候(虽然偶尔)这类问题会螺旋式地上升为更高层次的事情，诸如：相对于我生活中的其他事情而言我的工作有多么重要？我的孩子们是否爱我？我是否值得他们爱？有时候我们会沉溺于以上所有问题所导致的一个问题，似乎所有上述问题都归并进这个问题中，使之成为一个最终的难解的问题，这个问题就是：人为什么而活，我们的生活是否有以及为什么有值得生活的意义？但是这个最后的问题是在特别的情况下偶尔出现的，这个问题一旦出现，我们只是惊鸿一瞥，高山仰止，在它消失之前再次隐入日常生活的迷雾中，只有极少数杰出的人能长久地逃避这种迷雾。

由于我们很少面对这个问题，而且我们很难把它放在心中，因此生活的价值和目标问题就可能成为一个似乎我们不必花费很多时间去考虑的问题。我们的时间和精力是有限的，而日常生活的要求则是无限的。每一天都会提出无数个必须一一回答的问题。常识鼓励我们去解决这些问题。常识告诫我们不要被一个偶尔遇到的而且是很难领会的问题所分心。精明的处世态度告诉我们要节约我们的智慧和精神资源，把注意力集中在手边的事情上，因为手边的事情就已具有足够的挑战性，以后再去考虑生活的意义——而冒险去毫无意义地分心，这就有成为一个傻瓜的危险。

但是一个恼人的思想对此忠告提出了质疑。不管生活意义的问题可能有多么的不着边际，不管它离我们日常生活中所关心的事情有多远，不管它是多么的散乱和不确定，不管它有多么唬人，它总是存在着，徘徊在背景中，威胁着要突破并引起有意识的注意，威胁着要挑战或搅乱我的已建立起的常规并引起危机，强迫我去考虑我最关心的是什么和为什么。

我的生活是一个决定和义务的金字塔。在金字塔的宽阔的底边是我每天作出的关于几乎毫无结果的事情的许多决定和这些决定所包含的最琐细的义务。在金字塔的稍上面一点的部位,是具有较重要意义的决定和义务。它们为更接近金字塔底边的这些东西构筑成基础——框架和起支撑作用的正当理由。在它们的上面,在更接近金字塔顶端的地方,是具有更重要意义的决定和义务,它们也为其下面的东西提供基础。如此这般直到顶端,在那里我的生活达到了最大的深度,并且我有了最重要的义务。

与我放在书桌上的金字塔镇纸不一样,在这个义务金字塔中,塔尖支持着基底,而不像周围其他金字塔那样。基底宽阔是因为它包含了许多小的义务。塔的顶端很尖,这是因为它所包含的东西很少。但是这些很少的东西,却是最深入我心的、最不会发生变化的依恋,它们支持底部所有的那些数量很多的、琐细的义务并为它们辩护,它们使底部的东西各安其位并保证它们的目标和价值。

还因为我的所有义务是按层级递升的次序连接的,每一部分或层级都取决于它上面的那些层级,下一层级的骚乱总会造成它的上一层级的骚乱,并在我的生活金字塔中产生向上的涟漪效应。这种情况绝对不能发生,也没有真正出现过。但是出现涟漪效应的可能性总是存在的,正是这种可能性使生活意义问题站在幕后,等待着在任何时刻被召唤到聚光灯下,迫使我处于我的生活所依赖的(或者更好一些,构成我的生活的)义务的这一层级:生活的危机是很少的,但它的潜力就像它的表现一样永恒。①

我患了感冒。我是否应该请一天假待在家里?最好还是去上班吧,为什么?因为已安排了一个会议,大家等着我呢。是这样吗?其他人在等我开会。为什么我要操这份心?因为我想成功地完成我的项目。为什么呢?为了增加我获得提升的机会。如果我得不到晋升

---

① 比较海德格尔在《存在与时间》中关于苦恼的讨论。*Being and Time*, trans. Joan Stambaugh (Albany: State University of New York Press, 1996), sec. 40.

呢？我可能就需要另外去找一份工作。那会有多糟糕呢？我喜欢我的工作。我喜欢这份工作给予我的金钱和声誉。如果我少操心一些诸如此类的事情，我是否最好还是请假一天？难道我不应该另找一份工作，让我能有更多的时间陪伴我的家人和以书为伴？在我去世并再也没有什么东西可以操心之前，是否有比金钱和声誉更重要的东西值得我去关心？

从我的生活的金字塔的宽阔的底边开始，有一个问题螺旋式地上升至我的最深层次的义务的顶端。它变成了一个关于义务的问题。感冒变成一个有关生活意义的问题。这是几乎从未发生过的，但这种情况总是有可能的。如果把我每天的生活过多地浪费在思考这个问题上是轻率的，那么，忽视我的生活永远孕育着的逐步增长的意义危机的可能性，看来是另一种方式的唐突。

生活的目标和意义问题，绝大部分蕴涵在我每天都在面对和处理的许多未被注意到的更小的问题的背景之中。但是我知道这个问题确实是存在的。我知道，甚至我最小的决定也是以一系列其价值的重要性逐步提高的逐级上升的义务为依据的，每一个决定都依据重要性更大一点的义务和价值。我知道在我的生活中，最小的一些意义被越来越大的一些意义所包含，依次上升直到顶端，达成某种构想，即生活本身是为了某种不便明说的、可能是不可言说的东西，然而它却是基础性的东西。我知道，我的最平常的、最不重要的决定能幸免于毫无意义仅仅是因为这些决定取决于义务的这一层级。我还知道，直接面对这一层级的可能性是绝无仅有的，但最不重要的问题(例如，"我是否应该从后面分开头发？""我是否胆敢吃个桃子？"①)却有能力激起某个将迫使我直面的危机。我知道关于人生意义的问题与我时刻相伴，虽未被意识到，但却施加一股拉力，这一认识就是我们大家都很熟悉的欲望之源，它使我坚持相信此问题的重要性并使此信念生气勃勃，但从常识的观点来看我的信念是稀奇古怪的或可笑的。

---

① T. S. Eliot, "The Lovesong of J. Alfred Prufrock", in *Collected Poems 1909—1935* (New York: Harcourt, Brace, 1936), 17.

欲望与我们总是如影随形,从我们反射性地意识到我们正在过我们有限的人生之时起,直到这个有限的人生走到尽头。在我们生活的不同时段,欲望表现为不同的形式。当我们年轻时,为什么活着的问题主要是前瞻性的。它使我们注意对眼前东西的选择并提醒我们,我们的生活意味深远地受我们的方向和设计的支配,虽然并非绝对是这样。我们提出这个问题是为了作出正确的选择,是为了过我们想过的那种生活。当我们年老时,这个问题就成为回顾性的。它让我们注意我们曾经作出的选择,这种选择现在体现在我们日益接近尾声的生活阅历之中。当接近生命的终点时,我们问这个问题是为了弄懂我们以往的生活并知道如何过才具有意义的。重心的转变当然不是瞬间发生的,它的完成也是这样。为了生存,生活从来既不是绝对开放的,也不是彻底完成的。这个转变是逐渐的,遵循的是为我们的生活设置共同框架的自然的轨道。当我们沿着自然所设定的这条路前进时人生意义的问题会改变方向和形式。但是问题的迫切性从未削弱过。生活的任何一个阶段的重要性都不会小于另一个阶段。它可能导致青春期危机或老年期危机,像歌德的少年维特和曼(Mann)的奥森巴赫*一样。① 我们渴望所有的一切都取决于我们对此问题所给出的答案,它提示我们,只要我们还活着,这个欲望就与我们同在,虽然我们很少

---

* 少年维特是歌德小说《少年维特之烦恼》的主人公。小说描写了主人公维特跌宕起伏的感情波澜,在抒情和议论中真切而又详尽地展示了维持思想感情的变化。小说以浓郁的诗意和喷涌的激情描写了维特的痛苦、憧憬和绝望,将他个人恋爱的不幸放置在广泛的社会背景中,揭露和批评了封建的等级偏见、小市民的自私与守旧等观念,热情地宣扬了个性解放和感情自由,勇敢地喊出了那个时代的青年要求摆脱封建束缚、建立平等的人际关系、实现人生价值的心声,生动地反映了青年的感情、憧憬和痛苦,表现出一种抨击陋习、摒弃恶俗的叛逆精神,因而更具有进步的时代意义。这也是这部小说成为世界文学宝库中的瑰宝、深受各国人民喜爱而经久不衰的魅力所在。奥森巴赫是托马斯·曼的小说《魂断威尼斯》的主人公。小说描写德国作曲家奥森巴赫怀着丧女之痛来到了威尼斯希望得到休养生息的心情(影射古典作曲家马勒)。到了威尼斯后,奥森巴赫与美少年塔奇奥邂逅,少年塔奇奥宛如希腊雕像般的容颜令奥森巴赫浑然忘我地沉醉在激动的热情中(以柏拉图思想为原型的延伸)。这时,北非流行的霍乱传到威尼斯,奥森巴赫不幸染上,高烧不退,神智昏迷,在恍惚中他看见塔奇奥穿着泳衣要游到远方去,他起身阻拦却因体力不支而摔倒,气绝身亡。——译者注

① Johann Wolfgang von Goethe, *The Sorrows of Yang Werther*, trans. Elizabeth Mayer and Louise Brogan (New York: Modern Library, 1993); Thomas Mann, *Death in Venice*, trans. Kenneth Burke (Avon, Conn.: Heritage Club, 1972).

承认我们的欲望或很少允许这种欲望干扰我们日常生活中的重要事务。

  我要操心的事情很多。我要关心我自己的健康。我要关心我的妻子和孩子们。我要操心我的花园。我还得过问我的退休金投资组合。我要留意自己的外貌。我还要操心把这本书写完。但是所有这些我要关心的事并非处于同一等级。它们在我生活中并非同样重要。我关心的某些事情要比另一些更重要。如果必须作出区分,我可以问自己,如果我必须在这些事情中作出选择,那么,哪些可以保留下来,哪些可以放弃,从而可以按一个大致的优先顺序排列它们。为关心的事情划分层级的思想,是大家熟悉的,也是很直观的。①

  可能在单一的事情中层级尚未成熟——我对一件事(或人)的关心胜过其他任何事(或人),为了它(或他/她)我准备牺牲所有其他的一切。我以这种方式关心的可能不只是一件事(或人)。可能我的最高层级的关心以某种方式和形式与家庭相联系;可能这些事情是毫无条理的,或者甚至是相互冲突的。不管我的最高层级的关心只有一件事还是许多事,不管它们是相互协调的还是相互冲突的,看来显而易见的一点就是:我有诸如此类要关心的事,有某些事情(或人)对我来说比其他任何事情(或人)更重要;如果事实上我确实有某些最高层级的关心的事,看来特别重要的就是,我确信我想要让这些事情在我的生活中占据这个位置。

  如果细细想来,对我最重要的事情(或人)并非只有一件(或一个),那么,无须调整或修正就成为我最想的事情就是最重要的。或者对于什么是最重要的,我不能确定或举棋不定,那么,无须澄清的就是最紧迫的。我对于自己的最高层级关心所作出的错误的或愚昧的判断,会给我的作为一个整体的生活造成某类错误的意义或使我的一生

---

① 哈里·弗兰克福德深邃的、富有思想的著作对我影响很大。See especially, Harry G. Frankfurt, "The Importance of What We care About", in *The Importance of What We care About: Philosophical Essays* (New York: Cambridge University Press, 1988), 83.

毫无意义。因此,关于我的人生意义的问题,可以重新建构为我应该终极关怀的是什么和为什么的问题。一个人声称自己要关心的事情很多,要操心自己的发型,要操心自己的银行存款,要关心自己作为学者的声誉,但是归根结底却没有什么可关心的,这样的人是病态的。一个人声称他对发现什么是自己最关心的或者对决定自己是否要去关心这些事情毫无兴趣,这个人表现出对自己的生命(对他所拥有的最珍贵资源的支出)的一种令人震惊的轻率。如果"人生的意义是什么?"这一问题打动我们是因为它的奇特而不是因为它的有点儿可笑,那么,"我最终应关心什么?"这个与它相同的问题,我们也就比较熟悉了,它的迫切性也就更容易理解了。

以上陈述假设我可以作出某种选择,我关心某件事而非另一件事是我的选择自由。但是可以对为什么要作出这样的选择提出质疑。看来无论在什么情况下,显然我并非能完全自由地或某种程度上自由地想关心什么就关心什么。我所关心的东西,包括最微不足道的和最重要的,都是我的历史和我的性格的产物。我的历史和我的性格现实地并有效地限制了我所能关心的东西的范围。但是它们并不排斥我所有经过深思熟虑的自由选择。在关心的较低层级上这一点是显而易见的。我是否应该尽可能地关心办公室的整洁?可能这是一种我最好予以放弃的神经质的习惯。不管这个习惯有多么根深蒂固,没有任何东西能阻止我对它进行调整,而且我有能力在对它进行切实的改造方面取得某些进步。甚至在更高层次的关心上,即使在最高层次上,我依旧保持着反思的自主性,这就使我能够反躬自问,我所关心的事情是否合适,对我而言是否是最好的选择,并得出它们并非是最好的结论。不管我的关心的层级有多高,自问一下这个问题都是有意义的,而且我都有可能对此作出否定的回答。当然,如果我这样做了,就很难或者根本不可能使我所关心的事与我对它们的评价相一致,即很难或者根本不可能沿着我的否定评价所要求的路线进行改造。我在这方面取得的成功取决于许多因素,它们是从亚里士多德(Aristotle)对意志的弱点的讨论到弗洛伊德(Freud)有关抗拒的解释的哲学探究的论题。① 但是,即使如果我失败了,或者仅仅是部分地获得成功,这也并不意味着那种导致我改造人生的努力遭遇挫败的探究本身就是毫无意义的。因为这种探究最终将深化对我的最高层次的关心的自知之明,这本身就是一件好事,而且它既是我所拥有的进行自我改造的最有活力的源泉,也是一种最好的基础,使我能继续期待我想过的生活终有一天会更接近于我实际所过的生活。

  当我问自己应该做些什么时,这个问题往往就具有道德意义。我应该做什么?这就是说,我要承担什么道德责任?但是,我应该关心什么的问题在这个意义上并不是一个道德问题。即使在我承担了我所有的道德责任之后,我应该如何度过自己的一生的问题依然存在着。我可以用我的一生去追求某个道德目标,例如,追求消灭饥荒或推进人权。但是这种决定并非是由道德本身的要求所授意的,道德要求总能留给我一些自由决定的空间让我去决定自己应该关心什么。对某些人来说,这种决定会导致他围绕着处于关心的最高层级上的道德价值去安排生活。而对另一些人来说,这种决定导致他去过一种尊重道德的生活,但是在最高层级上献身于不同类型的价值,例如,致力于哲学研究或者追求体育运动的威风。这也会导致少数人的最高价值与那些道德价值相冲突,使他们过像保罗·高庚(Paul Gauguin)*那样的生活,高庚对艺术的钟爱达到了为此而抛弃自己的家庭的程度。② 但是不管一个人会作出什么样的回答,关于应该终极关心什么的问题,是一个不能在道德反省的范畴内予以回答的问题。它不是一个道德问题。实际上这个问题产生于道德的终点。对于我来说,如果认为通过鉴别我的道德责任和法律责任我就可以回答这个问题,那么这就可能是心安理得地,但却是虚妄地把一个较大的问题与一个较狭窄的

---

① Aristotle, *Nicomachean Ethics*, in *The Basic Works of Aristotle*, ed. Richard Mckeon, trans. W. D. Ross (New York: Random House, 1941), Ⅱ45a15-Ⅱ51a28; Sigmund Freud, *Introductory Lectures on Psychoanalysis*, trans. And ed. James Strachey (New York: Norton, 1966), 286—302.

* 高庚,19世纪下半叶法国后印象派著名画家。——译者注

② Bernard Williams, *Moral Luck*: *Philosophical Paper*, *1973—1980* (Cambridge: Cambridge University Press, 1981).

问题糅合在一起,却从来没有接受过或竭尽全力地应对过为了决定关心什么及为什么关心而提出的全面挑战。

对人生意义问题的这种陈述方式所具有的更大的优越性,就是可以强调对这个问题的任何回答都必须具备的一个奇妙而熟悉的特点。"关心"某件事,用平常的话来说就是对它的保护或保存或完美感兴趣。这就是要为了你所关心的人或事而对他的安康或顺遂产生兴趣。因此,关心某个人的家庭,或者关心对文艺复兴时期的艺术的研究,或者关心棒球比赛,就是希望看到他们成功、繁荣昌盛,希望保护他们免遭威胁,希望尽可能地使他们更幸福或更完美。所以,包含在关心中的这类兴趣不是我们通常所使用的"自私自利"这个词。它使对人的关心指向其他某个人或某件事,不是作为以一种迂回的或间接的方式增进其所关心的人的福利的手段,而是关心作为其关心对象的人或事的福利的手段。一个人关心自己的父母或孩子仅仅是因为这种关心能提高她在社区中的道德高度,或者一个人关心棒球仅仅是因为她为这场棒球赛下了赌注,这样的人我们可以说她只关心她自己。这种大家都很熟悉的批评强调的是,真正的关心总是意在为另一个人谋福祉——正是它的他向性(other-directedness)促使它把关心的品质放在第一位。

如果我的人生意义是我的高层次关心的产物,看来它就要遵循这样的原则,即仅仅是因为有某个事物超出了我有兴趣予以保护或保持的东西,才使我的生活有了意义。如果关心是他向性的,那么赋予我的整个人生以意义的终极关怀,必须指向并非我的生活自身的某个东西。无论我的终极关怀是什么,情况都是如此。这种终极关怀的对象必须是某种超出我自己的安康甚至我自己的生存的某种东西,如果不是这样,如果我把自己当作最关心的对象,那么虽然我可以极度关心我自己,我却根本不可能真正地关心任何东西;如果我不能真正地关心,那么,由我所关心的东西构成的我的人生意义,我的漫不经心的生活就是没有意义的。这个结论似乎有点过分,但这仅仅是对非常普遍的、非常人性化的信念的一种概括。许多父母都心甘情愿地为了自己的孩子去死,而这种意愿赋予了这样的父母的生命以目标和价值。另一些人做好了为其他的事情去死的准备。他们的最高层次的关心是不同的。但是对一个人而言,除非有某种他愿意为之而放弃的东西,否则他就不能过有意义的生活。因此,人们越多地认识到有某种东西比他们正在过的生活更重要,即越多地认识到有某种东西值得成为他们的终极关怀,他们的生命就越有意义。当然,这个问题就是某个东西是什么或应该是什么的问题。这是一个极端困难的问题。但是不要误以为这个问题难在它的荒谬性或不着边际上。这个问题是苏格拉底(他为哲学而死)和耶稣(他为人道而死)安插到我们的文明中心的问题,是我们每个人都要在自己的生活中遭遇的问题。

  人为什么而活的问题,即我们应该最关心的是什么和为什么的问题,似乎很紧迫,因为这是我们所有人较少依恋却又要时时依靠的问题。在某些时刻,在一定的心境下,其他所有的依恋可能看上去是脆弱的且濒于崩溃,除非对这个问题的答案使这些依恋各得其所从而确保了它们。这样的时刻是很少见的,但绝对不是没有的。它们徘徊在我们的较世俗的利害关系的边缘,我们总能至少是模糊地意识到它们扰乱了我们的有条不紊的生活的能力。

  这样的时刻就是:当人生意义的问题似乎是最紧迫的时候,同时似乎也是最怪异的时候。我们越严厉地问自己关于我们整个人生的意义的问题,我们就可能越倾向于得出这根本不是一个真实的问题的结论。我们更可能把它看成是一个与我们每天问自己的、其合法性为常识所接受的普通问题有着同样形式的妄想的问题,但不同的是这种问题毫无内容和目的。我们也更可能认为这种问题是造成幻觉或错误以及信念混乱的一种幻想和我们的焦虑,当我们问人为什么而活时所使用的熟悉的词汇(这些词在其他环境中也是可理解的并有明显的功效),在这里具有相似的意义和同样的功效。最后,我们可以得出这样的结论,即这个问题是用维特根斯坦(Wittgenstein)的名言"语言去度假"来表达什么时候发生了什么的范例。① 如果我们得出这样的结论,我们就似乎把它作为一个没有意义的问题(把它当作一个不能回答的问题,因为它本身没有意义)而草草了结了它。

这个定论是采用以下方式提出的。

当我们被问及我们的人生是为了什么(是为了一种活动、一种关系还是为了某种类型的项目)时,我们一般是通过指出它与某个其他东西的联系来回答这个问题的。这种联系的含义就是确立其目标或价值并且以这种方式揭示它的意义。这种联系可能具有不同的类型。有的时候是工具性的。例如,如果问我为了什么而工作,我可以回答我工作是为了挣钱。我可以说我看重我的工作是因为它能给我提供物质利益。我工作是为了诸如此类的一些事情。它是达到目的的一种手段,它是达成其他某些目标的一种工具。这当然并不排斥我工作的价值。这不过是鉴别它所拥有的价值的类型。我的工作具有工具价值,这是通过指出其与所追求的目的的联系予以说明的。

在我的生活中当然还有许多事情,其全部价值或部分价值都不属于工具类。虽然我看重我的工作是为了它给我带来的钱,我也可以看重它是因为它使我有机会去运用自己的技能,而在我看来,运用自己的聪明才智是我应有的快乐之源泉。而且我重视与朋友的关系也可能主要是或完全是因为这种关系所能提供的内心的满足(虽然这里也表现出某种程度的工具主义)。

即使我发现生活中的这些方面具有内在的价值,其价值也只能通过指出它与其他某个东西的联系才能予以说明。我也许会被问及这样的问题:友谊是为了什么?友谊的目的是什么?友谊对我有什么价值?这些问题并不荒唐。我能理解并能说出答案。例如,我可能会说我的友谊为我创造了爱和被爱的机会。对我而言,友谊体现着对爱的体验。友谊使爱在我的生活中占有一席之地。如果说我的友谊是赢得爱的工具,这是错误的。友谊不能脱离它所体现的爱而存在,而工

---

① Ludwig Wittgenstein, *Moral Luck*: *Philosophical Papers*, 1973—1980 (Cambridge: Cambridge University Press, 1981).

具是可以脱离它所服务的目的而存在。更何况我所感受到的我对朋友的爱和朋友对我的爱,是比我的友谊本身更大一些的东西。我的任何一份友谊,甚至我的全部友谊都不能穷尽它。在这个意义上,我的友谊与赋予友谊以活力和价值的爱不是一回事,这样我就有可能谈论这两者之间的关系,即我的友谊与友谊所体现的爱之间的关系。①

如果想用一个词,我们可以称这个关系为启示(revelation)。我的友谊为我创造了体验的机会,去感受并懂得什么是爱。友谊启示(reveal)其意义。对此进行解释能帮助我去回答我的友谊是为了什么的问题,虽然在这个事例中答案是非工具性的,但它也有赖于我指出一件东西(我的友谊)与另一件东西(友谊所赋予并显示的爱)之间的联系。

还有其他一些可能性。例如,如果问我,为什么我要读书或运动或旅行(任何诸如此类的事情都是为了什么),我可能会给出一个工具性的答案,指出作为手段它们对其他什么东西(成为博学的,或身体健壮的,或精通另一门语言)是有用的。但是我也可以通过观察这类活动对正常生活的贡献来给出另一类答案,不考虑某种工具为达成某个目标所作出的贡献,而是以一种不同的思考方式,即以考虑调料对一盘菜的贡献或肖像画的背景对其主体的贡献这样的思考方式,即以考虑组成某个较大的合成物的部分对整体(这个部分是整体的一个要素)的贡献的方式来给出答案。我重视阅读、运动和旅行可能不是因为它们能促成某种与其本身显然有别的好处,而是因为没有它们我的生活就会少一些趣味或快乐。对我而言它们是内在的好处(我感到它们是实实在在地令我舒畅的),但它们还是组成复杂的整体的各个部分——各个部分的消失会导致整体的缩小,但如果各个部分不知怎么脱离了整体或者大肆扩张乃至完全湮没了我的生活,部分也同样会减少。

因此,这些活动的价值同样也可以用它们与其他事物的关系来解释,在这个事例中用它们与包含许多不同事物的正常生活的关系来解

---

① Aristotle, *Nicomachean Ethics*, 1155a—1163b.

释。这种关系不是工具性的,也不能理性地说成是启示关系。如果需要用一个词的话,我们可以说这种关系是一种组合关系,在这种关系中一个必需的部分坚守着更大的整体,而整体需要它是为了以最好的或最完善的方式达成圆满。指出我的局部生活与我的作为一个整体的生活处于这种组合关系中,这就是用另一种方式回答人为什么而活的问题。

回答这个问题的方式,除了上面我提到的三种外还有其他一些。但是很难(我认为是不可能的)设想任何回答会不采用上面三种方式所采取的一般的方法。当我们试图解释为了我们生活中的什么时,我们总是先要指出它与其他东西的关系,承认这些关系可能具有不同类型(工具性的、启示性的、组合性的,或其他什么类型)。

但是假设现在我们问生活本身是为了什么——什么东西赋予我们的整个人生以价值和意义。我们是否可以用回答关于我们生活中的不同部分的价值和意义问题的方式来回答这个问题?如果这样来回答,看来这就要求我们把我们的作为一个整体的生活置于与其他什么东西的关系之中——这个其他什么东西恰恰就包含在这样一个理念中:少关心一些自己的生活,多关心一些自己生活以外的或超越自己生活的东西,只有在这样的情况下我们的生活才会有意义。

今天的绝大多数男人和女人,事实上仍如往常那样以某种形式坚持这个信条。爱国者献身于他们的国家,信徒忠实于他们的上帝,父母为他们的孩子鞠躬尽瘁,所有的人都认为他们的生活与某个具有更大价值的东西相联系并从这种联系中获取自己的人生意义。他们把自己的生活置于一个更广阔的关系结构中,置于他们的家庭或国家的延伸了的(如果还是凡人的)生涯中,置于不朽的上帝的宇宙盛观中。他们把自己的生活锚定在这个更广阔的结构中并从中生成对其整个人生的旨趣和目标的领悟。

不同的人以不同的方式审视他们的生活与这个更大的意义结构的关系。一些人以工具方式审视自己的生活,把它看作是达到更大的善的工具;另一些人以组合方式来审视,像演员那样,他们的参与对于整部戏剧的完成是必需的;还有一些人像其生活中的启示精灵那样,将某些更大的、更持久的东西昭示天下。① 但是不管如何表达这种关系,它都能为人生意义问题提供一个答案,这个答案遵循我们在试图解释自己生活中的某些部分的意义时所给出的许多答案的范式。采用这种方式似乎自然会扩大这个范式,并通过把我们整个人生置于某个更大的背景中来研究人生意义问题,就像讨论某个特定活动的意义或关系时我们所做的那样。

但是这种扩大似乎自然会在一个关键方面表现出对此范式的偏离。我们认为,我们的生活只有在与生活之外的或超越生活的某个东西的关系中才是有意义的,而这种判断只能在生活本身的范围内才能作出。关于人生意义的每种判断都是由生活本身作出的,因此在每个规划的范围内它的意义尚是一个悬疑。我们甚至想象不出还会有任何其他的可能性,因为我们没有可用来作出或评价这种判断的生活之外的观点。

在这一方面,对作为一个整体的人生意义所作的判断不同于对生活的各个部分的目标和价值所作的判断。对生活的各个部分的目标和价值所作的判断并非是合情合理的,因为这种判断是在谋求对之作出解释的活动、关系或经验的范畴内作出的,即从其经验范围内作出的。在即使不是全部但也是大多数情况下,我对我的生活的这一部分或那一部分是为了什么的解释,是从生活之外的观点视角予以建构的。我用工作本身之外的获利观点来解释我的工作是为了什么。我认为我的工作来自外部,并把与其他某种能解释其意义的东西(我的爱好、我的才干、我的家庭)的关系带进了工作中。如果问我友谊是为了什么,或者为什么我要读书或旅行,我也会这样去作出判断。我站在这些关系和活动之外的立场上,通过阐明它们与我看重的其他某个东西的联系来回答这个问题。

---

① 比较马克斯·韦伯对认为自己是上帝的"工具"的宗教大师与把自己看作神的"器皿"的宗教大师所做的著名的区分。Max Weber, "The Sociology of the World Religions", in *From Max Weber*, ed. H. Gerth and C. W. mills (New York: Oxford University Press, 1946).

我在头脑中想象着这样做,但我实际上也能这样做。我生活中的任何一个部分都不能完全占据它。至于我生活中的每一个部分,总会有某些其他部分我可以据以来审视它,我可以从这个其他部分出发采用其本身范围之外的观点去考察要讨论的这个部分,并评价它与赋予其意义和价值的其他东西的关系,而不管这种关系的形式如何。但当讨论我的作为整体的人生的意义时我就不能这样做。在这里我能得到的唯一的观点是在想象之中。这里没有真实的外部优势,能与我可以据以对我的生活的各个部分作出评价和判断并回答它们是为了什么的问题的优势相对应。

因此,如果说整个人生是为了什么的问题,只有置于比生活本身更大的背景中才能得到回答,那么,依据我们真实地(与想象相反)能够接受的观点也绝不能回答这个问题。第一,人生意义的问题看似是个关于生活的各个部分的意义的问题。它遵循着相同的范式。但是,第二,它又是根本不同的,这种不同使这个问题具有其独特的幻想氛围。

我们感到人生意义的问题具有特殊的重要性,但是它却很少冲破日常生活的外壳。同时我们也承认这个问题的非现实性,这种非现实性使这个问题脱离所有前续的和后继的更小的东西。我们说,关于人生意义问题的诉求从未能被证实过,这样的诉求超出了论证的范围,必须无条件地相信它们,因此事实上它们基本上是宗教性质的,从而阐明了这个问题的非现实性。在作出以上说明时,我们既承认关于人生意义的问题之间的不连续性,也承认生活的各个部分的意义之间的不连续性。因为在这里没有真正形成一种立场,当回顾我们生活中的各部分时可站在这个立场上,对至少是渴望过的东西以同样客观、超脱的态度来观察我们的生活与生活之外的任何东西的关系。这里没有获得考察问题的真实的有利角度,可据此考察我们的作为一个整体的生活。明白了这一点,我们就再也不会回避因人生意义问题较其他所有问题更不现实(这表明前者是后者的基础)而引起的焦虑感,也同样不会回避人生意义问题是其他所有问题的基础因而更为紧迫而引起的另一种焦虑感。

与关于我的生活中的各个部分的意义问题不一样,除非在头脑中想象,否则作为一个整体的我的生活所拥有的价值和目标是什么的问题(我的人生是为了什么的问题),是不可能被提出来的。这是一个假想的问题,而其他的不是,正因为如此我可以尝试着作出以下这样一个结论:不管形式如何,这根本不是一个真实的问题。某些哲学家已经得出了这样的结论。但是人生意义问题不是一个真实问题的哲学判断,绝不能永久地遏制如影随形的希望和忧虑的情感。尤其是面对这样的判断而坚守宗教信仰,证明了它们对抚慰这样的情感的重要性,但对于像斯宾诺莎(Spinoza)之类的绝无仅有的灵魂则可能除外。① 尽管我们在哲学上存在着疑问,尽管我们以幽默的方式用玩笑话来表达弥漫在这个问题上面的非现实性氛围感,但是由这个既现实又极端重要的问题而引起的恼人的焦虑,却几乎没有一个人能够完全地或长久地予以遏制。

即使这是一个现实的问题,而且是我们所面对的一个最重要的问题,但是这也是一个我们应独自面对的问题,我们对这个问题的答案只能是我们自己的。其他任何人都不能代替我回答我应该终极关怀的是什么和为什么的问题。这是一个极为敏锐的个人问题。如果确实如此,人们自然就会考虑,人生意义的问题是否可以像我们在学院和大学的书目中列出的无数其他主题那样,在学校中进行大有裨益的研究。

人生意义问题在什么意义上和以何种方式才能成为学校教学中的一个合适的和有用的主题?在今天的大部分学院和大学中,事实上它并非是一个有组织地研究的主题,人们可以根据我以上所述推断,这是因为这个问题的性质决定了它不可能成为学校中研究的主题——这是一个过分个人化的问题。但是人生意义的问题绝不能像现在这样始终被忽视。在不久前,许多学院和大学教师尤其是人文学科教师都深信,他们有责任引导自己的学生有组织地考察这个问题,

---

① Spinoza, *Ethics* Ⅴ., Prop. ⅩⅬⅠ, Scholium.

并对自己这样做的权威性充满信心。他们承认每个学生的答案必然是他或她自己的,但他们也相信,训练有素地审视过去的伟大作家和艺术家对这个问题的回答,在学生本人遭遇人为什么而活的问题时会是非常有帮助的;这的确是一种不可或缺的帮助,没有这种帮助学生不仅要独自面对这个问题,而且会陷于混乱之中。

伴随而来的信心的丧失和自信心的崩溃,并非是问题本身的逻辑的结果。就此问题的性质而言,其中没有任何东西要求把它从学院和大学所要教授的主题的花名册中剔除出去。现在充斥在高等教育的各个角落中的对这个问题的疏忽,却是历史发展的结果。下面我将谈一谈这些问题。

第二章　世俗人文主义

美国有六千多所高等教育机构。① "机构"是一个中性词,因此我采用这个词。由于今天的美国学院和大学具有如此丰富的多样性,以至只有一个几乎没有什么内涵的词才有可能涵盖它们全部。

庞大的研究型大学,设置研究生课程、专业学院、进行前瞻性研究的专业设施;住宿制的文理学院,从事本科生教育;两年制的州立学院或社区学院,为本地的大多数居民服务,提供职业训练和为他们到其他学校继续深造做准备;现在的"电子"大学,提供远程教育,方便那些愿意在家学习的人。所有这些学校都迎合了现实的需要。但是它们之间在功能、品质和目的方面的差异非常大,而"学院"和"大学"只不过是它们共同使用的一个名词而已。②

我们的学院和大学的许多功能大部分无须扩张或捍卫。我们的巨型大学力主提升研究的前瞻性,声名显赫。研究所产生的新知识价值巨大并带来无限的实际利益。但在某种程度上美国人可能并未充分意识到,他们今天的物质享受首先是在我国的研究型大学的图书馆和实验室中作出的发明的结果。

---

① 2006年4月,高等教育委员会承认由它鉴定的或由美国联邦教育部批准的组织认证的6814所高等学校。Council for Higher Education Accreditation, "Fact #1: Profile of Accreditation", http://www.chea.org/pdf/fact_sheet_1_profile.pdf (accessed June 9, 2006)。

② *American Universities and College*, 16th ed., ed. James J. Murray Ⅲ (New York: Walter de Gruyer, 2001), 1: 3—26; Arthur M. Cohen, *The Shaping of American Higher Education: Emergence and Growth of the Contemporary System* (San Francisco: Jossey-Bass, 1998), 300—319; *The Chronicle of Higher Education*, "The Almanac of Higher Education, 2005—2006", http://chronicle.com/free/almanac/2005/ (accessed June 2, 2006)。

各级职业训练毫无疑问也是十分出色的。人们不管是想当建筑师还是电工,医生还是洗牙师,律师还是法庭书记员,今天都必须先经过技术训练。几乎大部分非熟练的劳动工种,也都越来越以今天只能在学校中获得的那类知识为基础;为了供应这类知识,美国的学院和大学为那些来学校学习经营和职业的人提供惊人的服务,并对我国的经济作出巨大的(即使不能完全看到的)贡献。①

我们的学院和大学还为它们的共同体和整个国家的福祉作出非经济方面的贡献。从广义上说,可把此类贡献称为政治贡献。我指的是彬彬有礼的素养和宽容精神的培养,这是处于一个多样性民主制度中的负责任的公民必须具有的。学院和大学这样做不是过多地通过宣扬这些素养的美德(虽然它们也宣扬),而是通过创造一种环境,这样的环境要求学生以完全不同于他们以前的风貌与别人相处,陶冶虚心和宽容的态度。学院和大学当然并不是唯一的此类环境(现代职场也是一种环境),但它们是最重要的,它们为增强民主公民的精神所作出的贡献,是它们最有价值的功能。②

---

① 就"创造的量化和知识的市场化"的困难所进行的讨论,见 Michael Mandel, "Why the Economy Is a Lot Stronger Than You Think", *Business Week*, February 13, 2006, 63。

② 关于教育对民主的重要性的经典论述,见 John Dewey, *Democracy and Education* (New York: Macmillan, 1916, 115):"倘有一个社会,它的全体成员都能以同等条件,共同享受社会的利益,并通过各种形式的联合生活的相互影响,使社会各种制度得到灵活机动的重新调整,在这个范围内,这个社会就是民主主义的社会。这种社会必须有一种教育,使每个人都有对于社会关系和社会控制的个人兴趣,都有能促进社会的变化而不致引起社会混乱的心理习惯"。在杜威之前和之后,有关高等教育与共和政体的健康关系的论述,常见于报刊。例如,见"The Yale Report of 1828", in *American Higher Education: A Documentary History*, ed. Richard Hofstadter and Wilson Smith (Chicago: University of Chicago Press, 1961),1:275—291,289:"我们政府的共和政体形式认为特别重要的是让许多人享受全面教育的好处。"Gail Kennedy, ed., *Education for Democracy: The Debate Over the Report of the President's Commission on Higher Education* (Boston: D. C. Heath, 1952), V:"现代民主教育有一个独特的功能。不必扣上一致性的标记,但要创造鼓励独立性的氛围。民主教育必须培养年轻人去实施民主和承担责任。"Alexander W. Astin, "Liberal Education and Democracy: The Case for Pragmatism", in *Education and Democracy: Re-imagining Liberal Learning in America*, ed. Robert Orrill (New York: College Entrance Examination Board, 1977), 207—223, 219:"简言之,在高等教育共同体中我们不仅帮助制造了困扰美国民主的问题,我们还站在适当的立场上开始为解决这些问题做些什么。"Amy Gutmann, *Democratic Education* (Princeton University Press, 1999), 174:"无论是由大多数人还是少部分人去控制的思想创造,都会在民主教育和民主政治的心脏腐蚀自觉地社会再生产思想。大学作为自由学术探究的圣殿,应该帮助防止这种腐蚀。"

这是一份令人印象深刻的关于学院和大学优秀功能的目录。但还必须增加一项。这一项很难界定，但恰恰是现实的。这就是帮助学生领会人为什么而活的问题——正如阿姆赫斯特学院校长亚历山大·米克尔约翰(Alexander Meiklejohn)在一个世纪以前所言，这项优秀的功能就是帮助年轻人根据他们的愿望、机会和天赋过"一种值得过的生活"。①

学院往往是为年轻人的职业生涯做准备。事实上这是他们的职业生涯的第一阶段，是初级学术训练时期，然后继续进行其他形式的训练和工作。对于以此为目的而进入学院的人而言，他们的学院教育具有明确的和可测量的价值。它直接帮助实现已确定的目标。但是它的价值取决于其为之奋斗的目的的坚定性。另一些人尚未确定自己想做些什么，或尚未确定想成为什么样的人，对于该如何度过自己的一生的问题也不明确，对于他们而言，学院教育由于以下各种原因而对他们也是有价值的：学院教育能帮助他们应对各种挑战，其中包括更深刻地洞察自己的使命，为自己完善有目标和有价值的生活的图景，过一种值得过的且不局限于狭隘的职业生涯成就的生活。

对于以好奇或困惑的心态进入学校的本科生而言，学院教育可以帮助他们找到自己的方向，帮助他们面对生活本身是为了什么的问题，这个问题在所有的职业训练之前就会出现并超出这些训练所能提供的任何答案的范围。如果学院教育能够做到这一点，哪怕是勉强地、不完美地，那么，这样的教育对于他们的价值就完全不同于对于那些进学院时已有明确期望的那些人所具有的价值。它确实具有完全相反的一类价值，因为它恰恰缺乏那些使所有的职业训练具有功效的确定的目的，这就使人为什么而活的问题变得十分重要。

在成年初期自由地探究这个问题是非常奢华的一件事，许多人都承受不起。生活的压力过分迫切地要求他们恰如其分地对待这个问题。某些有时间的人选择不把自由用于研究这个问题。他们心不在焉或漫不经心。但是也有相当一部分人既有自由也有爱好，对他们来说在学院的光阴就是公开地探究生命意义的时光，但一旦着手处理千

---

① Meiklejohn, "College Education and the Moral Ideal", *Education* 28(1908), 554.

头万绪的成年人的职责时就很难继续保持这种自由。学院期间也是做其他事情的时期,但也是心胸坦荡地考察激动人心的、神秘的冒险的境界的时期,在这种考察过程中一个有心计的年轻人在 18 岁或 20 岁时会像任何人一样开始理解终身从事的事业。有些人看到了这种考察的价值并有时间去进行考察,对他们而言学院教育为他们提供了不可复得的机会。尽管他们在数量上很少或者在学生总数中仅占很小的比例,我们似乎自然也该重视这种机会,把它看作一种我们希望与其他人分享的至高无上的善,如果某人因为缺钱或没有时间而得不到这种机会,我们会引以为憾。

每门本科生的博雅教育课程的目的都是为其学生提供此类机会。设置这种课程的每所学院和大学基本上使用同样的词汇来描述它,都把它说成是一种手段,用来使学生熟悉范围广泛的人文研究,让他们掌握这方面的一般知识和关于世界的常识,并使他们做好迎接生活所提出的在个人、伦理和社会方面的挑战,而不管他们最终选择什么样的职业生涯。所有的博雅教育都被有意识地界定为非职业性的。它不是为某种工作或职业生涯做准备。它是为生活的"工作"做准备,这当然根本就不是一种工作。不同的学校用不同的方式去进行博雅教育。博雅教育课程是极其丰富多彩的。但所有的课程都是建立在下面这个假设的基础之上的,即本科生教育的一个最重要的目的,就是为作为它的受益人的青年男女提供一种机会,使他们在生活的奇妙的、鼓舞人心的冒险中走得太远并失去时间且可能失去勇气进行反省之前对这种冒险进行反省。①

---

① See, e. g., Harvard University, "Handbook for Students 2006—2007", http://webdocs. registrar. fas. harvard. edu/ugrad_handbook/current/ugrad_handbook. pdf(accessed August 5, 2006), 2; Bates College, "Mission Statement and By-Laws", http://www. bates. edu. /mission-statement. xml (accessed June 14, 2006). 威廉姆斯学院在描述自己的使命时引用了它过去的和现在的领导人的就职演说,其中包括索耶(John E. Sawyer)校长 1961 年的就职演说。他说:"现在能为学生提供的最通用的、最经得起时间考验的、在终极的意义上最实用的知识和智慧资源,是那些不实用的文理科,通识教育早就是以它们为中心的:观察和感受的能力,对范围广阔的经验予以领悟,作出反应和行动的能力;思考、质疑和利用知识去解决更广阔的现实中的问题的素质和能力;成长、更深广地领悟和创造的灵活性;决定立场的知性和行动的意志和坚韧性;机智、聪慧,人性和幽默,他们以开阔的视野看自己,看社会,看世界,他们过着有益的生活,用他们的方式促成自己所信奉的事情。" "Williams College Mission", http://www. williams. edu. /home/mission. php(accessed June 14,2006).

奇怪的是在强调超出狭隘的职业范畴的意义和目标问题的重要性时,今天的博雅课程几乎都没有空间去进行持久的、有组织的探索。它们几乎都不提供曾经与诸如"大书课程"或"西方传统"或"艺术和文学"之类的词汇(现在负有政治使命)相联系的那类有组织的课程,在那种课程中学生和教师通过训练有素地研究一系列相互联系的著作孜孜不倦地探究人类生存的永恒之谜,在这些著作中关于一个人应该如何度过自己的一生的问题为这种探究提出了一个有联系的主题和有组织的重点。当然这类课程中的某些课程,包括诸如哥伦比亚大学在第一次世界大战时开设的当代文明课程之类的那样的一些非常有名的课程,至今还存在。审慎地讨论这些问题的各门课程可以在每个博雅课程的教学大纲中找到。但以一种视野开阔的、结构化的和可以分享的方式向按这些大纲学习的学生介绍由于其捍卫人生意义而被视为很重要的关于人生目标和价值的其他观点,这种努力在今天的美国高等教育中已越来越罕见了。试图这样做的学校现在越来越少,而认为值得这样做,认为这是一个值得追求的有价值的、建设性的目标的思想,现在遭到了许多教师和学生的否定。

今天,许多博雅课程教师甚至人文学科教师,在维护自己在引导学生对此类主题进行有组织的探究方面的能力和权威性时都感到不自在。他们声称自己并不拥有任何特别的睿智,从而能以训练有素的方式与学生交流人生的意义。他们坚持认为自己在引导学生探索人为什么而活的问题的答案方面并不称职。话题当然可以来自教室之外,在那里教师和学生都感到能较为亲密地、轻松自如地交谈。但是今天的学院和大学教师几乎都不相信他们有权力或者有义务就人生的价值和目标问题对自己的学生提供经过精心组织的教导。这种认识也被他们的学生认同,他们大部分人都不希望或不期待在教室中接受这样的教导。

当然这并不是说学生对这类问题不感兴趣,或认为他们的学术研究与这类问题无关。大多数学生尤其是那些注册博雅课程的学生,对于如何使生活变得有意义和充实的问题,有着浓厚的(哪怕是间歇性的)兴趣。大多数人把自己的学术工作(全都还是潜在的学术工作)

看作是深思这一问题的有用的信息源和受到启示的根源。但是他们与自己的教师一样,把这个问题看成是一个个人问题,不宜以公开的、有组织的方式予以研究。

物质世界是由什么组成的以及为什么这是很重要的?生命有机体是如何发挥功能作用的以及是如何进化的?市场何时会发生竞争?民主是否是政权的最好形式?圆周率π是否有模式?我们如何知道我们知道了些什么?诸如此类的无数问题都是课堂教学的合适的主题,可以以结构化的、严密的方式研究它们。在大多数学院和大学中,有专门考察这些问题的课程和系科,还有训练有素的教师去指导学生研究它们。但是,人为什么而活、我们生活中终极重要的是什么以及为什么的问题,是难得采用与教授其他主题相同的明确的、毫不隐讳的方式予以教授的主题。学校中有地理系、社会学系和西班牙语系,但没有关于人生意义的任何系科。这个想法看起来确实很可笑。谁能想象一位人生意义副教授?在教室中得到深入研究的无数主题都处于一门精心组织的课程中,并在资深教师的督导之下,然而人为什么而活的问题与它们不一样,即使那些被此问题吸引住的学生至今也似乎把它看成是个人的事情,认为探讨它的最合适的场所是在学校之外,在家人和朋友中间。他们的教师大部分似乎持赞同意见。

持这种观点的学生可能会说出下面这样的话。他可能说:"我可以决定我生活中最重要的东西。这必须是我独立做的某件事。我在校内外为这件事而习得的每一样东西,都与我探索对此问题的答案有关。我的全部经历,无论是学术经历还是其他经历,都是值得考虑的。但是能够引导我探索关于人生意义问题答案的学术性学科却没有。没有我可以依靠的方法或技术以及有组织的知识体系和训练有素的研究课程。没有以架构这一问题或引导我探究这个问题为己任的教师。没有教师有权力和有能力去做这一工作。可能没有这样的教师,但我的家人和朋友们了解我这个人并爱我。如果我向随便什么人提出这个问题,我倒是真应该向家人和朋友们提出这个问题。在学校中不能研究人为什么而活的问题。"

这段话说明了今天我们的学院和大学中许多学生的态度,即使那些学习博雅课程的学生,他们致力于培养自己从事非职业性工作,即过米克尔约翰所说的那种"值得过的生活",也持这种态度。这也说明了他们的教师的态度,他们许多人也认为人生意义问题是不适合在学校中研究的一个主题。他们关于这个主题的意见成为 21 世纪初的高等教育的重要前提。

但是情况并非一直如此。即使在半个世纪以前,人生意义问题在高等教育中的地位也比今天重要和尊贵。[①] 它并不总是有自己的名分。但是,如何度过人生、关心什么和为什么的问题,什么样的义务、关系、规划和快乐能够赋予人生目标和价值的问题——不管其名分如何,或者往往根本就没有名分,在 20 世纪中期我们的学院和大学对它的重视还是胜过今天。高等教育机构感到这是一个它们有权力也有义务以毫不隐讳的和训练有素的方式予以研究的问题。尤其是人文学科感到自己有责任这样去做。半个世纪以前,人文学科领域中的许多教师依然相信有组织地研究生活的奥秘的可能性和价值。但是今天他们面临着压力。这个压力首先来自现代研究理念,这种理念的权威已渗透学问的所有各个分支,控制着人文学科;其次则来自政治正确性的文化,在过去四十年中这种文化对人文学科的影响甚大,关于人生价值和目标问题,关于有着各种抱负的凡夫俗子走向完善的根源的问题,被推到了责任的边缘,即使在人文学科中也是如此。在压力之下,这个问题被剥夺了作为正式教学计划中的主题的合法性,它曾经是人文学科教师感到自己有能力游刃有余地指导自己学生研究的主题。今天它被逐出了教室并被踢出学校,乃至只能在教师和学生个人生活和课外生活中悄悄地苟延残喘,即使在其独特的意义在于预先假定这个问题本身是极端重要的那些博雅课程中:历史发展的令人沮丧的结局,在现代研究理念和政治正确性文化把对此问题的研究置于窘迫境地之前,使人文学科曾经在公共场合和以有组织的方式探究的主题私人化了。

[①] 有名的 1946 年哈佛报告《自由社会中的通识教育》(General Education in a Free Society)说得很清楚。

第二章 世俗人文主义

如果人们问人生的目标和价值是否是一个可以有益地在学校中研究的主题,并且在头脑中审视美国高等教育对待这个问题的历史,那么,这部历史可分为三个阶段。第一阶段最长,从17世纪初哈佛大学建立开始直至南北战争。这一阶段可称为"虔诚期"。学院教育(当时当然还没有大学)所依据的前提是,人类生活的目的不单纯是一个合适的教学主题,它首先是年轻人必须研究和学习的一个主题。对人生意义的教授是在教条式的、被当作理所当然的假设的基础上进行的。

第二阶段始于南北战争后数十年间第一批大学的建立,止于20世纪中期。这一时期可称为"世俗人文主义时期",下文我将更精确地界定这个词。人生意义问题依然是本科生教学中的一个得到精心组织的主题。但此时人文学科赋予此类教学以特殊的职责,因此再也不能依据曾经被毫不怀疑地接受的陈旧的教条主义的假设进行教学。作为南北战争前的学院的教条式纲领的后继者,出现了对此主题的一种较为多元的研究视角,它建立在批判性地研究西方文学、哲学、艺术的伟大著作的基础上。

第三阶段就是我们现在身处的时期,始于20世纪60年代末。这一阶段将持续多久,现在还不能确定。在这个第三阶段上,人生意义问题已不是精心组织的和有价值的教学主题,即使在人文学科中也是这样。在来自研究理念和政治正确性要求的压力之下,它已被逐出了我们的学院和大学。

美国的学院在最初都是宗教机构。它们教给学生的有关人生目标和价值的东西,本身就是宗教教育的一部分。后来,在世俗人文主义时期,教会和学校分离了。美国的学院和大学与宗教保持距离,并声称自己有能力以与教会的教学不同的方式、不同的手段去教授人生的意义。在美国高等教育的这个第二阶段上,探讨人为什么而活问题的职权分别归属教会和学校。在第三阶段,即我们所处的阶段,我们的学院和大学放弃了对此职权的任何诉求,以致它完全落入了教会的掌控之中,教会现在几乎垄断了制度形式的、有组织地提供的人生意义教育。当初美国学院在提供这类教育时所表现出的自信,今天却只有我们的教会才拥有。

　　美国高等教育的历史起始于 1636 年哈佛学院的建立。哈佛的第一批学生生活在与我们截然不同的世界中。他们的全部物质世界就是由几栋胡乱地建在一片广袤的、未开垦的荒野的边缘上的粗糙的建筑物构成的,为数不多的几个虔诚的人跨越大西洋来到这片荒原上建起了这些房子,在这里过着典型的基督徒的虔心的生活,成为后人的榜样,这就是"山丘上的一座城市"。① 来到这里建造了这座城市的人们从平地上构筑了一个世界,他们首先干的事情就是建立一所学院来教育他们中间的年轻人,后人对他们此举的惊叹从未停息过。"在上帝把我们安全地带到了新英格兰之后,我们建起了自己的房屋,准备了生活必需品,建造了合适的馆所为上帝做礼拜,市民政府也就职了:接下来我们渴望做的一件事情就是提升我们的学问,并把学问世世代代传下去。"②如果清教徒推测,创办哈佛学院的人是创建北美此类机构的先驱者,那么他们也是悠久的学习传统的继承者,他们就是根据这个传统来设计自己的新学院。几乎哈佛的所有创办者都在剑桥或牛津学习过,他们自己受到的教育自然成为他们所建立的学院的样板。

　　17 世纪初剑桥和牛津的教育计划的制订,部分地吸收了中世纪的经院哲学传统,部分地是受一个世纪前的人文主义者的复兴精神的影响。从广义上说,它把拉丁语和希腊语的练习以及密集阅读用这些文字写成的著作与严密的神学研究结合在一起,这就意味着要用他们自己所特有的基督教观点去解释古代异教徒的伟大著作。③ 17 世纪初

---

　　① Perry Miller, *Errand into the Wilderness* (Cambridge, Mass.: Belknap Press of Harvard University Press, 1956).
　　② Quoted in Samuel Eliot Morison, *The Founding of Harvard College* (Cambridge, Mass.: Harvard University Press, 1995), 3.
　　③ 有关 16—17 世纪牛津、剑桥课程的更多信息,见 Laurence Brockliss, "Curricula", in *Universities in Early Modern Europe (1500—1800)*, ed. Hilde de Ridder-Symmons, vol. 2 of *A History of the University in Europe*, ed. Walter Rüegg (Cambridge: Cambridge University Press, 1996), 563—620; Kenneth Charlton, *Education in Renaissance England* (London: Routledge and Kegan Paul, 1965), 131—168; Mark H. Curtis, *Oxford and Cambridge in Transition, 1558—1642: An Essay on Changing Relations Between the English Universities and English Society* (London: Oxford University Press, 1959), 837—125。

的牛津、剑桥学生听关于荷马(Homer)、希罗多德(Herodotus)、索福克勒斯(Sophocles)和西塞罗(Cicero)的讲座。他们读亚里士多德的伦理学著作,还研究古代的历史和法律。他们读希腊文的圣经,听他们的教师讨论宗教教旨的博大精深。他们也进行高度结构化的辩论,讨论古典的和神学的一些主题。他们也学习依然还能用亚里士多德的话语表达的自然科学的基本要素。无论学习什么,采用的方法都是抄写、背诵和吟诵指定课文的段落。创办哈佛学院的清教徒们是这种教学计划的产物并把此作为样板带到了美国。①

他们还带来了其他一些东西。他们带来了深深地嵌入其思维中的观念,自然而然地体现在他们作为原则来陈述的学院培养目标中,即塑造其学生的灵魂。在他们的思想中,一所学院首先应该是养成品性的场所,是培育智慧和道德习惯的场所,所有这些习惯共同形成使人能过对自己而言是最好的生活的基础——这是一种有辨别力的和虔诚的生活,它以历史上的伟大人物为榜样,对上帝的强烈的、无懈可击的爱使这种生活充满活力。可以把这样的生活说成是一个基督徒绅士的生活,如果问哈佛学院的创始人他们的目标是否是提倡这种生活方式,答案看来对他们是不言而喻的。他们并不认为哈佛的任务仅仅是传授其学生随后可以自由选用的某种有用的知识。哈佛的工作是要使自己的学生成为某种类型的人,这样的人具有与众不同的态度和气质,有特殊的关心和挂念。学院的创始人从未想到过,应该让他们的学生自己去回答人生意义的问题。

他们充其量可能承认一个基督徒绅士可以从事几种不同职业中的一种——他可以成为牧师、律师、教师或从事其他什么职业的人。但是他们会否定把他们的学院建成为其学生毕业后的就业做准备的职业学校的思想。他们会说创办这所学院是为了某个更本质的目的,即打下品性的共同基础,这种基础是所有的努力取得成功和荣耀所必须依赖的。他们坚持认为建立哈佛的首要的和最重要的目的,是为了其学生灵魂的善。

---

① Morison, *Founding of Harvard College*, 40.

他们也确信他们选择了最好的手段去达到这个目的。这就是记忆和吟诵的方法。记忆永远是获取知识的一种有用的方法。但哈佛的创始人却似乎认为它还是达到品性养成这一最高目标的一种天赋的技术。记住某个文本就是要求一个人把注意力集中于作者和他对论题所作的描绘和范例。记忆是灵魂的仓库。我们从记忆中汲取鼓励和指导。很好的记忆力就是能接受生活的挑战,就要在记忆中储备大量的故事、演说,以及当我们面临选择时或对我们面前的其他方案进行评价时,可从记忆中提取出诸如此类的东西。在这个意义上记忆(以及背诵,这是记忆在公众场合的展示)不同于品性。它们是培养品性的温床,是开启和鼓舞心灵的不竭的源泉。我们甚至可以说记忆就是品性;人就是他记住的东西并在其公众发言中展示他自己是这样的一个人。

在任何时候,美国高等教育中的最初的实验所依据的思想,就是那个隐藏在记忆和背诵实践背后的思想。这个思想可以追溯至古代的鼻祖,即可追溯到罗马的雄辩术甚至更早的源头。[①] 今天我们已不再把这些方法看作是有魅力的传统。尤其是在卢梭(Rousseau)和杜威(Dewey)著作的影响下我们不但不再认为它们有助于心灵的成长和丰富,反而视它们为自发性的障碍。[②] 但是对于创办了我们的第一所学院的、受过剑桥和牛津教育的清教徒们而言,这些技术看来是达到使基督徒成为绅士目的的最完美的手段,这是他们最主要的目的,确实也是他们的唯一的目的。

哈佛学院的创始人似乎并没有把该校的教育计划说成是一种人生意义的教育。人生意义是现代的一种说法,他们可能不会选用,或者甚至可能不懂得它。但是他们关心生命的终极价值,认为他们对此已拥有了一种稳定的、有权威性的智慧,并把他们的学院的主要职责理解成设计一些方法来把这些价值移植进学生的灵魂中去;所有这些

---

① Quentin Skinner, *Reason and Rhetoric in the Philosophy of Hobbes* (New York: Cambridge University Press, 1996), 45—46.
② Jean-Jacques Rousseau, *Emile: Or, On Education*, trans. Allan Bloom (New York: Basic Books, 1979), 168; John Dewey and Evelyn Dewey, *Schools of Tomorrow* (New York: Dutton, 1962), 102—104.

方法都是无可置疑的。

哈佛在自己所处的物质环境中,即在高深学习机构所面临的挑战之中谋求生存。理性在欧洲的发展,对哈佛在其开始自己的"进入荒原的差事"时就奉行的教育理念所施加的压力越来越大。① 但是哈佛创建人在内心深处坚定地相信,学院教育的目的是回答人为什么而活(传授生活中什么是最重要的知识)和为什么的问题,以心理强迫的方式传递对意义的宇宙结构的一种理解,我们人类的生活就锚定在这个结构之中并反过来保证着自己的意义;这种坚定的信念使他们的事业欣欣向荣。美国高等教育始于这种信念,即学院的首要义务是提供关于人生意义的教育,这种信念在以后保持了很长一段时间,并且这种理念在各个方面的压力之下仍然基本上保持不变。

在哈佛建立后的两百年内,成立了许多学院来满足当地的教育需要。到 1840 年,高深学习机构已星罗棋布地出现在美国的大地上。大部分学校招收当地的学生,虽然也有少数学校成为全国的佼佼者并吸引了远处的学生。几乎所有的学校都隶属于一个教会,但对学院生活的影响因依附程度的不同而不同。尽管有些学校在财政方面比另一些学校安全一些,但在 1840 年前几乎没有一所学校不处于破产的威胁之下,最终许多学校被迫关门。

哈佛成立 200 年后的美国学院的境况,表现出生命力和多样性。在漫长的形成时期,美国人民把他们的财产和雄心倾注于创建进行高深学习的机构,其热情达到了任何国家都史无前例的程度。在欧洲,高等教育一直是为社会和知识精英保留的特权。而在美国出现的是独一无二的民主,当然这种民主还不完善,但民主程度比人类历史上任何时期、任何地方都高。② 18 世纪和 19 世纪初在美国各地如雨后春笋般地涌现出的学院,一直用不变的措辞表达独特的美国式信念,

---

① Miller, *Errand into the Wilderness*.
② Frederick Rudolph, *The American College and University*: *A History*, 2nd ed. (Athens: University of Georgia Press, 1990), 62—63; Cohen, *Shaping of American Higher Education*, 64—65; Lawrence A. Cremin, *Traditions of American Education* (New York: Basic Books, 1976), 86, 101.

即相信每个人都是可以教育的,乃至把智慧提升到最高水平的雄心也是可以实现的。有人说,学院"冲破了专制政府为了进行随心所欲的统治而积聚起来的垄断和精神力量,在人民中间传播知识,为这个国家最贫寒家庭的儿童"进行高深研究"带来充分的和公平的机会"。这种信念以一种独特的美国方式把民主思想与贵族思想结合起来。[①]南北战争前的学院是美国文明的里程碑。

美国在19世纪初开办的学院在许多方面是不一样的。但是几乎所有的学院都具有可以追溯到哈佛所建立的教育传统中的某些特点并继续坚持这些特点,只不过采用了改头换面的方式。有两个特点尤其能表征学院的组织文化和知识文化。第一个特点是各个不同的研究分支之间没有截然的区分,每一个分支都是独立的一组教师和学生的领地。第二个特点是在学院的系科与其行政部门之间没有任何有意义的区别。

在19世纪初的学院中,整个课程是固定的。要求学生按一套顺序学习特定的教程,而每门教程的阅读文献一般是为全体学生规定的。19世纪上半叶,耶鲁在建立和捍卫课程标准方面发挥了带头作用。耶鲁的一年级学生要阅读李维(Livy)、贺拉斯(Horace)、荷马和希罗多德的著作;二年级学生要阅读西塞罗和色诺芬(Xenophon)的著作;三年级学生要阅读埃斯库罗斯(Aeschylus)、欧里庇得斯(Euripides)、柏拉图(Plato)、修昔底德(Thucydides)和狄摩西尼(Demosthenes)的著作。耶鲁的四年级学生要阅读逻辑学书籍以及杜格尔德·斯图尔特(Dugald Stewart)和托马斯·里德(Thomas Reid)等苏格兰启蒙运动哲学家的代表性著作。一年级学生开始学习数学,先学欧几里得(Euclid)的《原本》(*Elements*),第二年接着学习达顿(Dutton)论圆锥截面的论文。天文学、地质学和化学也都采用规定的教科书来教,地理学和政治经济学也是这样,法国经济学家让·巴蒂斯特·萨伊(Jean-Baptiste Say)有关这个主题的著作,以及后来的弗朗西斯·韦兰(Francis Wayland)的著作都是主要的课本。在每门学问的各个分支

---

① Quoted in Rudolph, *The American College and University*, 63.

中,南北战争前耶鲁的课程是以固定不变的方式安排的,所以在一个授予学位班级中的每个学生学习的书目几乎是一样的,每年的变化是微小的。① 其他学校中学习的教程在细节方面略有不同,但基本轮廓与作为许多学校的样板的耶鲁的教程相似。②

如果学生以相同的顺序学习相同的东西并期待他们掌握共同的课程,那么也就期望他们的教师能够教他们所有的人。南北战争前的学院的教授是万金油式的(jacks-of-all-trades),他们能胜任在任何年级教从拉丁语到自然科学的任何学科。③ 即使在耶鲁这样的劳动分工比其他大部分学校都要细一点的学校中,也希望教师在其学生"整个最初的三年中"能教他们"所有的学科"。④ 因此,学院要求其教师和学生的工作具有共通性。如果学生做同样的工作,他们的教师就可以布置共同的作业。学生从不选择自己所要学习的教程。他们执行规定的课程计划。他们的教师在学科方面没有专业化,因此其教学也就没有限制。他们能从头至尾地教授整个课程。当时没有我们现在认为是理所当然的学科区分,没有"部门",没有"系",也没有"主修课程"。每个人都是通才,做着多多少少相同的事情。

学院的行政人员也是这样,他们也是教学团队中的成员。教学人员与行政人员之间的区别,我们现在认为是理所当然的,但当时并不存在。在南北战争前,大部分学院实际上只有一位专职的行政管理人员——校长,他不仅要进行教学,而且往往是教授会中最有影响的教师,负责教授作为学生学院经历顶峰的四年级课程。⑤ 甚至在19世纪末在许多学校中还保持着这样的情况,其中包括一些像普林斯顿和布朗这样的规模较大的学校。在蒂莫西·德怀特(Timothy Dwight)担任

---

① 更多的信息见 "The Yale Curriculum, 1701—1901", *Educational Review* 22 (June 1901):1—17。

② "Yale Report of 1828", in Hofstadter and Smith, eds., *American Higher Education*.

③ Laurence R. Veysey, *The Emergence of the American University* (Chicago: University of Chicago Press, 1974), 142—143.

④ Brooks M. Kelley, *Yale: A History* (New Haven: Yale University Press, 1974), 178.

⑤ George P. Schmidt, *The Old Time College President* (New York: Columbia University Press, 1930), 110.

耶鲁校长期间(1866—1899),他每天要为毕业班讲一次课。① 南北战争前的学院校长,不像我们现在的许多学院和大学校长那样纯粹是一位官员或经费筹措者。他是他的领地中的领导人,教授会中的其他人期待他清楚地阐明他们所从事的共同事业的目标——对其学生进行道德教育。

这个事业基于两个假设。第一,对于他们和他们的学生正在经历的教育过程的道德和精神目标,教师的领悟高人一筹,因此他们拥有无懈可击的权威性。一位教师可以是不受欢迎的,甚至是招人恨的,但他依然是道德权威。教师通常与他们的学生一起住在校舍内并监督他们的一举一动,学生哪怕是小小的违规也要遭到教师的严厉惩罚,而规章制度是用来整顿学生的"整个生活方式"的。② 这必然造成师生之间关系的紧张,偶尔导致暴力反抗。在佐治亚大学,愤怒的学生向他们的校长和一位教授投掷石块。③ 但是,学院生活的权力主义的前提在很大的程度上依然没有改变。学生单纯地假设他们的教师最清楚要成为一个道德成熟的人而必须掌握的习惯和信念,也最清楚必须入迷地阅读哪些书籍才更可能产生这样的结果。如果认为,道德成熟是一个模糊的思想,对它的解释是相互矛盾的;教师在界定这一思想方面的地位并不优于他们的学生;学生应该根据他们对学院教育目标和价值的不同认识去自由地选择教程;以上诸如此类的想法被学生和教师们认为是荒唐的。

第二,学问的每个分支,都在一个独立的、整合的教学计划中占有一席之地并服务于共同的目标。1840年,古典著作的学习在大部分学院中仍有特殊的分量,它们继续占据课程的核心地位。但到了19世纪初,果真开始越来越多地注意被伽利略(Galileo)、开普勒(Kepler)和牛顿的工作予以彻底改造了的自然科学。牛顿的革命对千百年来成功地使亚里士多德的物理学和宇宙论顺应了基督教的天启真理的

---

① George P. Schmidt, *The Old Time College President* (New York: Columbia University Press, 1930), 94.
② Schmidt, *The Old Time College President*, 79.
③ Rudolph, *The American College and University*, 97.

世界观施加了巨大的压力。① 当然有些人的结论是：科学和宗教今后必须分道扬镳。但是南北战争前的美国学院，大部分具有强烈的教派渊源，依然高度相信科学和宗教是可以和解的，并花费了很大的精力去调和自己的主张。新自然科学中的教程很典型地被一门神学教程所仿效，这门教程证明，牛顿运动定律可以适应并且确实只能被全知的和仁慈的上帝的思想所解释，上帝的工作像机械一样精确，它构成一种道德的和机械的顺序，人的精神需要和责任在这种顺序中各得其所。在威廉姆斯学院，为更好地研究星星而建造了一座天文台，但这也可以提升学生的思想，使他们去认识"深不可测的源泉和造物主，造物主建构了物质世界和作为非物质王国的生动标志的物质世界的所有灾难"。② 以这种方式世界的无缝性得以保持。它依然还是一个目标和价值的道德世界。

甚至影响越来越大的政治经济学学科（后来分布在经济学、政治科学和社会学等独立领域内的各种主题的合成），依然是由道德假设形成的，然而要求以更有序的方法去研究人类科学。南北战争前学院的课程屈从了对更大严格性的诉求。新的社会科学与新的自然科学一起，在美国学院中的声望逐渐增长。③ 但是新的社会科学也在一套道德信念中驻足不前，而这些道德信念又固守一套神学假设，这种假设就是：当教学生去领悟新的社会科学时就能保证世界的精神完整性。布朗学院校长弗朗西斯·韦兰，是当时最有影响的教育家之一，他在教授政治经济学和道德科学教程时把这两门教程处理成一门学

---

① E. J. Dijksterhuis, *The Mechanization of the World Picture* (London: Oxford University Press, 1961), 490—491; Koyré, *Infinite Universe*, 273—276; Edwin Arthur Burtt, *The Metaphysical Foundations of Modern Physical Science* (Garden City, N. Y.: Doubleday, 1954), 297—298.

② Quoted in Rudolph, *The American College and University*, 226.

③ 有关南北战争前课程扩张和改革方面的更多信息，见 Cohen, *Shaping of American Higher Education*, 73—83; John S. Brubacher and Willis Rudy, *Higher Education in Transition: A History of American Colleges and Universities, 1636—1976*, 3rd, ed. (New York: Harper and Row, 1976), 100—111; Stanley M. Guralnick, *Science and the Ante-bellum American College* (Philadelphia: American Philosophical Society, 1975); Rudolph, *The American College and University*, 110—135; Elbert Vaughan Wills, *The Growth of American Higher Education* (Philadelphia: Dorrance, 1936), 166—185。

科的不同方面。① 在这一方面他是他的时代的代表。因为当时各地的教师还在继续认为,学问的每个分支——古典学、数学、自然科学、政治经济学和神学——在一个一体化的教学计划中能各得其所,这个教学计划的目的就是塑造学生的灵魂,其途径是向学生证明自然世界和社会世界的共同的道德体系,以及培养为履行他们在这个世界中的位置所赋予他们的义务而必须具有的习惯。

哈佛的创始人几乎不可能想到两个世纪后的美国高等教育的景观。学院的绝对数量、其教派的众多、学生身份的多样性——所有这一切都会令他们吃惊。如果知道自然科学和人文科学的研究发生了怎样的变化,以及这些变化对美国学院的课程产生了什么样的巨大影响,他们一定会感到震惊。

但是不管所有这一切,他们也会发现某些非常熟悉的东西。他们能够理解,1840年时的大部分学院的教育计划所指向的目标,与他们那时的目标并非完全不一样。在这两个世纪以来,美国学院生活所仰仗的基础依然还是这样一个信念,即学院的首要职责是为学生探索人为什么而活的问题的答案提供有组织的帮助。这个信念依据的假设依然是:学院的教师和行政人员要在这场共同的、精心计划的战役中联合起来提供这种帮助。

人生意义的问题变得更复杂了。向宗教信仰的挑战越来越深入。新的自然科学和社会科学几近迫使科学与道德分离。② 关于奴隶制问

---

① Schmidt, *The Old Time College President*, 140.
② Rudolph, *The American College and University*, 274—275:"建在巴尔的摩的新大学以对科学真理的探究替代对天启宗教真理的接受。它以探索对这个世界的理解来替代为在这个世界中的生活做准备……当时普遍渗透着约翰·霍普金斯大学的精神。" Allan Nevins, *The Emergence of Modern America, 1865—1878*, vol. Ⅷ of *A History of American Life*, Arthur M. Schlesinger and Dixon Ryan Fox, eds. (New York: Macmillan, 1935), 286:"有着科学头脑的年轻人与有着神学头脑的年长者之间的冲突迅速发展成白热化……不出所料,重大的斗争主要集中在学院内。" 这种冲突与红衣主教纽曼(Cardinal Newman)1859年提出的和谐观点相去甚远。See Henry Newman, *The Office and Work of Universities* (London: Longman, Green, Longman,, and Roberts, 1859), 24。

题的越来越激烈的全国性辩论造成了美国学院和其他方面的不安定。① 但是在1840年,旧秩序基本上尚未被触动。学院的教师们仍然自负地认为他们拥有有关人生意义的权威性智慧。他们仍然认为向学生传授这种智慧是他们共同的义务。所有这种情况要在以后的50年内才发生变化。但在当时,两个世纪前创建哈佛时的精气神和信心还生气勃勃地洋溢在美国的学院中。

在南北战争后的数十年内,美国的高等教育界出现了改革。发生在1860—1910年间的改革,最终导致与自17世纪30年代清教徒移民至此地到南北战争以来一直占据优势地位的旧教育秩序几乎彻底决裂,把美国的高等教育带到了另一条完全不同的道路上,至今我们还在走着这条路。

改革的核心以及改革所带来的新制度的核心,是一种全新的机构:美国大学。② 称作大学的机构在欧洲已存在了几百年。美国早期的学院就是以它们为样板的。但是在19世纪初,欧洲出现了一种新型的大学,它的名称也是大学,但在目标方面存在重要的不同。其中最有影响的是最早出现在德国的大学。

新型的德国大学是按高等教育史上没有先例的一种新颖的假设组织起来的。这就是这样一个理念:大学的存在主要是为了发起研究,大学的首要职责是为学者提供从事生产新知识的工作所需要的空间、书籍和其他资源。在德国以及在其他地方也总是有少量的民间学者以生产新知识作为自己的目的。但是从前从来没有把原创性的学术工作看成是具有压倒一切的重要性的活动,或把它作为予以如此审慎的和训练有素的支持的对象。从前对研究工作的支援也从来没有这样地有组织、集中和持续。19世纪初的德国大学把研究理念制度

---

① See "A Southerner Argues for a 'Southern Education' in the Hedrick Case, 1856", in Hofstadter and Smith, eds., *American Higher Education*, Ⅰ:466—469;"南方的父亲们开始感到教育其梅森和狄克逊家系的儿子们的必要性。"Charles F. Thwing, *A History of Higher Education in America* (New York: D. Appleton, 1906), 252—253:"废奴运动的进取精神被看成是对南方的侮辱……其结果就是送南方家庭的儿子们去北方学院受教育这样一个良策,受到质疑。"

② See Veysey, *Emergence of the American University*.

化,有史以来第一次赋予研究以持续至今的权威和威望。

在最初,只有极少量的教师在极个别的领域内体现了这一理念。但这一理念的影响稳定地增长,到 19 世纪下半叶,许多德国大学教授认为自己主要是致力于为无限地扩张本领域中的知识而作出巨大贡献的学者。① 新的学问理念与旧思想是尖锐对立的,旧思想认为,学院教师的首要职责是向学生介绍构成其智慧遗产的多少有点儿固定的知识体系和规范,从而在道德和精神方面引领学生。自中世纪以来这个旧观念塑造了欧洲的高等教育,并在 17 世纪输入美国,助长了一种较为稳妥的和整体论的知识观,这种观点强调人类知识在代际的连续性以及受过良好教育的人理解作为一个整体的知识的能力。它强调的是教师作为传统的保持者所起的作用。与此相反,新的学问理念强调人类知识的发展性,强调人类知识是随着时间变化和增长的;强调这样的知识是无限的,任何人都不可能掌握全部知识,因此需要进行专业化;强调作为学者的美德的发明和原创性的重要性以及颠覆而不是固守传统的能力。

在所有这些方面,学者的观念代表了在智慧方面与过去的意义深远的决裂,这一观念的被接受在建立体现这一观念的机构方面带来了同样意义深远的变革。研讨班、研究生课程、科学实验室,其设备达到最新技术水平;这些创新以及其他的创新都是 18 世纪末在德国大学开始的高等教育革命成果的延续,并最终蔓延到世界的各个角落。

19 世纪上半叶,有数千美国人到德国大学学习。他们在那里遇到了新的学术思想,他们中的有些人试图把这一思想移植到美国的土壤上,虽然最初鲜有成功。② 到了南北战争之后,即在 19 世纪六七十年代,研究理念才开始在美国扎根,当时有几所老学院接受了这一理念,为了推进学术研究工作而建立了几所杰出的新大学。在查尔斯·埃利奥特(Charles Eliot)领导下的哈佛,康奈尔和约翰·霍普金斯(分别

---

① Daniel Fallon, *The German University: A Heroic Ideal in Conflict with the Modern World* (Boulder: Colorado Associate University Press, 1980), 51; Charles E. McClelland, *State, Society, and University in Germany, 1700—1914* (Cambridge: Cambridge University Press, 1980), 171—174.

② Carl Diehl, *American and German Scholarship, 1770—1870* (New Haven: Yale University Press, 1978).

成立于 1869 和 1876 年),密歇根和加利福尼亚大学:这些学校和其他为数不多的学校首先接受了德国的学术研究理念并在美国的高等教育中予以制度化。

  对研究的强调当然不是区别这些新型的美国大学的唯一的标志。从兽医到商务管理等实践和职业学科的教学也大大突破了传统,而在南北战争前的古典课程中是没有它们的地位的。在得克萨斯大学,教授教棉花种植的先进技术,在华盛顿大学研究培育大马哈鱼的最好方法。① 大学的存在是为了具体地、有益地为人民服务,大学不仅应专心致力于精英的教育和提高理论知识,还要致力于改善本州(或全国)人民的物质生活,以上这一思想在 1862 年的莫雷尔赠地法的刺激下,对这一时期的美国高等教育产生了巨大的影响;莫雷尔法要求联邦向各州赠送土地供其开办学院之用,条件是这些学院除了教授较传统的学科外还必须教"农业和机械工艺"。②

  并非所有的大学都以同样的热情对教授更具实践性的学科的号召作出响应,而且有的学校还积极地站在它的对立面(尤其是哈佛和其他精英私立大学)。但是每个渴望成为大学或渴望被称为大学的机构,感到自己必须接受学术研究的伦理观。在南北战争结束后的 50 年内,对研究理念的接受成为所有美国大学(不管是大型的还是小型的、公立的还是私立的、东部的还是西部的)的共同特点,尽管这些学校在其他方面是很不相同的。

  对研究理念的接受在制度方面的重大意义经久不衰。除了笔者上面提到的之外,还有关于学术休假的规定;创办专业刊物,用来发表研究成果;采用基于学术成就的聘用和晋升标准。这些新事物出现速度的快慢在各所学校中是不一样的,各校对它们的热情程度以及其完美程度也是不一样的。但是研究理念的被接受产生了两个主要的成果,对整个美国高等教育产生了极其重要的影响。第一个成果是所谓

---

  ① Rudolph, *The American College and University*, 261.
  ② Quoted in Rudolph, *The American College and University*, 252. See also Earl D. Ross, *Democracy's College*: *The land-Grant Movement in the Formative Stage* (Ames: Iowa State College Press, 1942), 47; Edward Danforth Eddy, Jr., *College for Our Land and Time*: *The land-Grant Idea in American Education* (New York: Harper, 1957), 27—30.

的"必修"课程的寿终正寝,第二个成果是学术专业化的兴起。

南北战争前的学院的学生以相同的顺序学习相同的教程。他们的课程完全是必修的。它假设,按这一课程计划学习四年的学生最后能够知道一个受过良好教育的绅士必须知道的一切,能够知道为准备好应对生活的智力和道德的挑战而必须知道的一切。有一种思想认为知识是生长的,它不断地扩张并变得越来越精致,知识的分支变得越精致,一个人就越需要具有专门知识去理解它;这一思想对这个旧观念施加了巨大的压力。因此认为任何学生,即使是最聪明和最训练有素的学生能在四年时间内掌握人类知识的最浅近的要点的想法,越来越被认为是难以置信的。

如果不能,就要对知识的种类作出选择。选择研究某些东西并对某门学科予以特殊关注。其他东西就必须忽略掉。如果选择是不可避免的,那么,有谁能比学生本人更好地去作出选择呢?① 有谁能比学生本人更好地知道哪个学习领域更适合于他的兴趣和天赋并可能对他为掌握这一领域而付出的辛劳给予回报?哈佛校长埃利奥特是这一观点的最伟大的斗士。② 19世纪末,有一种浪漫主义的信念认为应该表现一个人的个性的美德而不受习俗的强制,还有一种非常务实的思想认为学院教育应该适合学生的职业计划,这些思想支持了允许学生选择(至少作出某些选择)他们自己的教程的主张。③ 自此以后这就始终是美国高等教育的一个原则。这个浪潮时起时伏,必修原则不时地夺回它丢失给选择原则的某些领域。关于"核心课程"的智慧的经久不息的辩论,就是这两种重大原则之间的持续竞争的一种表现。④ 但是,每个学生都应以同等的条件接受单一的、综合的教学大纲的思想,从未夺回在研究理念驱动下知识爆炸性扩张之前它所享有的正统

---

① See Rudolph, *The American College and University*, 291—293.
② R. Freeman Butts, *The College charts Its Course* (New York: McGraw-Hill, 1939), 210—211.
③ Ralph Waldo Emerson, "Intellect", in *Emerson's Essays* (New York: Harper and Row, 1926), 229—245, 233; Henry David Thoreau, "Walking", in *Walden and Other Writtings of Henry David Thoreau*, ed. Brooks Atkinson, 597—632, 626 (New York: Modern Library, 1950).
④ See generally W. B. Carnochan, *The Battleground of the Curriculum* (Stanford: Stanford University Press, 1993).

地位。

　　研究理念被普遍接受，这是第二个成果。除了推广学生选择原则外它还加速了一些不同寻常的学科的出现，它们有独立的主题、分立的知识体系，脱离了旧时学院的大杂烩式的院（faculty）。随着研究理念的生根，院分化为系，然后又进一步细分为更专业化的教学和学问单位。19世纪80年代哲学作为"一个重要的、定义完善的系"出现"在美国的一些主要大学中"。① 英语系紧随其后。在大多数学校中，英语之外的其他现代欧洲语言，也成为一门独特的学科，并进一步分化成法语系和德语系。1893年，芝加哥大学的生物学系改组成动物学、植物学、解剖学、神经病学和生理学五个独立的系。②

　　那些接受研究理念的人首先谋求为延伸学术知识的本体作出原创性的贡献。对他们而言这就成了衡量职业成就的新标杆。为了取得这种成就，他就必须专业化，就必须成为学问的某个特定分支中的专家。那些坚持旧观念并继续热衷于泛泛理解人类知识的教师，注定成为专业化研究的新世界中的浅薄的涉猎者。他们缺乏专业知识，因此没有能力对任何一个领域作出原创性的贡献。只有放弃其他所有的学科而专心致志于一门学科的那些人，才有希望以有意义的方式为其领域中的学问宝库的不断扩张添砖加瓦。

　　到19世纪的最后几十年，南北战争前的学院连同它的必修课程和单一的院，看来已越来越不合时宜了。越来越期待学院和大学教师（即使那些不直接从事研究的教师）拥有某门学科的专业知识，随着时间的推移这种期待越来越可以与研究生培养，最后与哲学博士学位的拥有相提并论。③ 也希望学生专业化，即希望他们"主修"或"专注"某个特定的领域，这样他们至少能获得对一门学科的理解，摆脱了绅

---

① Veysey, *Emergence of the American University*, 183.
② 详见 Rudolph, *The American College and University*, 399—402.
③ Ibid., 396. See also Donald W. Light, "The Development of Professional Schools in America", in *The Transformation of Higher Learning, 1860—1930: Expansion, Diversification, Social Opening and Professionalization in England, Germany, Russia and the United States*, ed. Konrad H. Jarausch (Stuttgart: Klett-Cotta, 1982), 345—365,353; John S. Brubacher and Willis Rudy, *Higher Education in Transition: A History of American Colleges and Universities, 1636—1976*, 3rd, ed. (New York: Harper and Row, 1976), 195—196.

士式业余爱好者的浅薄的业余知识。以学科内容为线索重新安排课程,在每门学科中都引进了内容更先进的教程。院分化成独立的系,每个系各自负责一门学科的教学,并在其教职工的聘用和晋升方面获得越来越大的自主权。1840年,美国的学院几乎毫无例外地都不具备这些特点。60年之后,美国的主要大学和越来越多的文理学院展现出了所有这些特点,至少这些特点已处于萌芽状态。

南北战争前的学院中的院主要关心其学生的道德和精神教育。研究理念酿成的期望和抱负,促使它转向关心全神贯注于特定的学术领域中的高级知识。一种旧思想认为高等教育的课程计划的组织应该(或者甚至可以)围绕着人生目的问题,围绕着如何生活和为了什么生活的问题,而新思想则认为,学院或大学在对作为职业的学术所承担的义务的鼓舞下,首先应该是积累学术专业的场所。在这两种思想的交锋中旧思想日益失去其魅力。

只要任何一门学科希望自己在新大学体系中的地位得到保证,它就不能回避研究理念的规则。在某些学科中仍然能较强烈地感受到旧时的对人生目标和意义的关心,比在其他研究领域中保持了更大的确实性。这样的学科我们称之为人文学科——文学、哲学、历史、古典著作和美术*,这些领域把学术科目的三大谱系之一组合成在19世纪后半叶可以细分大学或学院的院的学科。只有在人文学科中,人生意义问题仍在现已被学者的专业化兴趣和需要所控制的教育制度中保持其显著地位。在自然和社会科学领域中它很快就成为一个根本不被承认的问题。

在旧制度下,甚至自然科学也与人文关怀紧密相连。在"自然哲学"的标题下物理学与伦理学结合成一个连续体,学生沿着它可以不间断地前进,先学习上帝创造的力学,然后研究上帝自身的特质,包括上帝与人类的道德关系。19世纪末,对自然的研究是彻底清醒的,这部分地是因为对研究的要求更强烈了,只有对物质世界的探究肃清了

---

* 这里的美术包括绘画、雕塑、建筑、文学、音乐、戏剧等。——译者注

所有的道德和神学臆断,才能满足这一要求。道德和神学臆断的清除留下了一个物质的宇宙,现在能够以令人震惊的精确性描绘其结构,但这个结构本身是毫无意义和目标的。其结果就是物理科学不再关心对人生意义问题答案的探索,或者不再对此问题的解答作出太多的贡献。人类现在也出现在这些学科中,但仅仅是作为物理的和生物的个体,他们服从与无生命体运动相同的规律,这些规律也控制人类之外的其他生物体的行为。①

新的社会科学作为独特的、不同凡响的学科出现在 19 世纪下半叶,它也相似地割断了与人生意义问题的联系。当然在一个很重要的方面社会科学与人文学科有着密切的关系,因为它们研究的主题(政府以及人类社会的一般性质和运作),数百年来一直是人文主义传统中观察和分析的主题。从事社会科学的人声称自己具有他们的人文主义者先辈所缺乏的东西,即他们拥有一套方法使他们有可能开创以严谨的、系统的方式去研究这个老掉牙的主题。就人类社会性质问题著书立说的伟大的人文主义者们,研究这个问题的根据是自己对世界的不系统的经验和个人的判断。他们的发现必然是不完整的,是轶事性的。新的社会科学始于研究社会各个方面(社会的政治、文化和经济的维度)的抱负,以一种更加非个人的、有组织的方式,借助于新颖的定量方法,无论是对人类社会的经验式描述还是对其指导规律的分析,其研究的精确性和客观性都达到了前所未有的程度。②

这就驱使它向着更严密、更客观的方向发展,出现了政治科学、经济学和社会学等新的学科,它们与哲学、历史和修辞学等旧的人文学科分道扬镳。与人文主义者一样,社会科学家第一次自觉地认为自己

---

① 关于这一现象的历史根源,详见 Koyré, *Infinite Universe*; Burtt, *The Metaphysical Foundations*。

② Peter T. Manicas, *A History and Philosophy of the Social Sciences* (Oxford: Basil Blackwell, 1987); Theodore M. Porter, *The Rise of Statistical Thinking, 1820—1900* (Princeton: Princeton University Press, 1986); Thomas L. Haskell, *The Emergence of Professional Social Science: The American Social Science Association and the Nineteenth-Century Crisis of Authority* (Urbana: University of Illinois Press, 1977); Robin M. Williams, Jr., "Sociology in America: The Experience of Two Centuries", in *Social Science in America*, ed. Charles M. Bonjean et al. (Austin: University of Texas Press, 1976), 77—111.

是希望领悟人类的社会生活的人。但是人文主义者依靠的东西只有自己的经验、兴趣和判断;与他们相反,拾起了人文主义者的问题的社会科学家,拥有了全套的方法,从而使他们能够探索对更加非个人的、在道德上中性的问题的答案。这种新的方法产生了显著的结果,但同时它又割断了社会科学与人为什么而活这一问题的联系,人为什么而活的问题是一个个人的、具有价值意义的问题。因为新的社会科学方法必然引导注意离开个人灵魂的斗争,而转向社会的一般结构——注意聚合起来的人。采用这些方法的人搁置了,或者完全取消了这些斗争所围绕的终极价值的问题并用对客观知识的热情取代了精神关怀。①

出现这样的换位并非偶然,但要审慎地调整对社会科学成就而言是至关重要的见解。因为只有从他们的学术工作中取消所有个人的价值观问题,新的社会科学工作者才能使自己与他们的从事自然科学的同事联合起来(尽管这种联合是松散的),自然科学工作者的成就,就像他们今天做的那样,设置了衡量所有知识的客观性的标准。社会科学正是以这种方式才能在研究理念的掩护下积聚起它们现在所享有的巨大的威望和声誉。见解和方法的这种调整,更密切了社会科学和自然科学的关系并引人注目地提高了社会科学在知识方面的权威性,但是正是这种调整使这些学科失去了个性和崇高的精神,使它们再也不能为探索关于人生意义问题的答案提供有组织的帮助。

一旦学院分解成独立的系,每个系都致力于提高一个特定领域中的知识,那么,可从哪里找到这样的帮助也就不得而知了。无论是自然科学还是社会科学都不能提供这种帮助。它们甚至不要求或不希望这样去做。提供此类帮助的责任在默认的情况下落到了人文学科身上,而且人文学科看来更适合于这一任务。因为自然科学和社会科学要求教师和学生为了客观性而把个人的价值观弃置一旁,与此相反,人文学科并不提出这样的要求。人文学科不渴望价值中立的知

---

① Max Weber, "The Meaning of 'Ethical Neutrality' in Sociology and Economics", in *The Methodology of the Social Science*, ed. and trans. Edward A. Shils and Henry A. Finch (New York: Free Press, 1947).

识。恰恰相反,人文学科直接致力于价值问题。人文学科研究在某个环境中表现出来的人的价值观,并要求学生通过询问自己这些价值是否合理和有吸引力来研究价值观问题。对一个哲学系学生而言,只知道柏拉图的公正观和约翰·斯图尔特·穆勒(John Stuart Mill)所持的另一个公正观是不够的。他必须考虑哪个观点能支持他本人的观点。他必须参与对话,参加辩论并拥护某一方。他不能为了保持自己的客观性和不偏不倚而不考虑价值问题。但自然科学和社会科学要求这样的不偏不倚。哲学、文学、艺术和其他人文学科却禁止不偏不倚。它们研究人类的价值世界,但不是从外部。它们是从内部进行研究并且迫使那些追随它们的路线的人去决定,在这个世界中他们处于何处和为什么。结果就是,人文学科的研究不可避免地具有个人维度。这就必须研究具有私密性质的意义问题并涉及身份和终极关怀的本质。自然科学和社会科学避开人为什么而活的问题,人文学科与它们不一样,它不可抗拒地引向这一问题。

研究理念引起了人文学科本身的意义深远的改造。到19世纪末,越来越多的美国学院和大学中的人文学科教师,认为自己主要是学者,认为自己的研究成果是令人难忘的。[①] 但是还有一些人依然认为人文学科是探索人生意义的论坛,而不仅仅是由一代专家传递给下一代专家的知识体系。他们认为,在他们的从事自然科学和社会科学的同事放弃了引导这种探索的责任之后,这种责任现在落到了他们身上。他们是旧传统的残存的遗产承受人,而美国所有的学院教师曾经都属于这个传统。

但是即使依然相信这个传统的重要性的那些人文学科教师,也不可能纹丝不动地保持这个传统。对它进行大的变革是有可能的。古典学已失去了它们在课程中的核心地位。神学不再提供共享的道德

---

① Veysey, *Emergence of the American University*, 128,132—135,173—174. See also Laurence Veysey, "The Plural Organized Worlds of the Humanities", in *The Organization of Knowledge in Modern America, 1860—1920*, ed. Alexandra Oleson and John Voss (Baltimore: Johns Hopkins University Press, 1979),51—106, 54.

的和精神的视角。科学与信仰是一致的这种令人愉快的假设已被推翻。有人坚信,人生的道路只有唯一的一条是正确的,学院教育就是要使自己的学生为过这种正确的生活做准备;然而这个观点已向多元论者的概念让步,多元论承认完美的、体面的生活的多样性,这样的生活在动机和关怀方面存在截然的不同。①

所有这些发展都有益于在19世纪的最后几十年非常流行的实验和怀疑文化、怀疑主义和冒险文化。② 这种文化的发展与日益增长的影响是与现代大学的出现相一致的,在许多方面现代大学是这种文化的制度化表现。到1880年,南北战争前的学院的世界已经消失。有些人文学科教师对旧制度的传统还保持着几分忠诚,他们依然认为自己的责任是引导学生探索人生终极本质是什么和为什么的问题的答案;对于这样的教师而言,进行这种引导的新方式是在对旧制度的摧毁中,是在怀疑主义多元论文化中找到的,这在美国高等教育中是没有先例的。

接受挑战的那些人有两个基本的共同点。第一个共同点即必须制止专业化趋势。他们说,学院教育的目的不仅仅是,或者不主要是通过向学生传授它们将来的工作所需要的专业知识来为学生未来的职业生涯做准备。更重要的是,学院必须训练学生应对生活的全面挑战,其途径是授予学生亚历山大·米克尔约翰所说的一般的"生活艺术"的训练。③ 他说,学院的首要职责是帮助它的学生掌握这门艺术——不是为了与特定的工作相联系的较为局部的职责而训练自己的学生。

第二个共同点就是普遍赞同人文学科是最适宜于做这件事的学科。他们认为在这一方面文学研究是最重要的。按我们现在的理解,文学研究在1900年尚是新生事物。1850年前,现代文学和民间文学

---

① See Cohen, *Shaping of American Higher Education*, 74: "提高课程多样性的组织原则可以追溯到哲学与宗教的分离、科学方法的兴起和特权观的破灭……一种思维方式不能被另一种思维方式所替代;一切都是附加的……在学院内部或者一般而言在一个社区内,人们在学习允许宗教与不同的思维方式共存。"

② Louis Menand, *The Metaphysical Club: A Story of Ideas in America* (New York: Farrar, Straus and Giroux, 2002).

③ Op. cit., 554.

在学院课程中是没有地位的。当时只阅读古典著作,它们较少地作为文学读本,而更多地作为文法读本和伦理参考手册。到 1900 年,英国文学已被认可为一个研究领域。学生在阅读荷马和维吉尔(Virgil)时还要读华兹华斯(Wordsworth)和丁尼生(Tennyson),他们以更多的文学精神去阅读古典著作,认为这些著作的主要价值在于其"激励对人生的思考的力量",在于其"鼓动情感"和"激发想象"的力量。① 古典和现代文学的研究成为训练学生掌握米克尔约翰的生活艺术的重要媒介。

哲学的情况也是这样。在南北战争前的学院中,哲学是神学的附属品。它的主要功能是灌输——为宗教信仰提供颇有争议的支持。到 19 世纪末,哲学宣布从宗教中独立出来(当时美国社会要求纯理论思维也应该有实用价值,这部分地是对这种要求作出的响应),发展成一门较少教条的学科,在这门学科中可以比较和评价威廉·詹姆士(William James)称为"全部生活游戏"的各种各样的博弈方式。② 它成为考察生活的哲学与支持这一哲学的各种论据相互竞争的试验场。米克尔约翰把教育定义为"为生活艺术所做的一种准备"③,赞同这一定义的人,在这个新的、风格更自由的哲学中看到了另一个能提供这种准备的有价值的工具。历史研究能为考察人类的文化成就提供一个有组织的框架并帮助这些文化成就有序地指向有关人生的一些核心问题,看来也与米克尔约翰的目的有关。④ 在如今已在大学体系中占有一席之地的许多专业化研究领域中,人文学科(文学、哲学、历史和艺术)对如何更好地生活这个古老的、非专业化的问题似乎最为敏感。

上述两个基本点获得了赞同,但也有许多人对此持有异议。赞同学院教育应该是为生活做准备的观点的一些人,从审美的意义上理解

---

① Samuel P. Cowardin and Paul Elmer More, *The Study of English Literature* (New York: Henry Holt, 1939), 10.
② William James, "The Sentiment of Rationality", in *Essays in Pragmatism* (New York: Hafner, 1948), 25.
③ Meiklejohn, "College Education and the Moral Ideal", 557.
④ Roland G. Usher, "The Fundamentals of an Education", *North American Review* 210 (December 1919): 782—784.

这个目的,把它理解成培养能对美丽的事物作出愉悦反应的敏感性。①其他人更多地从知识方面去理解这个目的,认为是为了掌握一套思想。某些人认为这些思想和谐地相互适宜。保罗·埃尔默·莫尔(Paul Elmer More)坚持认为,"从柏拉图到圣克里索斯托(St. Chrystostom)*,甚至远至451年的迦克顿会议(Council of Chalcedon)**"的整个思想传统"基本上是一个单元,在其核心部分走的是一条直线"。②威廉·詹姆士等人则认为,在某些基本观念之间的冲突是永恒的,这样的基本观念被概括为"唯心主义"和"唯物主义",我们赞成其中的哪一种最终取决于对"个人气质"的思考。③ 某些人强调为生活做准备的人文主义目的的品质和全面性的重要性。④ 还有些人发现了某些观点中关于目的和达到目的的手段的分类概念过于狭隘,因此对这样的观点表示怀疑。⑤

因此,寻找保持能就生活意义问题提供教学的旧传统的方式,不可能导致一场有着共同的口号和唯一的议事日程的团结一致的运动。伍德罗·威尔逊(Woodrow Wilson)在谈到我们的学院应该谋求传授什么时对目的作了如下的表述:"不是要学得很多,而是要传授学习的精神。"⑥欧文·白璧德(Irving Babbitt),哈佛最有才华的、最好斗的文学教授,提出了不同的看法,他宣称最重要的事情是"人道的选择,换言之,一种对学习的选择,就那些对其基本性质永远重要的事情而言,

---

  ① 维齐作出这样的说明:"审美影响必然在人的行为中反映出来,拉斐特学院的一位教授在1892年时就是这样宣称的。审美影响必然推动学生'去考虑美丽的思想,去说漂亮的词语,去做漂亮的事情,去成为一个美丽的人,去为自己建构一个美丽的环境'。"Veysey, *Emergence of the American University*, 187。
  * 圣克里索斯托,安提阿裔希腊教父,曾被任命为君士坦丁堡主教(398年)。他巧妙地讽刺财富和权利,博得了克里索斯托"金口"之名。——译者注
  ** 迦克顿会议,教会史上的一次会议。——译者注
  ② Quoted in Brian C. Lambert, ed., *The Essential Paul Elmer More* (New Rochelle: Arlington House, 1972), 19.
  ③ James, "Sentiment of Rationality", 25.
  ④ See Veysey, *Emergence of the American University*, 28—29, 114, 161, 186—187.
  ⑤ Ibid., 113—118, 188—191.
  ⑥ "The Spirit of Learning", in *College and State: Educational, Literary and Political Papers* (1875—1913), eds. Ray Stannard Baker and William E. Dodd (New York: Harper and Brothers, 1925), 2:110.

它将稍稍反映种族的全部经验"。① 这些话表达的不是一种运动,而是一种趋势,甚至在这种趋势已占优势的地方,结果也总是由其当地的拥护者和该学校的历史和传统所决定的。哥伦比亚的当代文明教程(1919)、里德学院的人文学科教程(1924)、哈佛的通识教育计划(1946)、耶鲁的指导性研究计划(1947)以及其他许多课程改革,都是一种普遍愿望的产物,即希望看到一个人应该如何生活的问题处于本科生教育的核心,并以有组织的方式予以研究。但是没有任何两门课程计划采用同样的词汇来描述它们的抱负或规定同样的学习进程,每个教学计划都是独一无二的,都沿着自己的路线执行。

尽管这些课程计划是五光十色的,但大部分都依据若干重要的(今天是有争议的)假设,这些假设都超越了一个基本思想——学生的教育应该是生活的准备,人文学科是最适合提供这种准备的学科。所有这些假设都界定了人文主义教育的哲学。它们规定了它的目的和达到此目的的最好的手段。这种哲学的表达方式从来没有采用过笔者在本书中所采用的描述方式。笔者从不同的来源收集了它们的要素并以理想化的方式排列它们。但这个理想有助于解释,在南北战争前的学院的传统已经隐退后,许多人文学科教师为什么还可能继续相信自己在引导学生探索人生目标和价值方面的权威性。

我应该把这个理想称为"世俗人文主义"。其他人也采用这个名称,但赋予其不同的含义。② 其中的某些推论我并不赞成。但毕竟这是一个好名字,因为它强调的是笔者头脑中的这个观点的唯一最重要的特点。即它表达了一种信念,坚信以审慎的、有组织的方式探索人生意义,即使在其宗教基础被质疑之后也是有可能的。有些人文学科教师还是愿意相信自己仍有能力引导自己的学生对人的状态进行训练有素的研究,仍然有能力帮助学生设计他们自己的对意义问题的探索,在深重的怀疑主义文化中,世俗人文主义使这些教师的希望有了

---

① Irving Babbitt, *Literature and the American College* (Washington, D.C.: National Humanities Institute, 1986), 116.

② Paul Kurtz, *In Defense of Secular Humanism* (Buffalo: Prometheus Books, 1983); Vito R. Guistiniani, "Homo, Humanus, and the Meanings of 'Humanism'", *Journal of History of Ideas* 46 (April-June,1985): 167—195.

适度而现实的根据。在大半个世纪中世俗人文主义一直是鼓舞某些教师的源泉(有时很显著,但常常是不为人觉察的),这些教师想这样做,他们认识到他们的努力必须建立在不同于人们通常理解的与上帝的关系的基础之上。

世俗人文主义对南北战争前的学院教师从未遇到过的两个问题作出了响应。第一个问题的产生是发生在南北战争后数十年内(部分是因为南北战争)从关于人的完美的单一的、固定的概念向更为多元化的观点转变的结果。① 一旦我们不再认为人生的道路只有一条是唯一正确的,并赞同人类可以对人为什么而活的问题找到不同的然而却是臻于完美的答案的观点,一个新的挑战就出现了。现在我们必须决定这个答案的范围有多宽,它包含了哪些生活方式。更重要的是我们必须决定,如何在人类全体的利益和所有的男人和女人共同关心的事情,与围绕着只有某些人能在其中得到满足的一组特定的价值组织的某种生活方式所特有的那些东西之间画一条线。

第二个问题的产生是对上帝在对完美的探索中所起作用的怀疑与日俱增的结果。对美国学院的一代又一代教师而言,人必须忠诚于上帝,必须热爱并虔诚地接受上帝的旨意,唯有如此一个人的生活才能是有意义的,这一点似乎是不言而喻的。在19世纪末的日益增强的怀疑文化中,这个以神为中心的前提看来不再那么理所当然、直截了当,而是说得婉转一些了。对宗教教学以及对宗教本身的怀疑,增强并获得了半个世纪前还是很难想象的确实性。这些怀疑酿成一些新的、令人不安的问题。没有上帝的生活可能有意义吗?我们是否可

---

① 艾伦·特拉顿伯格应用19世纪随笔作者E.L.戈德金的悲哀的故事,文章中说:"一种精神和道德的混乱,在这种混乱之中由数千年来人类的痛苦经历所艰难地制定出来的生活的许多基本法则,看来今天就要消失的危险迫在眉睫。" Alan Trachtenberg, *The Incorporation of America: Culture and Society in the Gilded Age* (New York: Hill and Hang, 1982), 157. See also Geoffrey Blodgett, "Reform Thought and the Genteel Tradition", In *The Gilded Age*, 2nd ed. H. Wayne Morgan (Syracuse: Syracuse University Press, 1970), 55—76, 55:说明在19世纪90年代"谨慎的社会相对主义取代了不可改变的道德权威性的势不可挡的控制"。Robert H. Eiebe, *The Search for Order, 1877—1920* (New York: Hill and Hang, 1967), 42—43:"正如影响人的生活的关系网络每年变得更缠结、更扩张一样,基本上美国人已不再知道他们是谁和他们在哪里。环境改变得已超出了他们的理解能力,在一个异己的背景中他们丧失了自身。"

能为自己提供我们希望自己的生活所具有的那种意义？或者，除了我们的物质和社会需要之外我们是否还有精神需要，这种精神需要只有来自我们自身之外的、靠我们自己绝不能提供的意义才能予以满足？如果上帝不再能发挥这种作用，那么还有谁或什么能发挥这种作用？意义还可能来自哪里？

那些试图在研究型大学时代继续进行人生意义教学传统的人文学科教师，必然要回答这些问题。他们作为回应而提出的教育哲学，即世俗人文主义哲学，依据以下三个假设。

第一个假设是：多元论与存在共同人性的推测确实是相容的。事实上，我们所有的人都要面对生活，除了接受外我们别无选择。我们有分享的需要并且必须用某种方式去满足需要。我们所有的人都会死，而且知道我们必须使自己适应笼罩我们一生的死亡预知的阴影。我们追逐爱，追逐被他人承认和与其他人的令人满意的联系。这些需求和某些其他基本的、不可改变的事实，即我们是物质的生物，具有复现的身体的需要；我们拥有进行抽象和利用抽象的能力；我们是有局限性的，而且能力也是相对同等的，所以我们之间的合作既是可能的也是必要的；我们制定了法律并生活在一个政治共同体中；知识给我们带来快乐；所有这一切决定了人的生活的参数。它们决定着人的状况。它们随时随地限制着我们的机会和选择。它们还为不同的生活方式提供一个共同的基础，人们从各自的生活方式中找到对人为什么而活的问题的满意的答案。没有超越人类所建立的边界之外的人的生活。所有这些要素结合起来使我们成为我们自己所创造的那一类人。

其他生物死去了，而只有我们受到我们所拥有的知识的拷问和鼓舞。其他生物结成配偶并表现出相互的吸引，而只有我们期盼爱情。一些动物彼此交往，但任何动物都没有语言和法律。某些动物似乎能够学习并能把学到的东西用于有利的实践，但只有人乐于为学习而学习。我们的居住条件是独一无二的。这是所有的人，而且是仅仅只有人才能分享的。对我们每个人而言，人生意义问题仅仅出现在这个条件范围内，也是对这个条件所限定的局限和卓越的独特的结合所作出的响应。

世俗人文主义肯定这种共享条件的存在。这就是它的三个核心假设中的第一个。如果人文学科有助于我们以训练有素的方式致力于人生意义问题,那么它的首要任务就必须是鉴别我们的共同人性的要素并帮助我们理解随之而来的结果。它的首要任务必须是使我们熟悉我们作为人类而共享的和决定性的命运。

第二个假设是对多元论本身的承认而产生的第二项任务。如果人的本性专注于我们的最基本的需要并确定了这些需要必须服从的限制条件,这也就为以各种不同方式满足这些需求留出了空间,甚至允许这些需要本身呈现各种不同的形式。人性的开放性和可塑性与它的局限性一样是给人深刻印象的。我们每个人确实可以使,也希望使自己的生活具有独特的风采——这种生活在已过去的岁月中没有完全一模一样的先例,在今后也不可能一丝不差地重复。生活仅仅是看上去相似。如果我们更多地了解生活,我们就会知道没有两种人生是完全相同的。每一个生命的诞生就是世界的一个新的开始。[①] 当我们询问人为什么而活时,我们就是在向自己挑战,想象着我们的生活可能依循的绝对独特的轨道,在全部生命期间它都是没有先例的,也是不可重复的。

虽然人的生活的多样性是无限的,但是它们也并非是没有范式或形式的。有一些确定的生活范式对生活在极其形形色色的历史条件中的人具有永恒的吸引力。每种条件都可被看成是生活的模板,它服从个人的多样性,但提供一种独特的核心价值观、核心利益和态度,而日臻完美的生活就是围绕着它们安排的。[②] 例如,有军人的生活、思想

---

① Hannah Arendt, *The Origins of Totalitarianism*, 2nd ed. (New York: Harcourt, Brace, and World, 1966), 478—479:"但还有一个真理,即历史上的每个终点都必然包含着一个新的起点;这个起点就是希望,是终点所能产生的唯一的'遗传密码单位'。在起点变成历史活动之前开始就是人的最重要的能力;在政治上它可与人的自由相提并论。奥古斯丁说:'*Initium ut esset bomo creatus est*'(一个开端是人创造的)。这个开端的保证就是每个新的诞生;每个人确实就是这样。"

② Max Weber, "Science as a Vocation", in *From Max Weber*; ed. H. Gerth and C. W. Mills (New York: Oxford University Press, 1946); Isaiah Berlin, "The Pursuit of the Ideal", in *The Crooked Timber of Humanity: Chapters in the History of Ideas*, ed. Henry Hardy (New York: Knopf, 1991).

家的生活、美术家的生活、情人的生活、科学家的生活、政治家的生活、神父的生活。每种生活在任何时期、任何地方都有自己的追随者。他们的个人生活当然是由当代的习惯和信仰以独特的方式形成的。亚西比德(Alcibiades)* 不是拿破仑(Napoleon),柏拉图不是斯宾诺莎。但他们的生活跨越漫漫时空和浩瀚的文化分野,与追随相同范式或路径的那些人的生活清晰可辨地联系在一起。如果剔除了特定时间和地点的特定生活方式表现所特有的任何东西,一个持久的核心就保留了下来。任何时代的思想家都与军人、政治家和神父分享某些共同的价值观。他们分享一套能确定具有连贯性的生活方式的信念和关心,把它的形形色色的历史表现联系起来。

尚不清楚这样的生活方式有多少种,也不清楚它们仅仅是各不相同的还是互不相容的。关于人类经历的记录说明其数量并不多(绝对不是无限多的),人类经历的记录还说明它们的有组织的价值观至少在某些情况下是相互排斥的,并有可能甚至是敌对的,某些基本职责(军人的生活)要求否定另一些人的职责(诗人和情人的职责)。从广义而言,世俗人文主义接受多元论的信仰,相信求善求美有各种不同的路径;假设生活的路径数量不多,但究竟有多少却是不可知的;承认某些生活方式可能是其他生活方式所不可比肩的。

因此,如果说人文学科的第一项任务是帮助我们懂得人类的共同条件,即大展人的宏图的环境,那么,它的第二项任务就是鉴别出实现宏图的极其多样的个人经历往往被引导进的主干道并赋予其勃勃生气,组织我们的多样性的动人景观。人文学科让我们了解以最耐久的形式呈现的人的斗争的不同生活范式的核心义务,探索这些义务之间的来自过去的各种各样先例宝库中的张力,每种张力都表现出其最强势的形式。有阿喀琉斯(Achilles)的人生,这是为战场上的荣誉和战斗友谊而度过的光辉的、短暂的人生;有苏格拉底的人生,他是最早献身并忠于哲学的人;有具有务实美德的稳健的、慎重的人的人生,亚里士多德在《尼各马可伦理学》(*Nicomachean Ethics*)中描绘了这样的人

---

* 亚西比德(约前450—前404),雅典政治家。——译者注

的肖像;有奥古斯丁(Augustine)和保罗(Paul)的人生,他们是皈依者,在世界的喧闹声中听到了上帝的声音;有米开朗琪罗(Michelangelo)的人生,对他而言创造美的东西就是一种救助;有伽利略的人生,这位科学家追随发现的逻辑,不管这种逻辑将引向何处;有简·奥斯汀(Jane Austen)的爱玛(Emma)的人生,她在一团乱麻似的家庭生活中寻找幸福。

所有这些人的人生都在孜孜追求一组独特的终极关怀。每种人生都阐明一种范式或模式,当我们努力使我们自己的最深层次的义务变得更清晰时我们可能倾向于其中的某一种。每种生活方式都代表着生活的一种永恒的可能性,所有各个时代的男人和女人们在对自己的要求作出响应时臻于完美。理解这些范式并不排斥我们对自己的生活所提出的要求,这种生活要求承认、尊重并表现我们自己的与众不同。它本身并不能回答人为什么而活的问题。任何东西都不能把这个个人问题转变为一个知识问题。但是人文学科可以引导我们去组织自己对这个问题的思考。人文学科可以为我们提供生活景观的界标,并帮助作为个体的我们一个一个地去架构对此问题答案的探索。它们不能提供答案本身,但它们可以使对这个问题的探索变得容易一些,这种帮助的价值是不小的。

以上是世俗人文主义的第二个重要前提。它的第三个假设是由于作为高等教育起点的宗教信仰的削弱而提出的挑战。

南北战争前的学院教师拥有对人生意义问题的答案。他们对此答案的深信不疑凝固在其分享的宗教信仰中。到1880年,这种信仰不再被看成是理所当然的。当然还有许多人依然相信上帝,就像有许多人现在怀疑上帝的存在并怀疑地或蔑视地审视宗教一样。但是在这两个阵营之间,即在信仰者和怀疑者之间,几乎没有共同的意见。他们之间的分歧是公开的,而且分歧越来越大。[①] 现在两个阵营唯一能分享的东西是在一个不敬神的世界中人们是否还有可能过有意义的生活的问题。人们是否有可能自己去建立生活的意义,而这种生活的意义曾经被认为是因为处于神性主宰的世界中才拥有的?信徒们

[①] Rudolph, *The American College and University*, 245.

说不可能,并坚持认为这是绝不可能做到的。怀疑者说可以,并证明人类是能够为自己提供被迷信的、愚昧的人深信只有上帝才能提供的东西。

世俗人文主义既不重申旧秩序的宗教教条,也不接受新观点的最激进的怀疑。它不赞成只有在上帝创造的世界中人的生活以及为了上帝旨意的生活才有意义的思想。但它同样也不赞同我们能为作为个体的我们自己创造为了过有目标和有价值的生活所需要的任何意义结构的观点。它强调对比任何个体所能创造的价值结构更大、更持久的价值结构的依赖性。它强调个人需要把自己置于这些结构中,这些结构是他们过有目标的生活的条件。在这一点上世俗人文主义与旧时学院的宗教观有许多相似之处。但是世俗人文主义不坚持这些结构像上帝的思想那样是永恒的。它接受它们的必死的性质和衰退的趋势,只不过要求这些结构存在的时间要比一个接一个地诞生于其中并死后脱离它的个人的生命要长一些。

世俗人文主义也不认为这些更为持久的意义结构能超越人类进行改变或者创造和破坏的能力。世俗人文主义确实把意义结构看作人的活动的产物,服从人类所进行的审慎改变,要求它们从根本上稳定地关注生存——而不像上帝对世界的安排那样,上帝在没有我们的帮助的情况下创造并维护着这个世界。但是世俗人文主义也强调,创造性和关心是许多人长时期的工作,它还强调许多人为建立并维持比某个个人靠一己之力所能做的事大得多的某个东西而共同工作所取得的成就。[①]

这样的结构不以上帝凌驾世界的方式去凌驾人类。它们是人的发现的产物,是由人创造的,也是由人予以改造的,而且只能通过人的关注和辛劳才能予以保存。但是它们确实高于个人的生活,个人的生

---

① Edmund Burke, *Reflections on the Revolution in France*, ed. Conor Cruise O'Brien (1790; New York: Penguin, 1970), 281—282. 也见汉娜·阿伦特关于"过程的现代概念"的讨论。Hannah Arendt, *Between Past and Future* (Cleveland: Meridian Books, 1963), 63—68:"对我们的现代思维方式而言,没有什么东西本身是有意义的,甚至自然史也是如此,物质状态中的或特殊的历史事件中出现的特定现象必定也是没有意义的。在事务的这种状态中存在着一种预言性的罪恶。无形的过程吞噬我们看得见的每个有形的东西、每个个体的全部,把它们降为一个全面过程的功能。"

活处于它们的更为广阔的意义框架内,作为个体的个人永远只能是希望过有意义的一类生活。上帝不再支持我们去探究关于人为什么而活的问题的答案。但是如果没有价值和意义框架我们也不能去探索这个问题,作为个人我们没有能力独自去创造它。如果我们认为我们能够这样做,那就是僭越,盗用了上帝的权力,僭取了上帝的傲慢。世俗人文主义不需要一个上帝去赋予世界意义。但是它坚持认为,即使我们对上帝的信仰已丧失威力,关于我们生活的意义问题我们还是要依靠凌驾于我们个人的创造能力之上的意义结构,因此对于我们的生存而言最恰如其分的态度就是感恩。

能满足这个一般要求的结构当然不止一个。对许多人而言他们的家庭和国家能满足这一要求。政治生活和家庭生活的结构是人的本原结构并正在衰微。但是其生命要比其每个成员的生命长久。对于无数的人而言,无论在什么时代,如果他们的生活有任何意义的话,则是因为他们的家庭和国家提供了必然以某种形式呈现的更持久的意义框架。

世俗人文主义并不藐视任何此类框架的重要性。但是它坚持其中某一种特定框架的重要性,作为一种教育哲学的世俗人文主义的独特性主要是一种功能,即它把重点放在这个特定的意义框架上。笔者指的是悠久的写作和反省传统,以及艺术家创作的传统,有时候这指的还是欧洲的艺术和文学传统。世俗人文主义恰恰就把持久的、现世的价值和目标结构置于这里,这种结构是个人层次上的价值和目标的条件。

艺术和文学传统萌芽于主导南北战争前的美国学院教育的早期的古典学科计划中,但在内容和目的上与它不同。对古典学的研究仅限于希腊和罗马作家的作品。古典时期是一个有界限的历史时期,不再包含新的经典著作(虽然偶尔可能发现新的作品)。艺术和文学传统包含对古典文本的研究。但是它也包含对中世纪和现代的欧洲哲学和文学方面的伟大作品的研究,例如,但丁(Dante)、乔叟(Chaucer)、彼特拉克(Petrarch)、塞万提斯(Cervantes)、笛卡儿(Descartes)、蒙田(Montaigne)、莎士比亚(Shakespeare)、密尔顿(Milton)、康德

(Kant)、黑格尔(Hegel)和歌德(Goethe)等的著作。其中大部分著作是用现在依然有生命力的欧洲语言撰写的,属于至今仍畅通无阻的写作传统。新的著作继续使用这些语言撰写,并时时达到能与上述著作相比肩的地位。乔伊斯(Joyce)的《尤利西斯》(*Ulysses*)与维特根斯坦的《哲学研究》(*Philosophical Investigations*)是20世纪的范本。于是艺术和文学的传统具有了古典学科所缺乏的开放性,提出了古典学科所不能提出的一类问题,其中最重要的问题是如何理解在幸存下来的著作中所反映的古代希腊—罗马世界与截然不同的现代欧洲文明世界的关系。艺术和文学的发展乃至包含了现代的民间著作,必然使其研究具有了古典著作绝不可能拥有的生动的历史意义。

南北战争前的学院中对古典著作的研究基本上是"因循守旧的"。研究古典著作的目的是为了熟悉某些持久的思维和行为模式并养成把这些模式应用于生活所必需的习惯:使自己适应这些模式。因此,记忆和背诵似乎是恰当的教学方法。当艺术和文学领域扩大乃至包括现代数学时,无论是这些方法还是因循守旧者的目标都不可能是持久的,因为向学习艺术和文学的学生提出的不是一个单一的模式,而是两个。一方面有古代的美德和秩序模式,另一方面还出现了现代的个性和创造自由的思想。① 这些理念是不可能轻易调和的,一个学生如遭遇这些理念,他必然会深感人的价值和经验的多样性。这个学生就不太可能相信存在单一的、僵化的生活模式,也不相信他必须使自己的习惯和行为与这种模式相一致,而更可能认识到自己是有多种选择的。他更可能从历史的角度(处于长期的、进化沿革中的一个人的立场)去认识他自己的处境,其中有曲折,也有转折和新的发展,而且是没有止境的。他不太可能把自己看作是某种定型的生活方式的勉

---

① Ernst Cassirer, *The Individual and the Cosmos in Renaissance Philosophy*, trans. Mario Domandi (Oxford: Basil Blackwell, 1963), 56: "我们已经看到与中世纪的语言和术语的联系限制了[尼古拉斯]库萨努斯的创造性思想的自由展开……但是现在,接受和发展了他的思想的意大利人摆脱了这种限制。他们(数学家、技师和艺术家们)不仅否定了传统知识的内容,而且还拒绝了它的形式。他们想成为发现者,而不是注释者。"Ernst Cassirer, *The Philosophy of the Enlightenment*, trans. Fritz C. A. Koelln and James P. Pettegrove (Boston: Beacon Press, 1951), 49:阐明启蒙"结束了……文艺复兴所开始的东西;它为理性知识划分了确定的领域,在那里不再有压制和命令式的胁迫,而有的是向所有各个方向的自由运动"。

强顺从的模仿者,而更可能把自己看作是积极的、正在进行中的、尚未结束的过程的参与者,某一天他本人有可能为这一过程作出某种贡献。

艺术和文学传统要求每个学生把自己看作是迈克尔·奥克肖特(Michael Oakeshott)称谓的"伟大会话"(great conversation)*的参与者。① 鼓励学生去思考先前的参与者——诗人、哲学家、小说家、历史学家和艺术家,把他们放在关于人生最重要事情的冗长的、不中断的会话中,这个会话既有连续性,又有变异性,是真正的会话过程。教这个学生把自己想成是这场会话的一个有礼貌的但不是卑躬屈膝的后来者,他有许多东西要学,但也能增添些什么。教导学生必须关注地、倾心地学习过去的伟大著作,但不是(像艺术和文学传统的捍卫者那样)盲从地死记硬背,盲从是与这一传统本身的开放性相矛盾的,也是与后来者发扬它并把它变成自己的东西的需要相抵触的。

虽然这是开放的,但艺术和文学传统是最显赫的一种传统。它有重要的文本和经久不衰的主题。它有历史和自己内在的生活。可以用一种有组织的方式教授它。它要求学生有一套共同的参照系,有共享的特殊词汇,有已有一定规模的知识储备,用来形成他们个人的判断并向其他人表达自己的判断。它以任何活生生的传统可能有的方式引起了对它的过去的贡献者的崇敬感、对保护他们的成就的责任感,并且也能使他有一种自由的经历,能够建立与这些继承下来的东西显然不同的自己的东西。

艺术和文学传统为忠诚于它的那些人提供了更持久的参照框架,他们在这个框架内研究人生意义问题而不必假设这个框架是永恒的

---

* 伟大会话是西方正典(Western Canon)的作者们描述其前辈著作的特征的用语。根据赫钦斯的说法,"西方的传统体现在开始于历史的开端并持续到今天的伟大会话中"。(伟大会话,大英百科全书公司,1952年)艾德勒说:"将这些作者一起捆绑在一个智力共同体内,是因为他们都卷进了伟大会话。在不同年代陆续问世的这些著作中,我们发现作者们倾听他们的前辈关于这些或那些思想,这个或那个主题已经说了什么。他们不仅倾听他们前辈的思想,他们也用多种多样方式的评论加以回应。"(艾德勒:"重游伟大会话",《伟大会话:西方世界伟大名著读者指南》,大英百科全书公司,芝加哥,1990年,第28页。)——译者注

① Michael Oakeshott, "The Voice of Poetry in the Conversation of Mankind", in *Rationalism in Politics and Other Essays* (Indianapolis: Liberty Fund, 1991).

和神圣的。它对这个问题的设计是把对峙置于一场会话中,这场会话比任何个人自己所可能制造的要长得多、持久得多。在这一方面,艺术和文学传统对它的追随者所起的作用,与政治生活和家庭生活的结构对许多其他人所起的作用是相同的。它为他们提供了必然会以某种形式呈现的意义背景,如果个人能持续地探究他(她)自己的人生意义而不依靠对神的信仰,神学的真理就不再被接受。

在19世纪末出现的新的大学系统内,人文学科教师越来越孤独地相信自己有责任和能力去引导自己的学生探究生命的价值和目标。只有他们仍然感到与学院教学的旧传统的联系,在这个旧传统中人文学科处于核心地位。但是这个传统的宗教基础已被彻底摧毁,古典著作不再享有其曾经的无可置疑的优先地位。某种更大的意义框架是个人探索完美的条件,人文学科教师接受了对这一框架的需要,否定只有永恒的上帝才能提供这种完美,他们把古典著作的学习与处在一个复杂的、逐渐形成的传统中的更现代的文学、哲学和艺术著作结合起来,从而形成相当丰富的、相当有力量的会话,架构学生对人为什么而活问题的答案的探究。这就是世俗人文主义肯定其精神活力的艺术和文学的传统。这种活力的形成是由于相信人性思想的正当性,坚信数量有限的人生完美的榜样的永恒意义,多年来对这一传统的研究成为教育计划的核心,使人文学科教师能够作为提供人生意义教学的旧传统的残存的遗产受让人,在现在被专业化所限定的学院和大学中,以及在一种以多元论和怀疑为标志的文化中履行自己的义务。

从查尔斯·埃利奥特于1869年(这个日期标志了美国新大学系统的诞生)被任命为哈佛校长之时起到作为分水岭的1968年的约一个世纪内,世俗人文主义继续相信人生意义问题是可以教授的思想。世俗人文主义改变了教授人生意义问题的方式,提供这种教学的旧传统风雨飘摇地,偶尔回光返照地苟延残喘了一百年,直至最终出局。

今天,人文学科教师几乎没人认为他们有能力或有义务向他们的学生提供关于人生意义的教育。即使在私下表达了这种观点的教师一般也不愿在公众场合这样说。他们更可能说:人文学科在为探索人生意义提供有组织的帮助方面并不比其他学科强多少;在这方面提供帮助并非是人文学科教师的专职;学院和大学的学生与我们其他人一样必须依靠自己的力量、在学校之外自己去探究这个问题,不要幻想有哪门学术性学科能教他们如何思考这个问题或思考些什么。在美国高等教育萌芽之时曾经是一个绝对的教学主题后来又成为人文学科的专职的一门学科,今天甚至已不再在这些领域中教授它。

从20世纪60年代开始并在以后的几十年内,世俗人文主义的主要原则遭受了迅雷不及掩耳的攻击。① 关于存在像人性这样的东西的思想,对许多人而言似乎越来越难以置信。旧观点认为,人的生存的持久特点构成人的经验和抱负的不变的框架,而取而代之的赢得了支持的新思想则认为,关于人性的任何主张都是伪装的力量的一种表现,是某些人想把自己的意志强加给他人的一种企图,与打人耳光并无二致。旧思想确信,人的生活的主要范式数量不多而且是长期稳定的,而新思想坚信,这样的范式是无数的,而且是地区性的和时间性的,使历史连续性迹象成为一种幻觉。与艺术和文学传统成为鲜明对照的是,一种新的看法流行起来了,这种观点敌视伟大会话的思想;对它的对古典著作的规范性选择提出了挑战;强调被它排斥的声音;坚持那些总是受到人文学科特别关注的西方的知识和艺术成就,仅仅是许多文化中的一种文化的产物,并不比人类创造的其他成就更好一些,或更有益一些,仅仅是人类经验和表现的多元文化的一团乱麻中的一缕细丝。

这些新思想使许多人文学科教师奋起谴责他们认为是世俗人文主义所虔敬的东西。到20世纪末,世俗人文主义的威望丝毫不高于被它所取代的基督教古典主义。与它的前辈们一样,它最终似乎仅仅归结为一个信条。

某些人把这种变化归因于20世纪60年代的骚动及其所造成的

---

① Alvin Kernan, *In Plato's Cave* (New Haven: Yale University Press, 1999); Carnochan, *Battleground of the Curriculum*.

美国学校生活的政治化。① 当时,教师、教程和学校的政策都遭到了空前的政治审查。当时的现实被攻击为是有偏见的、不公正的,而为它们所进行的传统的辩护被谴责为"意识形态的"。一些思想被看成是宣传对关于真理的怀疑主义和关于价值的相对主义的力量的虚假表现。20世纪60年代颠覆了权力的真实性并使相对主义合法化,此后人文学科一蹶不振并以此方式败坏了世俗人文主义的威望。

在这段轶事中有某些真理。但有一个更深刻的真理未被传递。如果20世纪60年代人文学科依然是一门很强大的和踌躇满志的学科,那么它们就绝不会如此迅速、如此彻底地屈服于这些起破坏作用的思想。20世纪60年代学校的政治化没有摧毁人文学科。人文学科为了迎合研究理念而放弃了世俗人文主义从而摧毁了自己。一个半世纪以来研究理念已赢得了作为美国高等教育的权威性和优越性的主要仲裁者的地位。

人文学科对研究理念的接受切断了目标和自尊与人为什么而活的问题的联系,从而损害了自己对目标和自尊的思考。这削弱了世俗人文主义传统的基础,正是这种传统在怀疑的多元论时代赋予这个问题以确实性。这使人文学科漂泊无依,失去方向,并且在对新的目标和新的方向的求索中,人文学科中的许多东西欣然接受20世纪60年代的一些有政治色彩的思想和政治正确性文化,而这一切使这些学科从此麻烦不断。人文学科接受这些思想以图恢复人文学科的专有地位并修复世俗人文主义的衰退所造成的威望的损失。但在这一过程中人文学科面临更大的危害,因为自20世纪60年代以来主宰人文学科的政治正确性文化,不但没有恢复它们的威望,反而更深地贬损了它们的威望。

但损害不是外部攻击的结果。这不是由野蛮人破门而入造成的。这是对权威危机的自毁性反应,这种危机是当人文学科教师接受了研究理念以及与此相联系的价值观时不费吹灰之力造成的。这种价值观是世俗人文主义的真正的敌人,是造成它出局的真正原因。它们是

---

① Roger Kimball, *Tenured Radicals: How Politics Has Corrupted Our Higher Education* (New York: Harper and Row, 1990).

人文学科的权威危机的真正源头。因为现代的研究理念,不管其有多大的价值,不管其取得了多么伟大的成就,都降低了人为什么而活的问题的价值,而世俗人文主义和人文学科的权威性,一般来说独一无二地、永久地与这个问题捆绑在一起。

第三章 研究理念

1918年,伟大的社会历史学家马克斯·韦伯在慕尼黑大学发表了题为"以学术为业"的演讲。① 这是他最后的也是最热情洋溢的陈述。在演讲中韦伯力求阐明学术生涯的内在意义——它对学者本人的精神意义。在演讲的最后,当他以激昂的情感努力解释如何在"我们这个没有上帝,也没有先知的时代"把学术研究生活体验成一种本来意义上的天职时,他的演讲掀起了近似宗教的高潮。但是韦伯从考察他称为今天的德国大学中的学术生活的"外部"条件着手,提出了一种更为世俗的解释。他问道:"一个决心专职献身于大学生活中的学问的研究生会有什么样的前途?"在他所选择的生涯中他获得晋升并取得最终成就的条件是什么?

韦伯所阐述的学术理念不再是仅让德国人着迷的奇思妙想。学问的生产和传播今天已是全世界高等教育的一个核心的、有组织的目的。尤其在美国,研究理念赢得了巨大的声望。这一点最清晰地反映在我们的巨型大学中,它们有意识地以研究的生产为导向,在那里教师的聘任和晋升主要依据他们的学术成就。但是在我们的文理学院中,甚至在两年制的社区学院中也能感受到这一理念的魅力。这些学校教师的聘任,现在也渐渐要求拥有哲学博士学位或其他只能在有研

---

① Max Weber, "Scholarship as a Vocation", in *From Max Weber*, ed. H. Gerth and C. W. Mills (New York: Oxford University Press, 1946).

究生课程的研究型大学中才能获得的高级学位。①

因此,研究生院是共同的入口,现在几乎所有的美国学院和大学的教师都必须穿过这个入口才能在自己的学术生涯的道路上继续前进。这是他们的职业生活的第一个阶段,这不仅对于少数热衷于学术研究的学者是这样,对于所有选择了在学院或大学从事教学生涯的人,不管他们的水平如何,也不管他们将来是否从事研究工作,也都是如此。因此,几乎所有的(少数除外)美国学院和大学教师正是在研究生院开始了解学术职业规范,也是在那里他们初次领悟了什么样的人才能拥有本职业领域中的权威地位和为什么。结果就是我们的研究生院以及设置了研究生院的研究型大学,对年轻教师的价值观和期望值施加着巨大的影响。它们是我们的大多数学院和大学教师形成职业习惯的温床,这些教师终身保持着他们在那里养成的态度,在不同水平的美国高等教育的各个角落都能感觉到这种态度。

所有的研究生都学习某些公共课。他们学习思考自己的学科,把它想成是独特的研究"领域",每个"领域"都在一个更大的智力劳动分工中占据一个有限的空间。他们学习把自己的领域看成是"专业",这个专业要致力于研究各种不同的问题并采用独特的方法去回答这些问题。他们被告知每门专业都有其独立的、包含着本领域的知识的"文献";还被告知,每个领域中的文献总是有争议的,新的发现、新的解释在不断地完善这些文献;它的"前沿"代表着这一领域最新、最好的思想;他们还被告知,要成为任何一门学科的称职的教师就必须"掌握"这一学科的文献并能够鉴别在它的前沿所做的工作。

研究生学习把自己的注意局限于人类知识的某个片段上并承认自己没有能力去评价,或者甚至承认自己没有能力去理解其他领域中

---

① 关于社区学院教师特点,请见 Kent A. Phillippe, ed., *National Profile of Community College: Trends and Statistics*, 3rd ed. (Washington, D. C.: Community College Press, 2000). See also John S. Levin et al., *Community College Faculty: At Work in the New Economy* ((New York: Palgrave Macmillan, 2006); Michael Scott Cain, *The Community College in the Twenty-First Century: A Systems Approach* (Lanham, Md.: University Press of America, 1999), 41—76; George A. Baker Ⅲ, ed., *A Handbook on the Community College in America: Its History, Mission, and Management* (Westport, Conn.: Greenwood Press, 1994), 397—435。

的专家的工作。但是他们也学习接受这样的思想,即注意的这种狭隘性,既把他们与其他学科中的人割裂开来,又使他们有资格加入本领域的专家行列中,这个领域世代传承并在该学科所承担的共同使命中联合起来。他们还被告知要懂得,只有接受专业的限制,他们才有希望对不断增长的、包含着研究成果的学问作出"原创性的贡献"。最后,还鼓励他们把作出此类贡献看成一种学术生涯必须提供的最大的满足,所以,如果他们从未发表过文章或出版过书籍而仅仅局限于教书,他们似乎就会感到他们的职业生活虽然是另一种方式的充实,但总不如那些为自己的领域贡献了某种新东西的学者。简言之,任何学科的研究生都被告知要接受专业化的限制,并把这种限制看成是为了获得这种专业化所提供的权力和机会而必须付出的代价。

在这一点上,学术工作当然与其他任何工作毫无二致。专业化今天已成为几乎每种生产活动的主导原则。在任何行业谋职的年轻人都同样需要寻找自己在某个专业化劳动系统中的位置。在学术机构内的智力劳动的分工,仅仅是整个现代世界的工作所特有的某种大得多的现象的一种表现。人们可以得出结论认为,学术工作中的专业化的主要动机,与其他任何领域中是一样的。

亚当·斯密(Adam Smith)在《国富论》(*The Wealth of Nations*)中以一家制针厂为例,阐明了专业化的优越性。他认为这种优越性就是效率。如果在工人之中进行劳动分工,每个人只专注于生产过程的某一个方面,而不是以并行的方式从事每根针从开始到完成的整个制作过程,就可以以更少的成本制造更多的针。斯密写道:"每个人制作了48000 根针的十分之一,就可以认为每人每天可制作 4800 根针。但如果他们所有的人都各不相关地独自工作,而且任何人都没有受过进行这项特殊工作的训练,那么肯定并非每个人每天都能制作 20 根针,甚至可能一天连一根针都制不成。"[①]

斯密的论证同样适用于研究和教学这类智力工作。如果学院或大学中的每位教师都去研究和教授每一门学科,而不是集中精力于某

---

① Adam Smith, *The Wealth of Nations*: Books Ⅰ—Ⅲ (New York: Penguin, 1999), 110.

一个领域,其结果就会与制针厂中的情况一模一样——无效的重复劳动、产量的急剧下降以及所制产品质量的恶化。在学校内外通过专业化可以把工作做得更多、更好。这种必要性的含义就是要把注意力限制在一个大得多的整体的某一个方面,如果因而导致的整体性的丧失被认为是失去了人性(正如马克思和其他人所推测的那样)①,那么这种人性的丧失对于学校中的工作者而言不会大于组装线上的工厂工人。在这两种情况下,效率的大大提高不仅使(知识或针的)消费者获益,也使它们的制造者获益,因为他们毕竟也是这些产品以及无数其他产品的消费者。

这是一场影响深远的论争,在解释现在学术工作中存在的劳动分工方面经历了漫长的历程——研究生必须接受专业化的"命运"(韦伯语),把它当成是职业生活的不可回避的条件。但是现代的专业化研究体制,不单纯是追求观念生产中的更大效率所驱动的结果。它也是最初被19世纪的德国学者自觉地接受的一种精神理念的衍生物,这些学者把自己的工作理解成一种天职,这是韦伯所使用的一个具有宗教意义的词汇。

学术专业的概念,以及学者的使命是为自己的领域作出原创性贡献的概念,对于他们而言是一个渗透着精神价值的观念。今天,这些观念的根源大部分已被忘却。年轻的学院教师和大学教师几乎都不知道这些观念的历史,而且大部分人还认为隐藏在这些观念后面的是职业冲动。大多数人仍然把自己的工作体验成一种天职。大多数人相信,学术专业化的要求不单纯是对效率要求的一种响应,而且还是对赋予其工作以个人意义的召唤予以响应的一种方式。虽然不得不屈服于专业化的逻辑,但大部分研究生并不认为自己是亚当·斯密的制针厂中的组装线上的工人。他们深信自己是在对比绝对必要的效率更深刻的某种东西作出响应。这一信念也是他们对研究理念信仰的一部分,并且是这一理念的颐指气使的权威性的一个重要根源。

---

① Karl Marx and Frederick Engels, *Collected Works* (New York: International Publishers, 1975), 3:220,308,321.

第三章 研究理念

现代的研究理念是 19 世纪的创造,但是广义的学问当然要比它历史更悠久。

15 世纪的人文主义者的文艺复兴和 16 世纪的宗教改革,鼓舞了新的学术著作的大量涌现。① 在整个欧洲,博学的学者们以旺盛的精力翻译和解释古代的文本,其中既有世俗的,也有宗教的,探究这些文本提出的历史的、哲学的和神学的问题。伊拉斯谟(Erasmus)是这一类学者的杰出样板。② 1516 年他出版了圣哲罗姆(St. Jerome)的九卷本著作并且(在同一年!)出版了希腊文和拉丁文的《新约全书》的校订版。其他人以同样的精神工作,他们采用通信的方式并对各个研究领域作出了贡献。③ 某些人组织了团体以促进他们的工作。在伦敦成立了一个"艺术爱好者协会",以支持其成员对古典学问的研究,他们都是像罗伯特·伍德(Robert Wood)那样的人,罗伯特·伍德是一位周游列国的绅士学者,他为威廉·皮特(William Pitt)政府服务,撰写了论述荷马的著作,这是 18 世纪最重要的著作之一。④ 那时的学问都不限于人文的和神学的主题。到 18 世纪末,科学家们正在进行实验并向大西洋两岸的观众报告实验成果。在伦敦和巴黎人们密切关注富兰克林(Franklin)的电学实验。⑤

---

① See Jacques Le Goff, *Intellectuals in the Middle Ages*, trans. Teresa Lavender Fagan (Cambridge, Mass.: Blackwell, 1993), 154—166; Charles Van Doren, *A History of Knowledge: Past, Present, and Future* (New York: Birch Lane Press, 1991), 127—167; William Kerrigan and Gordon Braden, *The Idea of the Renaissance* (Baltimore: Johns Hopkins University Press, 1989), 83—153; Robert E. Proctor, *Education's Great Amnesia: Reconsidering the Humanities from Petrarch to Freud* (Bloomington: Indiana University Press, 1988), 3—83.

② Diarmaid MacCulloch, *The Reformation: Europe's House Divided, 1490—1700* (New York: Allen lane, 2003), 97—105.

③ See, e. g., Isaac Newton, *Philosophical Writings*, ed. Andrew Janiak (Cambridge: Cambridge University Press, 2004); Marsilio Ficino, *Meditations on the Soul: Selected Letters of Marsilio Ficino*, ed. Clement Salaman, trans. Language Department of School of Economics Science, London (London: Shepheard-Walwyn, 2002); Michael Sean Mahoney, *The Mathematical Career of Pierre de Fermat* (Princeton: Princeton University Press, 1973).

④ Carl Diehl, *Americans and German Scholarship, 1770—1870* (New Haven: Yale University Press, 1978), 36.

⑤ Walter Isaacson, *Benjamin Franklin: An American Life* (New York: Simon and Schuster, 2003),138—144.

但是在19世纪以前,大部分学者和科学家都是各自为政地在任何有组织的机构环境之外工作。他们都拥有自己的藏书和实验设备,用自己的收入支持自己的实验,而这些收入却与他们的学术工作无关。15世纪的菲奇诺(Ficino)、16世纪的培根(Bacon)、17世纪的莱布尼兹和斯宾诺莎,都是这一类的样板人物。这些学者的工作在严格意义上都是"副业"——他们将其作为个人的爱好予以追求,而不是作为谋生的手段,虽然学术工作有时也能赢得某个富有的赞助人的资助(如菲奇诺和莱布尼兹)。① 虽然一个学者有可能选择集中研究某一个领域(集中研究一个文本或一位作家或科学难题),但他们大部分都是通才,始终对相关领域中的那些人的工作感兴趣并有能力判断他们的工作。笛卡儿对光学作出了特殊贡献并发现了解析几何,但他也卷入了当时最重要的哲学论争中。② 这类旧式的学者都是典型的自主工作的通才。他们不必通过一致同意的劳动分工去协调各自的工作,这样的劳动分工是由一个集权的机构安排的,这个机构为按分工工作的人支付薪酬并为他们提供进行研究所需的设施等——这就是今天每位学院和大学教师的处境。③

现代的研究体制,就我们所知的形式而言起始于19世纪初期的德国大学。德国的大学当然也与其他各地的发展相关联。1795年,法国建立了一个国家科学和艺术研究协会以促进知识的生产,而这类知识的目标是提升百科全书派作家所定义的幸福和进步。④ 这是第一个制度化的社会科学研究规划。但是正是在德国,新的研究理念得到了最清晰的阐述,对研究理念的接受导致在德国建立了第一批现代研究

---

① Paul Oskar Kristeller, *The Philosophy of Marsilio Ficino*, trans. Virginia Conant (New York: Columbia University Press, 1943), 16—17; Matthew Stewart, *The Courtier and the Heretic: Leibniz, Spinoza, and the Fate of God in the Modern World* (New York: Norton, 2006).

② Desmond M. Clarke, *Descartes: A Biography* (Cambridge: Cambridge University Press, 2006); Stephen Gaukroger, *Descartes: An Intellectual Biography* (Oxford: Clarendon Press, 1995); Jack Rochford Vrooman, *René Descartes: A Biography* (New York: G. P. Putnam's Sons, 1970).

③ Max Weber, "Scholarship as a Vocation", in *From Max Weber*, 129—156,131.

④ Mark Goldie and Robert Wokler, *The Cambridge History of Eighteenth Century Political Thought* (New York: Cambridge University Press, 2006).

型大学。但是奇怪的是,推动建立研究型大学的动力不是来自新兴的社会科学,甚至更不像人们可能预料的那样来自自然科学,这种动力竟来自人文学科,尤其来自古典研究领域,在那里一种新的学问观念被用来对因浪漫主义者对启蒙理性主义的反感而造成的该领域观念的改变作出响应。

浪漫主义是一个多义词,但把此词用于德国浪漫主义的最初阶段以及他的两位最有影响的人物,戈特夫里德·赫尔德(Gottfried Herder)和他的前辈哈曼(J. G. Hamann)的著作上时,它首先指的是坚定地反对被伏尔泰(Voltaire)和法国哲学所阐述的启蒙思想的平均主义倾向。[①] 伏尔泰坚持人性与经验的一致性。他主张,所有的人和社会,不管其在历史上的地位如何,基本上都是相似的。他说,他们之间的差异与他们所共有的属性相比较而言是微不足道的。这些属性构成了我们共同的人性,这就是要紧紧抓住它的充足理由。对于伏尔泰和赞同他的观点的人而言,人类事务的同质性和合理的可理解性是两个信条,是启蒙理性主义所依据的两个相互关联的原则。

赫尔德和哈曼凶狠地攻击这些主张。他们辩称,伏尔泰的理性主义低估了区分一种文化与另一种文化的差别。他们坚持认为,伏尔泰和他的追随者们夸大了理性领悟和鉴别这些差别的能力。与否定差别的重要性的人相反,赫尔德和哈曼恰恰把这些差别本身的重要性放大到了极致。他们说,一种文化或一个时期中最有趣的和最有价值的是它的独特的个性(实践、信仰、著作赋予其独一无二的身份),而不是它与其他文化或时期共有的一般特征。伏尔泰把我们的人性等同于人类的共同性。浪漫主义者颠覆了这个等式并使一个人或时代的个别性成为人性的标志。

一个时期或文化的独特的个性,当然总是由具有决定性意义的地理、气候等环境形成的。赫尔德追随孟德斯鸠(Montesquieu),把所有

---

① Isaiah Berlin, *The Roots of Romanticism*, ed. Henry Hardy (Princeton: Princeton University Press, 1999).

这些归结到"氛围"这个大标题下面。① 他说，一种文化的真正意义是，形成其生活方式的氛围条件的作用不如人对这种条件作出的独出心裁的响应的作用。赫尔德坚持认为，响应总是独特的，它是一种文化特性的灵魂及其意义和价值的源泉。

对作为个体的人来说也是这样。每个人都是自己的父母所生，每个人都生活在一个独特的社会环境中并被赋予并非他自己所能选择的天赋和才能。然后我们通过想象和努力使这些条件（我们的生活氛围）变得有个性，从浪漫主义的观点来看，这些个性的价值就存在于自由形成的独特性中。这种思想有时候表达为一个人的生活就是一部艺术作品的思想。② 就像一位艺术家开始用并非他自己发明的、但在手边找到的材料进行创作一样，我们开始自己的生活时是既有机遇又有限制的，但是我们不能对此作出任何选择，只能一概接受。正像一位艺术家努力使它的材料具有某种独特的表现力一样，我们致力于在这些决定我们的出生命运的条件的范围之外去形成独特的生活。在这两种情况下的产品都是某种独特的东西——一件艺术品，一段生活——人的生活的价值就在于其独特性中，而其独特性又是对既不是独特的，又不是自由的材料进行自由且富创造性的想象的结果。③

赫尔德和哈曼赞成这一思想。他们也认为人的生活的价值在于这种独特的形成之中，人是通过创造性地适应他的确定的生存环境而获得价值的。与他们之前的维科（Vico）和之后的狄尔泰（Dilthey）一

---

① Isaiah Berlin,"Montesquieu", in *Against the Current：Essays in the History of Ideas*, ed. Henry Hardy (New York：Viking, 1979).

② Alexander Nehamas, *The Art of Living* (Berkeley：University of California Press, 1998); Friedrich Nietzsche, *The Gay Science*, trans. Walter Kaufmann (New York：Rondom House, 1974), 299; Michel Foucault, "On the Geneaology of Ethics：An Overview of Work in Progress", in *The Foucault Reader*, ed. Paul Rabinow (New York：Rondom House, 1984), 350.

③ See Nehamas, *Art of Living*, 6—10.（这部分论述生活像艺术作品思想的历史。）See also Ernst Cassirer, *The Individual and the Cosmos in Renaissance Philosophy*, trans. Mario Domandi (Oxford：Basil Blackwell, 1963), 83—86。

样①,他们认为这一原则不仅仅适用于个体的人,而且也适用于所有各个时代和整个文明。他们说,必须把每个时代也看成是一件艺术品——是使确定的"氛围"条件充满富于表现力的个性而进行的漫长的、富有想象力的战役的产物,与任何艺术创作的相对价值一样,这种个性的相对价值必须由结果的奇特性和美妙予以评判。

若干世纪以来,古典研究在德国并在整个欧洲享有特殊的威望。人们认为古典著作能提供永久有效的行为和鉴赏标准,并被设想成能界定正确生活的永恒的范式,这种范式即使在今天也拥有像从前一样的易理解性和权威性。18世纪末至19世纪初,受到赫尔德和哈曼影响的古典主义者不再以这种方式考虑他们的学科。对于他们而言,古典著作不再是现代读者必须学习和照搬的一套永远有效的规范(关于人应该怎样生活的一劳永逸的陈述),而是一种独一无二的文明的产物,这种文明现在已一去不返地过去了,可以研究它,但不能复制它。他们认为,学者的任务是抓住这些特点所反映的这种文明的独特的个性。沃尔夫(F. A. Wolf)的语言学研究为所有关于荷马的现代研究打下了基础,对于像沃尔夫那样的当时最伟大的古典主义学者而言,②对个人价值的浪漫主义信念是其基本的信念。这是他们关于学问的新观念所依据的前提。这改变了他们工作的方向并重新定义了其领域的特殊威望,从此以后,这种声望不再被解释成是古典世界规范的永恒的有效性,而解释成其表述的无与伦比的优美和奇特。

这个受到浪漫主义鼓舞的新观点,对古典研究领域产生了革命性的影响。它鼓励更多地用历史的观点去研究问题,赋予事实性知识更大的重要性。

如果我们想搞明白是什么使一个人的生活成为独一无二的,我们就需要研究他的生平——他的独特的、不可重复的生涯。仅仅泛泛地

---

① Isaiah Berlin, "Vico and the Ideal of the Enlightenment", in Hardy, ed., *Against the Current*; Wilhelm Dilthey, *Introduction to the Human Sciences* (Princeton: Princeton University Press, 1989).

② Friedrich August Wolf, *Prolegomena to Homer*, 1795, trans. Anthony Grafton et al. (Princeton: Princeton University Press, 1985).

了解他的生活与其他人的生活的相似处是不够的。此外,我们还必须知道并理解使他的生活与他人不同的事件(偶然事件和经历)的进程。文化也是这样。如果他们是具有自己的独特个性的个人,也就必须研究他们的生平。只有通过对当时运动轨迹的研究,我们才能理解某个时期或文化的独特性,同样的原因我们可以以这种方式把握某个个人生活的独特性。一个人越强调(一个人或时代的)个性的重要性,他就必定会感到用动态(传记的和历史的)观点去考察的必要性。

古典主义者对古代的观点基本上是静态的。这种观点很少关注或根本不关心它的历史发展。当把重点放在个性上时,浪漫主义鼓励用更动态的观点去考察古代世界。古代世界的意义和价值现在看来不是在于一套对有才智的人而言是透彻的、永恒的形式,以及永远有效的评判标准,而在于它沿着当时的独特生涯的弧线运动。方向的转变一点也不比语言学领域中的转向更清晰,在语言学领域沃尔夫和其他人致力于重新构建荷马史诗和其他古典文本的语言学系谱。①

从对古代世界的静态观念向历史观念的转变,要求更关注事实。要撰写某个人的传记,就必须掌握这个人的生活中的事实。仅仅有思想是不够的。离开了事实就抓不住一个人生活的独特性,因为是事实使他的生活成为独特的。传记作者当然也应该有思想。没有思想的贯穿而拼凑起来的事实是毫无意义的。但是对于传记作者来说事实具有实质性的意义,只要一个人相信,某种生活的价值和重要性可以用它与某些抽象的、永恒的行为范式的一致性去衡量时,这样的事实就绝不会有价值。撰写一种文化或一个时代的传记,情况也是如此。在这里,事实也具有用古典主义观点看所没有的实质性。古典主义设想,可以以只有通过推理我们才能理解的普遍的观念形式去表达过去的永恒价值。如果一个人想搞明白一种文化或一个时代的独特性是什么,他就必须知道这种文化或时代的传记事实。浪漫地强调个人的

---

① 尼采属于语言学研究的这个传统。See James Whitman, "Nietzsche in the Magisterial Tradition of German Classical Philology", *Journal of the History of Ideas* 47 (July-September 1986): 453—468, 468。

价值,这就要求用历史的观点去认识所研究的论题,从而要求高度关注事实并颠倒了古典主义分配给事实和思想的重要性的顺序。

对事实重要性的坚持所产生的又一结果就是使古典知识的圆满成为不可能的。因为如果古典作家的著作被设想为事实,尤其设想成一组(考古学的、古钱的、等等)数据,那么,为了理解古典世界的独特性,就必须比较考察并解释所有的事实,然后才能不完美地掌握它们,或者一般地掌握相关事实。一个人永远不可能对某一个事实探根究底,更何况各种事实会无限地扩张。事实是无穷尽的。总是有可能从中发现以前没有发现的某种新的东西。即使在事实已确定的情况下也是如此。如果不断地出现新的事实,并且有迹象表示这种情况将继续无限制地出现,第一个(每个事实本身的)无穷大被第二个(待发现的无限的一系列事实)无穷大所扩张。只有思想是可以充分理解的。因此,只有把古典著作设想成一种普遍化了的规范的集成,获得其中的无一遗漏的知识的目标,才是一个可以在有限的训练有素的研究期限之内达到的目标。

浪漫的个人主义用它的数量有限的能理解的思想打破了古典主义的封闭世界,并用一种无限的天地万物的事实来代替它,这样的事实是从来不可能穷尽的或者不可能予以圆满解释的。[①] 在这样做的时候它把全面理解古代的目标置于永远也无法达到的地位,超出了任何人所能达到的这一最伟大知识的最远的边界。它变成了所有古典学问从今往后所要依据的前提。对这个领域中的那些人提出了一场新的挑战。如何根据这些新的假设继续他们的工作?现代研究理念应运而生。

假设事实的无限性现在潜在地与对古典世界的理解有关,系统地表述引导其进行探究的方法现在已迫在眉睫。必须有一套能确定不同事实的相对重要性以及解释其意义的规则,必须有一套能把这些解

---

① Alexandre Koyré, *From the Closed World to the Infinite Universe* (Baltimore: John Hopkins University Press, 1957).

释组合成一个前后一致的图式的规则,才能为一个人在一个庞大的充满无尽可能性的宇宙中找到自己的道路指示方向。一个人如果没有方法,他则被宣告是在毫无目的地徘徊。在古典研究中越来越坚持已得到一致同意的研究方法的重要性;为了系统地表述这些方法并为了通过坚持只有它们才能生成"有意义的"结果去控制它们的应用而展开了历时弥久的运动;更多地关注所有各类的方法论问题;所有这些都是对挑战的可以预见到的,确实是不可避免的回应。而这个挑战就是:使现在是无限的古典研究材料能被它的研究者的有限的智慧所理解,把否则就会成为荒无人烟的森林变成精耕细作的土地。

  而且,既然每个学者现在都要面对数量有限的他能够为之奉献自己的时间和精力的可能的探究方面,显然就必须在它们中间进行选择。毫无目的地、浮光掠影地从一个主题到另一个主题,则可能会一无所获,而且所有可能的主题是绝不可能穷尽的。古典研究边界的扩张迫使专业化过程的出现。浪漫地坚持个人的价值,就是通过贬低只关心抽象观念的通才的知识来迫使学者成为专家,这些专家对人们可能有益地进行探究的、从范围广袤的材料中选出的某些部分具有深刻的然而却是有局限性的理解,这种理解现在被认为是一个人能够掌握的关于某个问题的真正的、可靠的和值得掌握的知识。

  最后,现在应该把古典研究(含蓄地指专门化研究的每一个分支)看成是一个生长的事业,在时间上绵延一代又一代。因为即使一个人把关注的焦点限制在某一个主题上,也没有一位学者有望在自己的有生之年完全掌握它。他的题材是无限丰富的,是永远不会穷尽的。即使他的材料是由得到完好界定的少量事实构成的,情况也是如此,因为当从一个新的视角进行考察时,即使单一的事实也可以衍生出附加的知识。而且最狭窄的研究事项当然也是由无数的事实和无数可能的解释构成的。所以,每个研究领域虽然专业化了,但其研究的深度是无限的,因此在某个人的一生中也是不可能彻底探究其全部的。

  认识到以上所述,促使接受了新的专业化工作的学术观念的学者承认,他们的目标只有通过许多代学者的努力才能实现。这也迫使他们承认，他们的工作确实是永远不可能完成的，而关于工作完成的观点就是康德所谓的"调节性理想"——虽然这是一个不能达到的目标，但它为达到目标而付出的努力提供了目的和方向。① 于是接受了专业化观念的那些人要求把他们自己看作是这种受到调节性理想控制的无尽努力的参与者，他们可能做出成就，但在他们自己的凡人经历的极限内他们不可能穷尽一切。

因此，依据新的研究理念工作的学者们就有必要为自己的努力寻找一个稳定的、制度化的家园。他们的研究的专业化程度越高，他们就越需要有某种类型的协调机制，使他们之间的工作能相互配合，并把他们各自的发现结合成一个有序的整体。学术性工作越被看作是超越时限的许多代人的事业，对于永久性的制度化的环境的需要就越迫切，这种环境能提供代际联系的纽带，保存每一代人的工作成果，使之成为后继者的一种宝贵资源。随着研究理念赢得了权威性，以及古典学和其他领域中的工作人员终于接受了这一理念的要求，人们越来越清楚地认识到，他们只能在大学中进行自己的工作，即在为了提供这样的纽带而建立的或重新设计的机构内工作。

前辈的学者们有时能获得某个赞助人的资助。但更多的是他们用自己的资源支持自己。其中许多人很富有，对他们而言学问是他们的嗜好。像罗伯特·伍德这样的"业余爱好者"，他们孜孜不倦地进行研究相当大的程度上是为了这种研究给他们带来的愉悦。19世纪从事研究的德国学者在大学中工作并以不同的精神对待自己的任务，这些大学是为了协调他们各自的努力并为他们的学科提供一个稳定的家园而建立起来的。他们的目的不是像许多旧式学者那样是为了培养并享受优雅的鉴赏能力。他们工作不是为了愉悦乃至优雅。他们工作是为了提高本领域中的知识的地位，为此许多人甚至不惜牺牲自

---

① Immanuel Kant, *Critique of Pure Reason*, trans. and ed. Paul Guyer and Allen W. Wood (New York: Cambridge University Press, 1998), 520—521.

己的幸福——牺牲自己的健康、爱好、家庭关系,等等。① 他们把自己的工作看作是一种职业,并以早期的学者们所没有的尖锐性,在他们的学科的客观的利益与他们自己个人的需要之间作出区分,把后者看成是为追求自己的学科目的而花费的资源。

在这一方面他们的态度与另两类人相似,这两类人出现的历史大致与他们相合。其中的一类是职业官吏,他们在19世纪承担对现代民族国家的许多行政管理职责,以一种相似的无私地忠诚于公务的精神完成自己的任务。② 另一类是资本家、企业家。他们明确的抱负不是增加自己个人的财富而是使企业有利可图。③ 像官吏和资本家一样,职业研究型学者是作为19世纪初的德国大学中的一类似曾相识的人出现的,他们不是为了自己而工作,而是为了他们所属的学科的利益而工作,以与高深学问的传统完全不同的明确性把学科的利益与自己的利益区分开来,而这种传统几百年以来一直是西方大部分知识形式的主要载体。

似乎可能令人惊讶的是浪漫主义产生了如此的结果。因为洋溢着激情和过度的自我表现的浪漫主义精神,似乎与新的学术理念的超然冷静的、自我牺牲的精神毫无干系。但这是对个人的独特性(这是其反对启蒙理性主义的核心)的浪漫的肯定——孕育了研究理念(连

---

① 19世纪德国化学家李比希(Justus von Liebig)对他的朋友凯库勒(Friedrich August Kekule)说的一段话是很经典的。他说:"如果你想成为一名化学家,你必须做好牺牲你的健康的准备。在今天的化学界,任何人因研究而损害了健康是没有什么了不起的。"Ralph E. Oesper, *The Human Side of Scientists* (Cincinnati: University of Cincinnati, 1975), 108. 杰出的德国物理学家赫兹(Heinrich Rudolph Hertz)的著作选集的编辑约瑟夫·马利根(Joseph F. Mulligan)说,赫兹36岁就英年早逝,可能不仅是因为他的身体状况一般地虚弱,还可能是因为他坚持返回存在潜在的严重不安全因素的实验室。他说:"如果……赫兹离开实验室,他的健康状况会改善,而当他返回实验室,他的健康状况就恶化了,为什么他对这种破坏性状况无动于衷?难道这就是过度的责任感让他坚守在实验室中,即使这样做会损害他的健康?" Joseph F. Mulligan, ed., *Heinrich Rudolph Hertz: A Collection of Articles and Addresses* (New York: Garland Publishing, 1994), 78.

② Max Weber, *Economy and Society: An Outline of Interpretive Sociology*, ed. Guenther Roth and Claus Wittich, trans. Ephraim Fischoff (New York: Bedminster Press, 1968), vol. 3., ch. 2.

③ Karl Marx, *Capital: A Critique of Political Economy*, trans. Ben Fowkes (New York: Penguin, 1981), 3: 349—375; Max Weber, *The Protestant Ethic and the Spirit of Capitalism*, trans. Talcott Parsons (New York: Scribner, 1958).

同其对专业化的要求和职业束缚)诞生的条件。但二者在作用或格调方面是相去甚远的,现代研究理念是它的热血父辈的有着优秀职业素养的儿子。

这一理念从古典研究领域扩展到历史研究的其他领域,扩展到医学和自然科学,还扩展到19世纪中期那种形态的新生的社会科学。它的支配权缓慢而又稳步地扩张到整个学术生活。在这个过程中新的研究理念养成了越来越"职业化"的倾向。研究型专家的生涯最终被看成是本来意义上的天职。这一职业不再仅被看成是更有效地生产知识的手段,还被看成是通向精神目的的途径,通向解救的途径。它最早也是最显著地出现在19世纪的德国大学中。正是在德国大学中,在古典研究领域中诞生的新的专业化研究理念,通过它与集中围绕着教化(Bildung)这个独特的德国观念的复杂得多的思想的相互影响,最早获得了至今依然具有的道德的和精神的意义。

"教化"一词本身就包含着自我修养的过程,包含着内部发展的过程,托马斯·曼(Thomas Mann)于1923年将其称为"典型德国的最精细的特征"。① 托马斯·曼赋予了它极高的精神价值并相信可以在其成就中找到个人救助的形式。在这个意义上他对一些德国作家的观点作出了回应,这些作家有18世纪的歌德,19世纪的施莱尔马赫(Schleiermacher)、叔本华(Schopenhauer)和尼采(Nietzsche),20世纪的弗洛伊德和韦伯。教化的价值是所有这些作家所从属的文学和哲学传统的核心的组织前提,托马斯·曼本人是这一传统最后的伟大代表人物之一。②

坚持这个传统的不同作家对教化这个概念作出了不同的解释。但是在一个半世纪的时期之内,与教化概念相联系的精神自我修养的理想,始终是德国文化和思想的前提,专业化的学术研究继续被看成是它的一个最有特色的表述。在自己的研究中致力于解决某些神秘

---

① Quoted in W. H. Bruford, *The German Tradition of Self-Cultivation: Bildung from Humboldt to Thomas Mann* (New York: Cambridge University Press, 1975), Ⅶ.

② Ibid.

的、专业化的研究问题的教授,以巨大的个人代价献身于提升本领域的知识;教化的捍卫者们在这里看到了他们最尊重的价值和态度的最引人注目的榜样。对他们而言,学术工作不只是生产劳动的一种形式;它还是具有救世目的的天职,体现了文明的最高价值,而教化这个德国概念对此作出了独特的表述。

教化概念的两个特点以最为密切的和相互支持的方式,与专业化的学术研究的要求缠结在一起,并有助于解释这一概念为什么获得了职业意义。第一个特点是坚持所有的负责任的自我修养都是偏于一方的。每个人与生俱来的能力是与他或她的种族的其他人员共享的。但是没有一个人能把这些能力发展到极致,这是因为人的生命太短。虽然我们每个人都拥有某些一般的态度和爱好,但是我们拥有它们的程度是各不相同的。每个人都是能力、兴趣和秉性的独特的组合。人的天赋和爱好的独特性,部分地是由天性决定的,部分地是由早期的经验决定的。不管我们对这两个重要的对人的生活具有决定性影响的特点赋予多大权重,当他到了能有意义地建构应使自己成为怎样的人的问题的阶段时,他的自我修养所致力于培养的(自然的和通过训练获得的)特殊才能,大部分都已定型,教化道德要求他集中关注这些才能。①

要达到包含着全部人类能力的普遍人性的目标,不仅仅是毫无结果的,是轻率的,而且是自我放纵的。一个人必须做的是最充分地发展他所拥有的独特的才能,而让其他人去发展其他的才能。一个人应把自己想象成被指定在一部大型戏剧中扮演一个角色,并且有义务尽最大可能地把这个角色扮演得尽善尽美。一个人不可能谋求去掌控整部戏剧的演出。古代亚里士多德的面面俱到的思想,必然由于它的既不切实际又不道德而被拒绝。②

---

① 在这方面歌德是个局外人。要全面说明他的五彩纷呈的成就,见 Nicholas Boyle, *Goethe: The Poet and the Age* (Oxford: Clarendon Press, 1991)。

② Aristotle, *Nicomachean Ethics*, in *The Basic Works of Aristotle*, ed. Richard McKeon, trans. W. D. Ross (New York: Random House, 1941), 1097a—1098b. See also Sarah Broadie, *Ethics with Aristotle* (New York: Oxford University Press, 1991), 26.

与异教徒的完满生活的理想相反,教化概念把最高的道德价值赋予个人的独特性以及最好地发展他或她的独特才能。这一概念鼓励人们把对自己的个性的培养看成是一种道德责任。在这一方面它吸收了基督教关于个人神圣的信仰,教化概念在很多方面是这些信念的世俗化表述。① 它以世俗的形式保留了这个基督教思想的精神力量,作为一种入世的生活理念,不对它作出这一思想原本所依据的神学的假设,它更像把生活当作一件艺术品的观念,教化概念的捍卫者们常把此二者看作是等同的。

　　显而易见这一概念是多么适合新的学术研究构想并为它增添了精神的威严。学问要求专业化,要求限制努力和注意的范围。这就使所有严肃的学问成为偏于一方的。我们每个人都被分配了自己在生活中的任务和必须做得最好的工作,这就是教化观念作为人生的普遍理想提出来的。对于从事研究的学者而言,这就意味着他的专门知识的发展不仅效率是高的,而且在道德上也是值得赞许的。教化概念鼓励将学术的专业化以及义务与荣誉予以等量齐观。这使一个人在智力劳动分工中的地位的发展成为一个有精神意义的目标,而不仅仅是一种经济的或组织的需要。它宣告要获得关于世界的完整的、全面的知识而作出的一切努力都是无效的,这种努力既是毫无意义的,也是不负责任的。它宣传了这样一种思想,即通过与其他人的合作,专家一般就能为人类知识的发展和人性的培养作出贡献。教化概念把学术型专家的工作与这个更大的人生理想联系起来,赋予人生理想以救世的意义,并为专家提供了一个框架,使他能在这个框架内考察自己的工作,把自己的工作看成是体现着人性的最深切的抱负的一个更大的规划的一部分。

　　教化概念还通过强调自我修养过程的无私,有助于通过第二种方式来保证研究理念在精神上的尊贵。一个有教养的人当然可以享受他或她所致力于发展的能力。但正如教化概念所认为的那样,这不是

---

① Bruford, German Tradition, 2223, 70—71; John Kekes, *Art of Life* (Ithaca: Cornell University Press, 2002), 33—34.

人倾注精力的目的。我们所拥有的才能不是供我们个人的享用。我们必须为了造福作为一个整体的人类而去发展这些才能。一小部分人类资源被托付给了我们，这部分资源虽然很少但却是独特的，我们也就负有为造福人类而去培养人类资源的责任。因此我们对自己的天资和才能的态度不应是一种自私的快乐。这应该是一种受托人的态度，这个受托人有责任最大地发挥被要求用来为其他人造福的才能，而其他人的欢乐才是受托人的唯一的合法目标。

教化概念的这一个方面也被涂抹了浓郁的基督教信仰的色彩，这个信仰就是：我们作为上帝的形形色色的创造物的独一无二的元素，有义务通过发展上帝赋予我们的才能去帮助完成上帝的工作，上帝赋予我们才能不是为了让我们自己去享用，而是为了去赞美上帝并实施上帝为世界制定的规划。① 基督教教诲道，我们不是我们的才能的所有者，而只不过是占有者，我们的才能属于我们必须为了他而去发展这种才能的某个他人。在这一方面，教化概念的作用类似于与一个宗教思想相对应的世俗思想，这一宗教思想就是要维护受托人的职责这种没有神学装饰的基督教道德，把为他人服务的职业精神带进世俗的自我修养的劳动中。

教化概念以这种方式促成了学术职业化文化的精神合法性，这是与以大学为基地的新的专业化研究体制相联系的。早期的学者往往是为了他们自己的心满意足而工作，而从事研究工作的专家则与他们不同，他把提高本领域的知识置于自己的个人幸福之上。他接受专业化的要求不仅仅是为了提高效率，而且还是出于对义务的考虑，他深信自己必须戒绝业余爱好的愉悦，以履行自己作为托付给他照管的一小块知识的管理员的职责。从这一道德要求的观点出发，则可认为为了研究所给予他们的愉悦而进行研究的学者，是以一种自私的、不负责任的方式行事。他把自己置于其他人的前面。接受了专业化要求以及由此而带来的个人牺牲的学者，把他的学科需要与他个人的福利区分开来并使后者服从于前者，只有这样的学者才以在道德上值得称

---

① Bruford, *German Tradition*, 72—73.

颂的方式行事。只有他的行为才符合教化概念所体现的受托人职责的无私的道德。

教化概念使专业化成为一种德行。它使负责工作、忠于职守、放弃享乐成为精神上的强制性要求。在受到基督教信念的旧传统的启示并以世俗的形式改造这一传统时，教化概念参照了学术研究者工作的道德的和精神的合法性，把学术研究者的无私的和专业化的劳动夸大成一种天职，而不是一种工作——即救助的一种入世途径。结果就是赋予研究理念坚持至今的精神意义。即使在今天，大多数美国研究生仍都深信他们选择了一条奉献大于来自外部的回报的道路。他们深信他们从事的是有望还能检测其精神完美的生涯。马克斯·韦伯是最具权威性地表达了这一具有道德威严的思想的人，这一思想原本是由19世纪初的德国学者提出的，这些学者把一种从基督教信念中导出的，但修剪掉了其宗教臆说的自我修养的理想，移植到被对启蒙理性主义的浪漫反应所鼓舞的专业化研究的新体制中。今天，几乎没有一位研究生会去阅读韦伯1918年的演讲。更没有几个人还拥有关于产生现代研究理念的智慧发展的任何知识，及其对专业化的要求和对献身于此的生活的精神尊贵的坚持。但是对这些思想的含蓄的接受还是很重要的，即使研究理念在美国高等教育中所享有的巨大威望的原因还是隐蔽的，但只要这种威望不是仅仅来自其生产思想的效率，而且还来自它的道德潜能。

19世纪中期有数千名美国人去德国学习，把德国人对学问的热情和献身于专业研究的职业理想带回了美国。① 但是当这一理想开始在美国大学中生根时，却不是在它赢得最初的立足点的人文学科中，而是与德国的情况相反，在自然科学中生根。有几个原因有助于解释这一现象。第一，美国缺乏存在于德国的那种类型的强大的中等学校体系，德国的中等学校体系能保证向学院稳定地提供已受过良好的古典

---

① Diehl, *Americans and German Scholarship*, 115.

学科训练的学生。① 第二,旧时对这些文本的态度继续发挥着影响作用,这种态度把文本处理成道德教诲的手册而不是研究对象。第三,美国特别强调"有用的"知识的重要性,自然科学的研究对这种知识的贡献更为明显。

于是,人文学科尤其是古典研究,成为最初把德国研究理念移植到美国土壤中可利用的同质性相对较小的中介。② 正是在自然科学中这一理念建成了自己最初的美国滩头阵地。从这个阵地出发它很快地就扩展到其他领域,到 19 世纪末已渗透到研究的每个分支领域。人文学科也不例外。在哲学、历史和其他领域中,新的学术研究理念吸引了那些渴望按照这一理念的要求重新组织自己的学科的美国同行们。③ 但是在人文学科中,并且仅仅是在人文学科中,研究理念遭遇了与之相对立的观念,二者的最深刻的价值在许多方面是正相反的。这就是世俗人文主义的理想,到 20 世纪中期以前世俗人文主义仍然是人文学科中的一支强大的力量,在这之后它才丧失了其作为研究理念的举足轻重的竞争者的权威性。

世俗人文主义继承了在南北战争前控制了美国学院生活每一个方面的古典主义者的传统。世俗人文主义在一些重要的方面修正了这一传统,但分享了它的核心价值。研究理念直接攻击了这些核心价值,使之变得似乎是不值得予以尊重的。研究理念在这样做的时候把

---

① Roger L. Geiger, "The Crisis of the Old Order: The Colleges in the 1890s", in *The American College in the Nineteenth Century*, ed. Roger L. Geiger (Nashville: Vanderbilt University Press, 2000), 264—276, 267; Philip Lindsley, "Philip Lindsley on the Inadequacy of Preparatory Schools", in *American Higher Education: A Documentary History*, ed. Richard Hofstadter and Wilson Smith (Chicago: University of Chicago Press, 1961), Ⅰ:328—334, 331; Guralnick, *Science and the Ante-bellum College*, 14.

② Diehl, *Americans and German Scholarship*, 102—108, 117.

③ Laurence R. Veysey, *The Emergence of the American University* (Chicago: University of Chicago Press, 1974), 173—177;19 世纪的最后几年见证了大部分学科的教授们对科学的夸张的忠诚达到了令人晕眩的程度。See also Proctor, *Education's Great Amnesia*, 87—96;描述"本真的人文学科退化成纯学问"。有关 1865—1920 年人文学科中的学问地位的大量论争,请见 Laurence Veysey, "The Plural Organized Worlds of Humanities", in *The Organization of Knowledge in Modern America, 1860—1920*, ed. Alexandra Oleson and John Voss (Baltimore: John Hopkins University Press, 1979)。

南北战争前的学院中的古典课程和世俗人文主义共同研究的问题——人为什么而活的问题,从高等教育中的核心的、受尊重的位置上驱逐了出去。

南北战争前学院中的学生,被要求把从古代世界和基督教传统中继承下来的不变的、有限的一套规范内化成个人品性的一部分,并使自己的言行符合这些规范。习得了这些价值观的学生就占据了他们之前的一代又一代的学生所占据的地位。他们重复自己的前辈的经验。他们自己不思进步以超越其先辈的知识,也深信人们并不鼓励他们去超越。他们不谋求去作出原创性贡献。他们受教育的全部目的就是通过学习那些要永远仿效的、心灵与理智都优秀的人的生活模式而成为无独创性的人。他们的态度不是积极地去进行发现,而是屈从价值的权威性,对这样的价值他们既不能添加和修改,也不能留下自己的独特个性的印记,而只能吸收它们,采纳它们。

他们的教师也持同样的态度。南北战争前的学院教师认为自己是有价值的学习传统的看管者。他们的主要职责是通过把下一代学生引进这一传统的规范和思想的神殿来保存这个传统。这种具有古典主义者气质的教师没有为这个传统作出自己的贡献的抱负。他不愿意在这个传统上打上带有自己个性的印记。他的目标基本上是被动地传递,并因他所提供的工作是从作为一根不会断裂的链条中的一环的经验中导出的而感到心满意足,因能作为那帮助保存伟大的人类成就的保管人而感到喜悦。这种态度对于今天的人来说几乎是不可理解的。关于他将会死去并离开这个世界而另一个人将会进入这个世界的得到公认的知识(巨大的精神安慰的源泉之一);他做了自己的一部分工作而使这个世界保持完整无损的经历;即将与那些在他之前致力于同样的保存项目的先辈教师相处而带来的欢欣——所有这一切对受托人职责的诸如此类的满足。简言之,对旧式的教师而言,其利益远比他们根本就不愿意承认的原创性要更现实些,更生动些。①

现代的研究理念颠覆了这一旧的价值体系。

以学问为导向的教师的目的不是传递他从过去继承下来的不变的、现成的知识体系。学者的目的是为知识的宝库增添他在开始自己的研究时所发现的某些新东西。他增添的新东西不必是宏大的。当然每个学者都希望能增添某些杰出的新东西,但是没能在本领域中产生变革效应并不意味着这位学者的研究工作是徒劳的。关键性的成就(没有它他的努力就会真的是徒劳的)就是他自己的某些增长性的发现或发明所作出的贡献,虽然这种贡献与其他人的贡献相比可能是很小的。

在为自己的领域作出贡献方面取得成功的研究型学者,能体验到墨守古典传统的教师既体验不到的也不谋求的某些东西。他为自己的创造性而振奋,为自己的创举而怦然心动。但是他这样做的条件就是必然会剥夺他知道一个人关于他的学科所必须知道的每样东西(可能甚至是能够知道的每样东西)而产生的心满意足。只要古典主义还保持着它的生命力,这就始终是一个达不到的目的。由于赋予原创性以如此巨大的重要性,由于使专业化成为原创学问的必要条件,研究理念使这个目的成为不可实现的。研究理念使这个目的显得天真得可笑。有独创性的学者必须把自己的努力集中在研究的某一个专业化的点上并且抛弃一种幼稚的托辞,即可能获得古典主义传统中的所有的学问都渴望的关于世界和人类的全部知识。

研究型学者也被剥夺了在智慧和道德方面直接接触其前辈而带来的满足,亦即被剥夺与前辈分享从未改变过的优越地位所带来的满足。南北战争前的学院的教学目标是训练每个学生加入他们的祖先,

---

① 关于我们是我们的文明的保管人的观点的优雅的阐述,见 George Kennan, *The Nuclear Delusion: Soviet-American Relations in the Atomic Age* (New York: Pantheon Books, 1976), 205:"我们所谈论的文明不只是我们这一代的财富。我们不是它的所有者;我们仅仅是保管者。它有时候要比我们无比伟大得多,重要得多。它是一个整体,而我们只是一个局部。它不是我们的成就;它是其他人的成就。我们没有创造它。我们继承了它。它是赠与我们的;这同时也赠与了我们所隐含的爱护它、保存它、发展它、向我们假设为是我们的后来者的他人传递它的责任,尽管我们可以希望去改善它,但在任何情况下都必须保证它完好无损。"

把祖先当作自己的同时代人,让他们在掌握永远不变的常识方面站在自己的身旁。这种同时代性的愉悦是它的主要目标之一。现代的学术研究理念可以用所谓的"更替道德"(ethic of supersession)代替它。① 学者的目标不是站在他的祖先站过的地方。他的目标不是加入他们而是超越他们,衡量他们的成绩所依据的不是他们的思想与其祖先思想的接近程度,而是二者之间的差距——依据他的知识超越其处于下位状态的祖先的知识而取得了多大进步。

而且更替道德要求研究型学者承认甚至喜欢自己的原创性贡献将来也会被超越的前景。与超越前人这样的令人激动的前景相比,这在心理上可能较难接受。但是真正把学问称作职业的人没有一个能够证明终结某个论题的愿望是正当的。对于一位真正的学者而言,这种愿望必然是有点儿愚蠢的傲慢。真正的学者希望被他的后继者超越,就像他希望超越自己的先辈们一样。他追求原创性,但也接受他自己的原创性成就的暂时性。

旧式的教师把自己看作是不变的冒险事业的参与者。他们与自己的祖先一起停留在马克斯·韦伯所说的传统的"不朽的昨天"。② 在这样做的时候他们获得了不受时间的腐蚀力影响的地位。他们直接在自己的生活中以及自己的经验范围之内体验到了一种不朽。有人可能会说他们确立了其生活中的亘古不变的思想。对于研究型学者而言,这样的经验不再是有效的。一位学者当然认为自己也是永久的冒险行动的参与者,即在自己的学科领域内不停地追求圆满的知识,他承认作为一个整体的学科的不朽的生命。但是这种不朽的生命存在于一系列无尽的更替之中,他自己的生涯就是一种更替,虽然一位学者可以心存"永久的事业是由一系列更替构成的"思想,但他不能直接体验它。他只能想象自己是一个不朽的事业的一部分,但是他不能在自己的有限的生存期间实现它的永久性。对于研究型学者而言,

---

① See Weber, "Scholarship as a Vocation".

② *Economy and Society: An Outline of Interpretive Sociology*, ed. Guenther Roth and Claus Wittich, trans. Ephraim Fischoff et al. (Berkeley: University of California Press, 1978), I: 217.

不朽恰恰是一个抽象的概念;虽然想到他自己参与了一项冒险行动,想到他的圆满知识的目标是时间所不能改变的,可以让他得到安慰,但没有比在他的有生之年达到这一目标更大的慰藉,没有比直接体验不朽而不是仅仅把它作为理想来苦思更大的安慰。

旧式教师面对死亡,知道不朽是什么。他们以超越了死亡的经验的观点去面对死亡。研究型学者面对死亡却得不到这种经验的慰藉。对他们而言,死亡投下一道更为令人不安的阴影。死亡使他的工作的意义更不安全,更容易引起质疑和怀疑。死亡使学者的生活变得更寂寞——这就是为什么韦伯等人把学者的职业看作是需要有某种形式的勇气的英雄的理想,而古典主义从来没有提出过这样的要求。

为了从未达到的真理而勉力前行的学者确实是英雄,他得不到旧式教师所知道的那种不朽的生活经验的慰藉,这种经验使死亡变成一件对他们意义不大的事情。但是正是学者自己的更替道德使他远离这个经验并剥夺了经验对他的安慰。是学者自己坚持独创性的重要性,迫使他承认他的工作的暂时性,从而使他无从体验自己的祖先的不朽伙伴的永恒,而被留下来孤独地、得不到任何安慰地去面对死亡。如果专业化是原创性必须付出的一种代价,那么,孤独也是一种代价。

学生以这种精神对待自己的学科,并且这门学科的学习已超出了它的初步的入门阶段,这时他就会发现自己学习的主要目标是为了获得为对自己的学科作出创造性贡献所必需的资源。他的目标是为教师的发现增添一些新的东西,从而来接替自己的教师的成就。他认为推进自己的工作以超越自己的教师,是对他们的关系的一种完善,是他对把他引入这个领域的人表达忠诚的最高形式,他的教师们也是这样认为的,只要他们忠诚于自己的学术职业并不被利己的动机所诱惑。

一个学生朝着这个方向走得越远,他就越能安心地对待专业化的必要性,把它看作是原创性研究的条件,也能安心地对待自己工作的暂时性,把它当成是原创性研究的必然结果。与他的教师一样,他最终也将承认不可能拥有本领域中的全部知识或不可能加入现在处于不朽智慧的永恒之中的祖先,每一代都要继承他的前辈们所完成的工作。只要他把原创性当成自己的指路明星,他就将接受所有这一切以及由此而引起的寂寞。他将知道,这些抱负曾经是那些在远离他自己的教育环境中的师生们所追求的。但是他也将认识到,他们的满足必然全都充实了不断扩张的、由许多代人通过无数具有创造性的研究者的专业化劳动建成的知识宝库,每个人的原创的、昙花一现的点滴都成为日益扩大的沧海中的一粟,他希望能为知识的沧海作出自己的一份贡献:这就是研究理念的核心。

与南北战争前学院中的古典主义相比,世俗人文主义是多元论的。它对古典主义所依据的神学确实性(certitude)持怀疑论者的态度。它认识到(古典主义则不承认)人为什么而活的问题是一个我们必须各自自己回答的问题。它还分享了一些重要的价值及其传统。它们所共享的价值构成了它们之间联系的纽带并使世俗人文主义能够承载着这一传统前进。它们所分享的价值使这种连续性成为可能,然而研究理念攻击的正是这些价值。

与古典主义者的传统一样,世俗人文主义也认为复现和背诵具有积极的价值。当强调一个人应该终极关心什么和为什么的问题的答案具有多元性时,着重的是这些答案的天长日久的稳定性。他们把这些答案看成是相对持久的一组可能性,是某种程度上固定的框架,每个人都会在这个框架内遭遇人为什么而活的问题。必须在这些可能性中间作出选择。世俗人文主义者并不亲自口授答案。但是因为他们所建立的框架是不能变更的,坚持世俗人文主义传统的教师就把自己看成是在每一代中间都是无独创性的一种教育计划的管理者,与他们的古典主义者祖先的所作所为非常相似。

他们可能也经历过与过去的伟大的、具有创造性的杰出人物的亲密交流,并谋求引导自己的学生与自己亲密交流。哲学的生命从未有过比苏格拉底更伟大的斗士,或者信仰的生命从未有过比奥古斯丁更充满热情的、更能说会道的捍卫者。对于世俗人文主义者而言,苏格拉底和奥古斯丁是它们的同时代人。他们以及过去的所有其他伟大的思想家和艺术家占据着同样的确定的、虽然是好辩的空间,无休止地在一个不间断的会话中辩论人生的意义,在辩论中他们可能会驳斥新的观点,但没有一个答案会被驳倒——这是一场始终生动的会话。在这场会话中每个人只要参与就会始终积极地并把新的每一代学生引进会话中,通过直接面对有关永久的重要性问题而面对面地会见自己的祖先。即使世俗人文主义提出了较为多元论的和怀疑论的假设,但它依然强调并重视在一个现实的统一体中连接各代人的纽带,这样的纽带是容易体验的并不受时间的影响,就像南北战争前的学院中的古典主义者的课程计划所做的那样。

最后,因为世俗人文主义设想人类生活可能指向的终极价值在数量上是屈指可数的,它的辩护者可能仍然认为一个学生在四年的学院学习期间有可能获得回答人生意义问题所需要的基本知识。世俗人文主义当然赞同必须在不同的生活道路中间作出一种选择,而且这种选择只有过这种生活的人才能作出——他是唯一能够作出选择的人。由于肯定了一个学生在学院教育期间能够满意地获得有关人类生活的主要形式的知识,世俗人文主义以一种更为多元的形式保留了旧式的古典主义者的一个信念,即有可能向每一代人传递回答这个最为"存在主义的"问题所需要的(不朽的)知识。

现代研究理念破除了这一类信念。它排除了其中的似是而非的道理和魅力。但它不是通过证明其错误来做到这一点的。重现、联系和结束的价值是世俗人文主义的基础,现代研究理念通过维护一套与之相矛盾的新的价值而使其力量丧失殆尽。

有一种观点认为,生活方式的类型是有限的,不同的类型相互之间甚至可能是截然不同的,但由于研究理念把原创性提升到极端重要的地位,以至于这种观点似乎阻碍了个人的创造才能。从研究理念的角度来看,世俗人文主义所赞美的非原创性(世俗人文主义相信一套稳定的价值系统,它们构成了每一代人进行选择的一种复现的框架),似乎不是一种优点,而是缺点,是对争取原创性成就的热情的一种压制。于是,世俗人文主义所认为的舒适和安慰的源泉,在研究理念所提倡的价值体系内变成了某种应予以抵制的东西,甚至被蔑视——即被看成是一份束缚个人的创造性动力的千篇一律的、内容狭隘的列表。

世俗人文主义认为与过去的作家和艺术家进行亲密交流是很重要的,而研究理念对此的评价很低。一个人刻不容缓地要去研究过去的伟大著作,感觉到这些作品的创作者似乎现在就在自己的身边,并体验到同时代性,而这种同时代性是被艺术和文学传统所支持的伟大会话思想所暗示的:所有这些思想从更替道德观点来看都是可疑的,或更糟的。有一种意见认为,在持久的会话中过去的伟大喉舌的言辞的权威性丝毫未减,这场会话从未结束过,也从未改变过,每一代人都同时参与这场会话。对于用更替道德观点评价事物的人而言,这种意见并非是一种不切实际的理想,而是一种不好的理想,因为它否定了在理解方面取得进步的可能性,而理解正是学者们的最深谋远虑的奖赏。

有种观点认为,一个人能在任何有限的一段时间内(更不用说在学院短短的四年时间内)掌握任何学科(更不用说像与架构一个人对人为什么而活问题的答案的一大批学科那样庞大、那样重要的一门学科)的有几分完整的知识。在那些接受研究理念的人的眼中,这种思想必然是天真得可笑,甚至令人讨厌。因为从研究理念出发,它所设想的结束和圆满,可能终止指向圆满知识的渐近线的生长运动,而这种运动赋予了每个领域生命和尊严。没有了遭到圆满性所排斥的继续进步的希望,就研究而言一门学科就死亡了。在这门学科中就不能再产生价值了,就必须放弃它而去探究会更有成果的(就是说,还没完成的)其他分支。有一种信念认为,有可能向一个学生传递有关人类生活的所有主要形式的知识。这种信念必须得到评判。在研究理念看来,这种信念不仅是理由不充分的,而且是有害的,如果更严肃地进行鉴别,则这种信念否定的正是学者最孜孜以求的东西。

研究理念提出了一组与世俗人文主义所支持的价值相对立的价值。它在一些更为基本的方面暗中损害了世俗人文主义的权威性。因为它使人生意义问题成为一个非职业性的问题,即成为没有一个负责任的人文学科教师今后将严肃对待的一个问题。它贬低坚持不懈地提出人生问题的观点(事实上只有从这个观点出发才能提出这个问题),从而把把这个问题降为一个合法的学术研究的主题。

当我们把我们的生活目标和价值作为一个整体来考虑时,就是持这一观点的。我们当然不能脱离我们的生活,也不能从外面去思考生活。在这个意义上把我们的生活作为一个整体的观点总是来自生活,这个观点必然具有它自己独特的特点,并随着我们的年龄、性情以及与他人的关系而变化。"作为一个整体的生活"是我们从未直接经历过的。这永远是一种观念。

如果一个人有意去诽谤这个观念,有意去否定它的价值和重要性,他就可能会说,这"只不过是一种想法而已"。这没错,但诽谤是不应该的。因为作为一个整体的生活的观念,在我们的生活中极为迫切,并且具有非常实际的重要性。我们从未停止对此观念的严肃思考,并且常常根据我们对生活的反省而对我们的生活作出重大调整。虽然我们从未直接经历过作为一个整体的生活,但它很少远离过我们的关注。当我们询问自己关于我们的人生意义时,当我们询问关于能赋予我们的生活以目标和方向的我们所关心的事情和义务时,就是从我们架构这个问题的这一观念出发的。

作为一个整体的生活的观念具有两个特点。第一个特点是它的包容性。我们的生活中没有任何东西(生活的任何一个方面或元素、情感、思想、关系、规划或抱负)是被这一观念所忽略的。第二个特点是它的有限性。我的作为一个整体的生活包含了其中的每样东西,没有任何东西是生活之外的。虽然它包含了很多,虽然它有很多不同的部分,但我的生活总有一个限度。有一天我将停止生存,在仔细思考我的作为一个整体的生活时,在我的脑中出现的不仅仅是它所包含的所有东西的集合,还有它的凡人的极限。

当然,我可以想象把我的生活插入使我的生命得以延续的某个框架中,插入上帝为这个世界所制订的计划中,或者插入我的祖国的历史中,或者插入我的儿孙们的生活中,从而来回答人为什么而活的问题。甚至很可能关于人生意义的问题只能用以下这种方式来回答:只有在与某个比我们自己更大的和更持久的东西的关系中,我们的作为一个整体的生活对于我们才可能是有意义的。但是不管我们如何回答这个问题,我们问这个问题的优势就是作为一个整体的生活的优势,从这个观点出发,我们的生命必然寿终正寝的命运,是一个不可逃避的前提,这是生命的全部内涵。当我思考我的作为一个整体的生活时,我把它看作一个打成一包的全体,看成是我的生活在死亡所限定的极限内所包含的每一件东西的总和。如果我忽略了其中的某一个,我就没有把我的生活作为一个整体来思考。如果我想象自己会永生,我也不是把我的生活作为一个整体来思考。我的作为一个整体的生活的观念把包容性和有限性以一种独特的方式结合起来。正是这一结合产生了提出人生意义问题的思想,即使我的回答强调的是我的生活独有的一个部分,或者把它置于不被我自己的寿数所限定的背景之中。这个问题的逻辑不同于我对这个问题给出答案的逻辑,它以全体性和必死性的这种独特结合为前提,乃至我们愈益习惯于思考这二者,即思考我们生活的包容性及有限性,我们就愈加熟悉作为一个整体的生活的观念,人生意义的问题也就变得越迫切。

现代研究理念阻止我们思考这两者中的任何一个。它使我们摆脱对我们生活的整体的关注,而要求我们把注意力集中在生活的某个狭小的方面。它排斥包容性,提倡限制注意的范围,至少把注意限制在学术研究的领域内。同时它还使注意力偏离我们必将死亡的事实,鼓励学者用他或她所属的学科是永恒的观点去考察事物,评价事物,而不接受我们生命的寿数。研究理念就以这样的方式贬低了包容性和有限性元素的价值,而作为一个整体的生活的观念就来自这两个元素的结合。研究理念使我们的作为一个整体的生活的观念显得有点陌生和勉强。在这样做的时候它使人为什么而活的问题,在现代研究理念占支配地位的领域内显得不很紧迫,甚至不太能被承认。但是一个人若要回答这个问题,只有从被研究理念所否定的元素组成的思想的角度出发,才能提出这个问题本身。

从包容性角度看这一点最显而易见。

研究理念坚持专业化。它要求研究者选择他或她的领域中的某一个小小的角落去精耕细作,而把其余部分留给他人去开发。它断言,任何真正有学术价值的成果只有在这样的专业化的条件下才能取得,还宣告拒绝接受这一观点就是一种不能产生任何学术价值的无益的业余嗜好。

专业化是包容性的敌人——不仅仅是在专业化与包容性互不相容的意义上,而且在更强烈的意义上,即把包容性看成是不负责任的、轻率的、自我放纵的,简言之,即不道德的。把学问看成职业的观念赞美为了一个人的专业而放弃其他的兴趣,并把这种牺牲作为最高的美德。它把专业化看作是自我牺牲的一种可钦佩的形式并根据教化概念把它提升到一种道德理想的高度,教化概念帮助它的19世纪的维护者们把学术专业化看成是一种精神价值。任何学术性学科,如果研究理念在其中占主导地位,如果专业化要求束缚了那些想认真投入本学科中的人,那么,作为一个整体的生活的观念以及人为什么而活的问题,就被捆绑在一起而不被重视。

不太明显但可能也是经常能被发现的就是,研究理念使人不去关注组成作为一个整体的生活的观念的第二个元素——研究者本人的寿数。没有一个人(包括学者在内)会长久忘记他必定会寿终正寝。但献身于发展本领域中的知识的学者,在研究理念的鼓舞下把自己将要面临的死亡看成是一件需要大肆宣扬的即将来临的但并未发生的事情,就涉及的学科工作而言这是一件没有意义的事情。对于以这种方式认识自己的工作的重要性的研究者而言,真正重要的是在他为之作出了个人贡献的领域中在认识方面所取得的进步,但这个领域的"生命"是根本没有边界的,是与他本人的生命不一样的。从许多代人包括他本人所从事的事业的观点来看,研究者自己的寿数是没有什么意义的,或者根本就没有意义。在学术研究领域内,研究理念不重视死亡。它剥夺了死亡对于接受这一理念的学者的意义,并使学者对寿数这一事实表现出的任何形式的专注,显得是不敬业的和自私的。

　　人为什么而活的问题,只有站在把生活当作一个整体的观念的立场上才能提出来。这个观念既是包容性的又是有限制的。它集合了一个人生活的每一个方面并强调生命的凡人的极限。只有包容性和寿数的这种结合才能产生考察人生意义问题的视角。现代研究理念同时攻击这个观念的这两个元素。通过专业化要求它阻止包容性。它要求学者把注意力集中在比作为整体的生活小得多的某个东西上,蔑视范围广泛的研究,把它贬为毫无学术价值的一种业余嗜好。通过强调学科的极端重要性,强调研究者个人只是参与绵延许多代的发现和发明规划,在这个规划的大得多的生命背景下研究者个人的寿命就没有什么意义了,研究理念就降低了必死的命运的重要性并倡导一种更替道德,这种道德谴责过于看重自己的死亡的学者,把他们斥责为不成熟的和不敬业的。

　　现代研究理念迫使接受这一理念的人把自己的注意力集中在既比他们的作为整体的生活小又比这种生活大的事情上。它阻止包容性和对必死命运的关注,作为整体的生活的观念正是产生于这二者的结合。它贬低这二者并剥夺这一观念的道德价值和精神价值。它使作为一个整体的生活的观念显得很幼稚、很荒谬、很不敬业、自我放纵。在这样做的时候它暗中破坏了提出人为什么而活问题的观点的可靠性和权威性。

　　当然它的影响并不会使这个问题本身消失,但仅仅是剥夺了它在学术工作场所内的合法性,就足以把它逐出学校。人生意义问题对包括学者在内的人们有着不可抗拒的吸引力,没有理由可以预期这种情况会发生改变。但是现代研究理念有条不紊地贬低必然会提出这个问题的视角,这就迫使那些会提出这个问题的人去学校之外寻找答案。它对教师和学生这样说:"不要在这里寻找关于人生意义问题的答案。甚至不要期待会在这里提出这个问题,因为抱有这种期待就是对现代学问所依据的最基本的前提的亵渎。如果你对人生意义感兴趣,那么就向你的家人和朋友以及你的老师或神父提出这个问题,但是不要期待你能在学校中,在包括人文学科在内的赞成研究理念的任何学术性学科中可能给出答案或可能得到回答此问题的任何权威性指导。"

对于学生们而言,结果就是他们只能借助自己的资源去探索问题的答案。对于教师们而言,结果可能更糟。许多学院和大学教师把大量的工作时间用于他们的生计上,他们的工作与他们的生活中的其他部分之间的界线常常是相当不确定的。职业研究型学者在学校中习得的要贬低的东西,在其生活的其他任何部分中可能就更难得到尊重。即使在他自己的个人生活中,能使自己的工作适应研究理念要求的现代学者,可能会比其他人更难严肃对待人生意义问题——他像其他任何人一样渴望提出这个问题,但是这个问题的合法性、他的工作的道德和精神要求及其所养成的思维习惯,甚至都不允许他去承认它。

研究理念今天已经是每个学术性学科工作中的组织原则。它规定着美国的研究生在开始自己的生涯时所要遇到的职业化文化。它制定了能教他们判断自己的工作的标准,同时它又建立并提出了控制着整个高等教育界的规范和期望。

按照这一理念组织知识生产的优点,在人文学科中与在其他任何领域中一样是显而易见的。人文学科的学者们进行了数量庞大的研究,大大地丰富了我们对他们的学科的认识。关于荷马史诗的起源、柏拉图对话的顺序、奥古斯丁长篇演讲的内容、吉本(Gibbon)的引证的正确性,以及本·富兰克林在巴黎如何度日,等等,我们今天比以前知道得更多了。这些是真正的收益——专业化研究的持久利益,而正是专业化研究在人文学科中以及在学术研究的每个分支中产生了令人难忘的成果。

但是研究理念为人文学科取得的成就至多是祸福参半的。虽然它确实带来了实实在在的好处,但却不能与为自然科学和社会科学带来的好处相提并论。通过悄悄地败坏世俗人文主义的权威性,研究理念使人文学科失去了其最独特的和最有价值的东西。研究理念使人文学科失去了它曾经拥有的作为人生意义导师的特殊权威性,却获得了根据标准去被评价的权利,而自然科学和社会科学总是能比人文学科更成功地去达到这些标准。

在自然科学中研究理念取得了有目共睹的丰硕成果。每年源源不断地从我们的学院和大学的实验室中喷涌而出的新的发现,以及客观地理解自然界的结构和机制的进步运动的明确指向,都证实了自然科学与现代研究理念之间的能产性适切。在社会科学中,尤其在经济学和政治科学之类的强烈地、信誓旦旦地要求拥有关于社会世界的范围广大的客观知识体系的学科中,情况也是这样,只是程度稍差一些。

在人文学科中情况恰恰相反,研究带来的好处不太一致或不太确定。在像历史学之类的领域中,学术研究产生了有价值的成果——发现的积淀,这样的成果能深化我们对事件和人物的认识。但是在像文学批评这样的其他领域中,尚不清楚的是,连续几代的学者殚精竭虑地进行解释、说明的结果,是否构成了一个与周而复始的观点和价值相对抗的相似的渐进的知识体系,诺思罗普·弗莱(Northrop Frye)称它为阐述的祈祷轮的旋转,而怀疑论者则可能把它描述为时髦或猎奇的产物。① 历史确实在某种程度上是一门解释性学科,它不仅仅是所谓的日益增多的事实宝库。用这种观点来看,尚不清楚各个时代的历史学家们的相互挑战的解释是否呈现出一条渐进的线索,而不是追求时尚的循环。在哲学(现在被研究理念所主导的一个高度职业化的领域)领域中,仍然可以毫不窘迫地宣布自柏拉图以后没有什么进步,而在物理学或生物学或经济学领域中提出类似的主张则是荒谬的。

研究理念的前提是知识的稳步增长,而正是这种增长使人越来越接近所研究主题的真相,例如,接近关于亚原子粒子的行为或市场行情的真相。这就是某些知识的前景,这些知识能够诱导在任何特定的

---

① Northrop Frye, *Anatomy of Criticism* (Princeton: Princeton University Press, 1957), Ⅱ.

研究领域中接受研究理念并能证明接受研究理念是正确的。在自然科学和社会科学中,最接近真理的目标似乎是完全合理的,作为实现这一目标的手段的专业化研究体制的适宜性同样是显而易见的。研究本身所取得的成果已证实了它作为手段的适宜性,这些成果使我们的学科知识在稳定增长的过程中代代相传。

在人文学科中情况就不是那么清晰。对专业化和代际合作的承诺是否就能确定现代研究理念同样地适合于这些学科,或者是否能够以与在自然科学和社会科学中同样的不可抵御的力量产生能证实其合法性的成果,情况就不是那样一目了然。这不是因为在人文学科中没有真理和客观性思想的地位。大部分(如果不是全部)历史学、哲学和文学教师相信,存在关于他们所研究和所教授的学科的事实真相。他们的信念确实没错,这个信念是使他人理解他们的言行的条件,因为如果没有隐含着对发现本学科真理的可能性的信心,就不可能有关于任何主题的连贯的讨论。人文学科中失去的不是对真理的承诺。它失去的是坚定的信念所依托的基础,失去的是自然科学和社会科学中的那种清晰可见的,把专业化研究和真理连接起来的基础——专业化研究是获得真理的最好的,可能也是唯一的手段。专业化研究的成果累积成日益增长的知识体系,这一知识体系缓慢地但确定无疑地逐步接近真理,就像在自然科学和更强大的社会科学中的情况那样,在这样的情况下的信念才是有根据的。如果学者的工作虽有启发作用,但不能以同样的增长和渐进的方式积淀,而是兜圈子,那么这样的信念就很难持久。

人文学科中的情况就是这样。在那里真理与现代研究理念之间的联系很难分辨出来,也很难维护。在自然科学和社会科学中这种联系就很明显,很有力,而在人文学科中的联系则很模糊,最多是间歇的联系。用其他学科中的成果来判断,人文学科中的研究必然少一点结论性,少一点增值性,不能充分地或不能最终接受学者们认为具有客观束缚力的标准的评估。因此,不管他们的研究成果价值如何,用研究理念评判其工作的人文学科教师宣告自己处于学术权威性和声望层级中的下位。

　　用这种观点评价自己的工作的人文学科教师,同时也破坏了他们作为人生意义指导者曾享有的独特的威望。在现代大学中,只有人文学科才具有提供此种指导的倾向和能力。这使人文学科不同于自然科学和社会科学,并明确了它们对高等教育工作所作出的特殊贡献。这赋予人文学科在被研究理念所控制的教育环境中享有独特的权威性和尊贵地位以及价值。但是研究理念的价值降低了人为什么而活问题的价值。研究理念的价值破坏了世俗人文主义的传统,损伤了人文学科教师曾经拥有的对帮助回答此问题的能力的自信。于是,人文学科教师在接受研究理念的命令,并使自己的工作满足研究理念的要求时,用一种有价值的、独特的权威性去交换另一种权威性,这种权威性建立在他们从未像他们的自然科学和社会科学中的同事那样希望去实现的价值的基础上。对于人文学科而言,这确实是一个很糟糕的交易。这使这些学科的教师产生下位感,感到无法夺回失去的威望。这使他们焦虑和空虚,对自己在高等教育中的特殊作用缺乏安全感。

　　20世纪60年代和70年代的政治思想就乘虚而入,其中有多样性思想、多元文化主义,以及价值仅仅是伪装的权力行为的理论。这些思想能在人文学科中生根部分地是因为它们没有遭到抵制——因为这些领域中的教师丧失了能赋予他们进行抵制的力量的自信心。但是它们能生根的更为重要的原因则在于,它们似乎能提供治愈由于人文学科自己对研究理念的承诺而产生的空虚。

　　但是这样的治愈实际上是一种幻想。从这些思想中生长出来的政治正确性文化,非但不能恢复人文学科的自信心,反而进一步削弱了它。政治正确性文化削弱了人文学科的权威性,而不是修复这种权威性。它把人文学科置于更远离人生意义问题的位置上(人生意义问题是人文学科最持久的威望的源泉),而且使人文学科教师更为迫切地需要恢复提出这个问题的智慧和胆量。

第四章 政治正确性

到 20 世纪 70 年代初,人文学科一直在艰难度日。意识形态的裂缝日益扩大。教学的传统方式在相当程度上已失去了其权威性,人们忧心忡忡地议论着人文学科的"危机"。① 25 年之前,当哈佛发表关于通识教育目的的著名报告*时许多人对此危机的认识还不很清楚,哈佛报告指出了人文学科应做些什么以及为什么做这些事情是很重

---

① Roger Kimball, *Tenured Radicals*: *How Politics Has Corrupted Our Higher Education* (New York: Harper and Row, 1990),1:"这个国家中的人文学科处于危机状态,这已不是一个秘密。" Allan Bloom, *The Closing of the American Mind*: *How Higher Education Has Failed Democracy and Impoverished the Souls of Today's Students* (New York: Simon and Schuster, 1987), 346; Walter Kaufmann, *The Future of the Humanities* (New York: Reader's Digest Press, 1977), XII: "人文学科忧患深重"。关于危机论的一些有益的警示,请见 W. B. Carnochan, *The Battleground of the Curriculum* (Stanford University Press, 1993)。See Also Geoffrey Galt Harpham, "Beneath and Beyond the 'Crisis in the Humanities'", *New Literary History* 36 (2005): 21—36; Joan W. Scott, "The Rhetoric of Crisis in Higher Education", in Michael Bérubé and Cary Nelson, eds., *Higher Education Under Fire*: *Politics*, *Economics*, *and the Crisis of the Humanities* (New York: Routledge, 1995), 293—304; Stephen A. McKnight, "Is There a 'Crisis' in the Humanities?", in *The Crisis in the Humanities*: *Interdisciplinary Responses*, ed. Sarah Putzell-Korab and Robert Detweiler (Madrid: Studia Humanities, 1983),21—30。

* 指的是哈佛大学在科南特校长领导下于 1945 年发表的著名报告《自由社会的通识教育》(俗称"哈佛红皮书")。普遍认为这个报告对第二次世界大战以后的美国大学具有广泛的影响。这份报告虽然篇幅不大,但起草却用了两年半的时间,而且是在第二次世界大战正处于白热化的 1943 年 1 月开始,一直持续到 1945 年 6 月。在如此紧张的战争年代,科南特召集了美国的一批第一流学者讨论"通识教育"的问题,可见他们对于通识教育问题的重视程度。学者们认为通识教育比原子弹更重要,因为原子弹归根结底是要人来掌握,由人来控制的,而成为什么样的人则是由教育的目的和方向决定的;更何况人是否能成为负责任的道德主体,也不是专业化的博士生教育所能决定的,而是由基本的人文历史教育所塑造的。因此他们认为大学本科通识教育关系到美国的根本,关系到美国的未来。——译者注

要的。①

在这样的令人焦虑和激动的环境中一些新的观念开始流行起来。第一种观念是民权运动的衍生物并与多样性概念相联系。第二种观念通常称为多元文化主义,反映了部分是由越南战争引起的对西方价值的深重的怀疑。第三种观念为以上两种思想从哲学方面提供了支持,我把它称为结构主义观念,虽然它的支持者们给了它许多其他不同的名称("后现代主义"、"反本质主义",等等)。结构主义模糊地受到诸如马克思、尼采和福柯(Foucault)等不同哲学家的著作的鼓舞,它言辞凿凿地断言全部人类价值的矫揉造作,并认为缺乏可用来判断这些价值的任何自然标准。它尤其坚持认为,西方的价值并非一定优越于其他文明的价值,西方的价值仅仅是伪装的权力的工具,必须撕掉它们的伪装并把它们作为殖民压迫的武器予以抵制。这三种观念都是过去四十年控制人文学科的政治正确性文化的根源。

其中的每种观念都在某些方面涉及以上所述。每种观念都有一个核心的明智判断以及在智慧和道德方面的魅力。每种思想都从其与世俗人文主义所共享的一个特点中引出自己的诉求,世俗人文主义也承认人的价值的多样性,承认需要通过对价值的选择去建构一个人的生活。所有这些观念都有助于维护对人文学科的信赖,相信人文学科确实为高等教育工作作出了特殊贡献。它们有助于界定人文学科围绕着有吸引力的道德和政治价值组织起来的一种新的和独特的作用——填补因人文学科教师为支持研究理念而放弃了自己对人生目标和价值问题的指导作用所出现的空白。它们在这样做的时候所采取的方式似乎与世俗人文主义本身的价值相一致。

但是这种表面迹象是一种幻想。世俗人文主义满足于南北战争前学院的权威主义与自20世纪70年代以来控制着人文学科的激进主义思想观念之间的平衡。这种平衡在它们之间占据着一个吸引人

---

① Harvard University, *General Education in Free Society* (Cambridge, Mass.: Harvard University Press, 1945). 哈佛报告中清晰表达的观点是与布卢姆在 *Closing of American Mind* 中所反映的观点相对立的,参见 Martha C. Nussbaum, "Undemocratic Vistas", *The New York Review of Books*, November 5, 1987. 耶鲁大学较简洁地处理了人文学科与高等教育的关系,但启示意义较少,见 *Report On Yale College Education* (2003).

的和能防御的中心地位。多样性观念、多元文化主义观念和结构主义观念打破了这一平衡。它们扩展了世俗人文主义的主要原则,然而所采取的方式不是改进这些原则而是破坏它们,就像以一种不同的方式创造对旧时学院的教条的古典主义不友好的环境那样,创造一种对世俗人文主义同样不友好的理性环境。接受了这些观念的那些人,没能成功地为人文学科界定一种新的建设性作用。事实上他们恰恰是反其道而行之。由于陷于更深重的怀疑之中,他们使自己的独特的权威性变得甚至更难恢复曾经支持过它的价值。

同时,用现代研究理念来衡量,人文学科要求得到尊重的呼声已很微弱,但这些观念却使这种呼声变得更微弱。多样性、多元文化主义和结构主义等观念在自然科学和强势的社会科学中没能赢得起码的立足点。这是因为它们是与这些学科的科学抱负相对立的,是与它们的研究纲领相对立的。这些观念只能在人文学科中吸引一批追随者并作为教育学价值而被接受。其结果就是,从最成功地迎合了研究理念的要求的那些学科的角度看,人文学科显得更不受尊重了,因为在今天的美国高等教育中,满足研究理念的要求是权威性和声望的最主要的来源。今天,人文学科不仅仅是处于危急关头,它们还处于成为学校内外的笑柄的危险之中。在谋求为自己建造新的家园时它们却去挖洞并把自己扔向洞底。①

---

① 自然科学和社会科学对人文学科的批评是一个历史悠久的传统。1861 年,赫伯特·斯宾塞指出:"看到许多人忙于细枝末节而忽视最宏伟的现象,真是令人伤心。他们不求了解天体的结构,却埋头钻研关于苏格兰玛丽女王私生活的无聊争辩!对一首希腊诗歌去考证辩论,可是对上帝在地球的地层上写下的伟大史诗却一眼都不瞧!"Herbert Spencer, *Education*:*Intellectual*,*Moral*,*and Physical* (Syracuse, N. Y.:C. W. Bardeen, 1894),78—79。最近,穆迪·普赖尔注意到:"可能从来没有过人文学科不成为某种批评的对象的时候……虽然今天分量最重的抗议是来自科学的抗议。"Moody e. Prior, *Science and the Humanities* (Evanston, Ill.:Northwestern University Press, 1962),45。某些从事人文学科的人通过对科学的抨击和发起猛烈的答辩而扭转了形势:"学术上的激进派融入一种几乎不可侵犯的、还在发展和加剧的传统人文主义者的狭隘性中。C. P. 斯诺在《两种文化和科学革命》中谈到的古典主义者和历史学家,因他们自鸣得意地轻视科学的最基本的原则而遭到严厉指责。今天,作为科学家的我们发现当自己面对甚至更深奥的无知——事实上是简单地用大量的错误信息予以替代。这种无知现在与科学领域中进行评判和谴责的惊人强烈的欲望结合在一起。对更广大的知识界(我们是其中的一部分)的尊重促使我们大声地反对这样的荒谬。"Paul R. Gross and Norman Levitt, *Higher Superstition*:*The Academic Left and Its Quarrels with Science* (Baltimore:Johns Hopkins University Press, 1994),7。

第四章 政治正确性

20世纪50年代至60年代的民权运动是20世纪美国最重要的社会运动。它以实现高度公正为目的,并尽可能地谋求从美国的法律和政治传统中赢得支持。民权运动的第一个目标是赢得法律面前的形式上的平等。但是要取得全面的种族公平就必须有效地重新分配资源。非洲裔美国人得到的生活必需品远少于他们应公平地得到的那一份,在这样的制度下他们饱受苦难。这就是历史遗留下来的不公正,只能通过财富和机会的补偿性转移才能予以矫正,而这种转移必须足够大,大得足以使种族歧视的受害者获得实质性地受益于其新赢得的合法保护所需要的资源。既然教育对一个人在经济和其他方面的前途具有重要性,任何此类补偿计划显然都必须包括对教育机会进行实质性的重新分配。在初等和中等学校层次上,重新分配是通过用校车接送学童实现的——把学生躯体从一所学校转到另一所学校。在学院和大学层次上,重新分配的主要工具是"平权行动"。[①]

平权行动就是在学校招生过程中要给予少数民族申请者优先权——首先并最为强调的是要给予非洲裔美国人优先权,以后随着这个概念内涵的扩大,其他少数民族申请者也享受了这一优先权。按最初的设想,平权行动是一个补偿性计划,其目的是修复过去的种族歧视的受害者已遭受的不公正。平权行动的早期捍卫者们理性地指出,只有在招生决策方面给种族所加权重的正值能抵消过去所加权重的负值,才能实现这个目的。[②] 即使这种恢复平衡在道德方面的合法性似乎很清晰,但是也留下了一个关键的法律问题。为补偿过去的种族不公正,学校在招收学生时会采用有种族意识的准则,它能证明自己采用这种准则的合法性吗?1978年,在受到赞扬的"加利福尼亚大学董事诉巴基"的案例中,美国最高法院作出了否决的裁决。巴基被卷

[①] 关于平权行动的早期历史,详见 Terry H. Anderson, *The Pursuit of Fairness: A History of Affirmative Action* (Oxford: Oxford University Press, 2004); Jo Ann Ooiman Robinson, ed., *Affirmative Action: A Documentary History* (Westport, Conn.: Greenwood Press, 2001); Lincoln Caplan, *Up Against the Law: Affirmative Action and the Supreme Court* (New York: Twentieth Century Fund, 1997); Robert J. Weiss, *"We Want Jobs": A History of Affirmative Action* (New York: Garland, 1997)。

[②] Ronald Dworkin, *Taking Rights Seriously* (Cambridge, Mass.: Harvard University Press, 1977), 223—239.

入了对平权行动计划在加利福尼亚大学戴维斯医学院中的合法性的挑战,该校在每个入门班(entering class)中为少数民族申请者保留几个学额。法官刘易斯·鲍威尔(Lewis Powell)在为法庭撰写的判决书中宣布,过去社会中的种族歧视一般不足以成为现在的逆向种族歧视、补偿方针的依据,判决戴维斯平权行动计划违宪。[①]

但是法官鲍威尔在判决书中又提出可以接受平权行动的理论基础。他说,种族优先计划在宪法上也是允许的,只要学校能够证明(加利福尼亚大学没能证明)学生来源的多样化能直接为学校的教育计划作出重要贡献。鲍威尔的这个意见为拯救平权行动计划指出了一条途径——不要求在机制中,而只要在所维护的正当理由中作出改变。为平权行动辩护的关键不再是为过去的错误作出补偿的思想。这一思想已被法庭否决。鲍威尔的意见迫使学院和大学用完全不同的、作为一种教育学价值的多样性观念来取代它。为了获得合法性,平权行动从此以后不是与促进种族公正的外部目标相联系,而是与学校自己的内部目标相联系,即与为教和学创造尽可能最好的环境相联系。在过去的25年内,为平权行动的辩护依据的完全是这个多样化观念,这一观念的合法性最近(从狭义上说)被最高法院在批准密歇根大学采用分数制的一个案例中再次肯定,这一制度给少数民族申请者加分,从而实现使学生来源多样化的目的并带来相应的教育方面的利益。[②]

多样性能促进学习的主张,在某种程度上是无可争议的。与置身于外貌与经历不同的年轻人中间相比较,学生周围如果只有与自己相似的人,则他们会更有局限性,接受挑战的机会也会少一些。他们与来自不同背景的其他人结伴,能受到更多的刺激和更大的促动。对于许多学生而言,学院为他们提供了初次的机会,使他们能长期接触那些在成长的经历、家庭生活和宗教信仰方面与自己截然不同的人。这种接触本身就具有教育价值。这种接触对加深批判性自我意识和扩大想象性移情发挥了重要作用,而批判性自我意识和想象性移情是道

---

① Regents of University of California v. Bakke, 438 U.S. 265 (1978).
② Gratz v. Bollinger, 539 U.S. 244(2003). 被告诉讼摘要。

德和智力成长的重要因素。①

但是当把这个理性的、无关痛痒的命题,从一所学校的一般文化扩展到教室中的有组织的工作中时,即当把种族的和其他形式的多样性用作选择课题和文本的标准时,当它们成为界定教学自身的目标的重要因素时,它就变得似是而非,并且其结果也不够温和。

这场论争至今还让人记忆犹新。它起始于这样一个前提,即许多学科要求进行对个人利益和价值观特别敏感的解释性判断。历史学和文学就是很好的榜样。不同的人从不同的视角研究这些学科,而他的视角取决于他对什么感兴趣以及他对这些东西的重视程度。公正要求承认而不是压制这些差异,学习过程最好在能显示出这些差异并且其中的冲突很明显的环境中进行。在形成一个人的解释性判断的决定性因素中,种族发挥了特别有力的作用,至少在美国是这样的——在美国,种族问题早就是社会、政治和文化生活中的一个最重要的因素。性别与种族划分是几乎同样重要的因素。鉴于解释多样性的教育价值以及种族、性别和种族划分在形成一个人对范围广泛的解释性问题的观点方面所起的特别重要的作用,在教育上是合适的也是绝对必要的工作,就是在诸如历史和文学之类的领域内,要对教材进行选择,对主题和课题要进行挑选,采用的方法要着眼于关注这些因素制约一个人的利益和价值观乃至进行解释的观点的方式,而不论这个人是文本的作者还是某个历史事件的参与者,或是试图了解它们的批评者。②

---

① 见密歇根大学提交的格拉茨案的诉讼摘要,其中强调了多样性的教育价值。Respondent's Brief at 2—3, 21—29, *Gratz v. Bollinger*, 539 U. S. 244(2003)。

② 关于此类主题的有真知灼见的讨论,请见 Henry Louis Gates, Jr., *Loose Canons* (New York: Oxford University Press, 1992). See also John R. Maitino and David R. Peck, eds., *Teaching American Ethnic Literatures: Nineteen Essays* (Albuquerque: University of New Mexico Press, 1996), XⅧ:"在本卷中我们想做的是帮助学问赶上正日益成为美国文学传统的核心部分的少数民族的文献——即为学生和教师解释隐藏在这些重要著作表面后面的文化假设和价值。"James Robert Payne, ed., *Multicultural Autobiography: American Lives* (Knoxville: University of Tennessee Press, 1992), XⅧ:"如艾伯特·E. 斯通正确提议的那样,在当前的学术批判中,单一的批判声确实不可能凸现对美国自传文学的可靠的、全面的研究,如果承认美国文化的多样性,如果把美国的自传文学作为特殊的'文化叙事',以及作为'个人的故事'予以研究。"Houston A. Baker, Jr., ed., *Three American Literatures: Essays in Chicano, Native, and Asia-American Literature for Teachers of American Literature* (New York: Modern Language Assoc., 1982), 7:"文学既表现了文化身份,也帮助取得文化身份。"

但是这场论争在自然科学和强势的社会科学中没有引起热烈的反响。物理学和经济学教师当然并不反对其学科也是解释性学科的意见。他们也不否认在他们的领域中的互相竞争的解释大量地是由一个人的价值判断形成的(例如,关于主题的选择就是值得研究的)。① 但是他们设想在他们的学科内部的解释性辩论,应该用每个物理学家和经济学家都能接受的非个人的观点予以评判。他们还进一步假设,教师和学生关于这些辩论的判断与种族和性别之类的不可改变的个人特点的联系不那么紧密,这样的判断不会因考虑到从非个人的观点看似乎是强迫的而被修改或压制。物理学和经济学之类的学科拒绝这些领域中的人员的解释性判断与他们的种族或性别之间的紧密联系的假设(即使是任何有意义的联系),从而也拒绝教育学方面的建议,即建议为了揭示这种联系而去选择课文和设计教学方法,这个建议与他们自己的深邃的学科理念是相抵触的。

只有在人文学科中,解释与种族和性别之间的联系被热情地推崇,成为课堂教学的一条原则。事实上确实很难怀疑这种联系。今天对大多数美国学院和大学的人文学科各系的课程所进行的随机调查,似乎能证明相当数量的课程设计反映出一种信念,即解释性判断的形成受到种族和性别的强烈影响,以及揭示它们之间的联系是其最重要的教育目标。② 但其中的原因尚不很清楚。为什么课程要以在人文学

---

① See Max Weber, "Objectivity in Social Science and Social Policy", in *The Methodology of the Social Science*, ed., and trans. Edward A. Shils and Henry A. Finch (New York: Free Press, 1947), 49—112.

② 从美国主要大学和学院的课程目录中抽样的人文学科课程说明了这一点:同性恋自传、种族划分的比较小说(斯坦福);边疆:拉丁美洲裔女子/论美国作家、殖民地和后殖民地的阳刚气(达特茅斯);中欧犹太作家,共同语言的梦想;女权主义者对话超越差异(哈佛);女性文学传统(普林斯顿)。Stanford University, Stanford Bulletin 2005—06, http://www.Stanford.edu/dept/registrar/bulletin/ bulletin05-06/index. html (accessed August 17, 2006); Dartmouth College, Course Descriptions and Departmental Requirements, http://www.dartmouth.edu/reg/couses/desc/ (accessed August 17, 2006); Harvard University, Current Courses of Instruction, http://www./registrar.fas.harvard.edu/fasro/couses/index.jsp? cat = ugradandsubcat = courses (accessed August 17, 2006); Princeton University, Course Offerings Fall 2006—2007, Listed by Race, Ethnicity, and Cross-Cultural Encounter, http://registrar.princeton.edu/ course/upcome/RaceEthnicityCourses.pdf (accessed August 17, 2006).

科中如此频繁地遇到的假设为基础,然而这种假设在自然科学和强势的社会科学中却很少甚至根本遇不到？一个否定的答案是:人文学科中缺乏关于客观真理的强制性观念,这种客观真理可与存在于其他领域中的客观真理相比较,并使认为这些领域中的解释性判断是种族和性别所起作用的想法,显得是难以置信的和不合适的。但是还有另一种解释,它反映出人文学科在现代研究型大学中的地位尤为不安全,也反映出它们需要为自己规定并充实一些新的、有用的和独特的作用。

当最高法院宣布,由于种族优先有利于提升学校内部的教育目标,从此以后这就是合法的,这就使学院和大学获得了强大的动力去加强种族多样性与教和学的事业之间的联系。通过指出生源的多样性带来的广泛的教育上的利益就可以做到这一点——多样化为扩展每个学生的经验和信仰范围提供了非正式的机会。为了维护平权行动并使之尽可能强大,在战略上有用的策略就是证明种族(最终是性别和少数民族成员)多样化对教育过程的贡献,该贡献表现为不仅在餐厅和宿舍中对非正式的学生生活产生的开放的相互影响,而且也对教和学以最明确的和最有组织的形式出现的课堂产生影响,即在课堂上建立起种族多样性与班级教学之间的联系,因此也就使维护平权行动成为学校教学计划所关注的核心问题。

大多数学院和大学的管理人员以及教师感到有必要维持其学校的平权行动计划。他们意识到了这些计划能对公正作出修补,在为非洲裔美国人和历史形成的其他弱势群体创造机会方面具有价值。大多数教师和管理人员已知必须用最高法院对巴基案所作的判决来为平权行动辩护,他们看到了公开辩论有利于在多样性与课堂教学工作之间建立密切的联系。因为这就把对多样性的需要最审慎地置于学校教育责任的聚焦处,而法院关于履行职责的最好方式的判断是最值得赢得司法尊重的。但是自然科学和社会科学不承认这种联系,不放弃它们自己的学科理念。在人文学科中,危机并不很明显。因此,在所有的学科中人文学科处于最有利的地位去证明种族多样性对于教室中的工作是至关重要的,从而以其最有力的和最无懈可击的形式去提供鲍威尔法官关于平权行动的概念所要求的那种联系。事实上,人文学科是唯一承认作为教育学价值的种族多样性观念的学科。1978年最高法院为多样性作出的辩护是为平权行动作出的唯一可接受的辩护,于是使人文学科又有机会去要求归还其在学校中的特殊地位。这使人文学科教师认为自己通过以尽可能有效的方式维护他们的学校平权行动计划而为高等教育工作作出了独特的和有价值的贡献,而他们所做的工作正是其自然科学和社会科学领域中的同事们由于自己的理念而不屑于去做的。这促使人文学科教师认为,在本校的一场在道德和政治上都是鼓舞人心的、纠正重大历史错误的运动中,他们是领路人,从而提供了或似乎提供了一种抬高自己的方式,使他们摆脱无方向性和缺乏自信,正是这种无方向性和缺乏自信,在他们放弃世俗人文主义的传统并把自己引上研究理念的轨道上时击垮了他们的学科。

尽管平权行动的道德和政治目的具有强制性,尽管至少在人文学科中的主张对平权行动的合法辩护是很重要的,但是解释性判断是与种族和性别密切联系的,承认这一点非但没有加强人文学科,反而削弱了它们。它损伤了人文学科的核心的教育价值。它扩大而不是缩小了把人文学科与自然科学和社会科学分割开来的权威性裂缝,自然科学和社会科学断然拒绝上述观念。

我们作为成人的利益和价值观以及由此而产生的解释性判断,主要是由我们的早期经验形成的。作为成年人的我们关心什么,在相当大的程度上是我们在哪里长大、如何成长和由谁抚养成人所起的作用。但我们不是我们的养育的囚徒。作为成年人,我们能在不同的程度上获得摆脱童年经验的手段并用批判的眼光去评价童年的经验,即反省我们从自己的早年生活中继承而来的利益和价值观,并经过仔细思索后问自己我们是否还希望继续承认这些利益和价值观。

诸如此类的内容正是通识教育尤其是人文学科常常许诺的。人文学科赋予年轻人批判地审视自己的价值观和义务的机会和勇气。它们帮助学生获得差距和不完美(虽然这是必然会存在的)并胜过年轻时的自己,使他们在自己的生命事业中获得某种更大的魅力,他们把生命理解为活着,而且不只是他们在其中偶然地找到自己的那种生活。没有一个人能完美地、永久地达到此类批判视角的境界。但是此种视角相对扩大了对通识教育所许诺的自由("解放")的界定,人文学科帮助学生实现这个目标的能力,历来是其权威性的重要来源。

但是,我们越是认为我们的利益和价值观反映出我们与生俱来的不变的特性,那么对这种自由的追求的意义似乎也就越小。因为如果我们的利益和价值观在深层次上是由我们所不能控制从而也就是绝不能改变的因素形成的,那么,寄希望于将来获得批判地评价它们(更不用说改变和否定它们)所需要的独立性,就不会比跳越自己的影子更现实。影响我们的早期生活经验的因素处于一个可变性幅度之内,其中的某一些比另一些容易变化。我们如何成长,部分地是我们在哪里成长所起的作用。作为成年人的我们可以选择在任何地方生活。我们甚至可以放弃曾培养我们成长的宗教而去改信另一种宗教或根本就不信任何宗教,虽然这常常会伴随情绪和精神的不安。但某些特点是与生俱来的,要改变它们是极其困难的,它们处于可变性幅度的最远端。种族和性别就是这样的一类特点。与住所、宗教和阶级之类的其他特点相比较,我们改变或破坏它们的能力是最小的。所以强调它们对我们的利益和价值观的影响,就必然会使我们不再寄希望于通过努力可以有意义地独立于这些利益和价值观,不再寄希望于能处于自由地接受、改变或拒绝它们的地位。因为如果我的最基本态度受制于我的种族和性别,所以我就只能无助地从这些固定不变的态度出发去认识和评价这个世界,我怎么还敢妄想脱离它们的轨道并批判地审视这些态度以及不以这种态度所规定的某种方式向自己提出人生目标?种族和性别越深刻地、越刚性地影响我的判断的形成,追求这一目标的想法就越显得是一种幻想。

关于多样性是一种教育学价值的信念,始于种族以及种族是选择课本和教学方法的一种重要的和适宜的准则的主张。人文学科通过承认这一主张帮助强化了平权行动的合法性和政治性立场。但是人文学科热烈地肯定判断与种族(可能是我们所有特点中最不易改变的)之间的深刻联系,这也就暗中破坏了对智力和道德自由的追求,而人文学科曾一度把推动这种追求作为自己的特殊任务。这使自我批评的目标受到更严格的限制,也使达到此目标的劝勉变得不可信。它强化愤世嫉俗的和望尘莫及的信念,这使我们除了用被我们的种族身份永久固定了的观点去认识世界,或者逃避种族身份所创造的利益和价值观的地心吸力般的拉力,就不能用其他任何观点去认识世界。关于性别应对决定教什么和如何教起重要作用的主张,具有同样令人沮丧的作用,因为性别也是几乎不能改变的。甚至种族划分应该起同样作用的思想,也是指向这一方向的。少数民族成员的身份,与种族和性别相比毫无疑问是较不确定的和可以改变的。但是一个人的种族划分被表述为受制于其他一些因素(几乎像种族和性别因素一样深刻和固定),甚至它似乎令人沮丧地是实现人文学科许诺的自由的极大的障碍。①

　　常常通过往相反方向加力而使这些效果平衡或者使一方胜过另一方。多样性仅仅是今天对教授人文学科的方式施加影响的一个因素。其他的、更传统的价值观制约着效果的实现。但是其他因素在边际上是等效的,强调种族和性别对一个人的利益和价值观的影响所产生的效果,使人失去了批判性地与它们保持某种距离的抱负。因为一个人越强调这种影响的深度和弥漫性,也就越难相信人是有可能获得这样的批判的观点的,也就更难保持获得这一观点的抱负。所以承认多样性具有教育学价值所产生的边际效应,就是甚至很难渴望去实现这一目标,从而进一步危及人文学科的地位,因为人文学科所具有的

---

① See Joseph F. Healey and Eileen O'Brien, eds., *Race, Ethnicity, and Gender: Selected Readings* (Thousand Oaks, Calif.: Pine Forge Press, 2004); Ronald Takaki, ed., *Debating Diversity: Clashing Perspectives on Race and Ethnicity in America*, 3rd ed. (New York: Oxford University Press, 2002); Ida Susser and Thomas C. Patterson, eds., *Cultural Diversity in the United States: A Critical Reader* (Malden, Mass.: Blackwell, 2001).

特殊的权威性,历来是与一种信念相联系的,即相信提高人的自我批判能力和增强人文学科所描绘的自由,是一个既有价值的也是可以达到的目标。

对这个目标的追求历来被说成是探索一个人自己的个人身份。但是相信企图克服本群体中成员的影响(这种影响既决定着他们的价值观,又是无法回避的)是徒劳无益的学生越多,他们似乎就越能接受另一类目标,就越可能把自己看成是这些群体的代表,并把自己的任务界定为这些群体的负责任的拥护者应承担的任务。当个人交换作为个人的观点时,他们是在会话。他们的这种交换的特点是灵活性,是每一次现实的会话的标志。即使他们的观点是不同的或对立的,情况也是如此。当两个人作为代表相遇时情况就恰恰相反,他们并不代表自己在说话,而是代表他们所从属的群体说话。这是在对群体说话,而不是在对自己的对话者说话,或是在对他们所参与的并对此忠诚的会话在说话。背叛不再意味着对本人和对会话的不忠实,而是对他说话时所代表的群体的不忠诚。正在交换观点的个人不再是个人,他们的交换也不再是会话。交换的个人意义对他们而言是衰减了,但作为一种协商的政治意义却增强了。

教室越像一群集合起来的代表以他们所代表的团体的名义在说话,在对具有个人意义的一类问题的探索中,尤其是关于生活中最重要的事情是什么和为什么的问题的探索中,同质性就越少。在这样的教室中,学生不是作为个体,而是作为发言人彼此相遇。他们接受或者拒绝自己的教师作为角色样板更多的是因为教师所从属的群体,而较少地是因为教师的性格和智慧品质。他们把所研究的著作更多地看成是群体成员的陈述,而不是看作具有自己的独特观点的男人和女人的创作,于是就产生了令人沮丧的结果,即因为反对其创作者的可耻的种族歧视而被不公正地忽略了的伟大著作,虽然最终得到了自己应得的权益,但只能是在这些作者也被当作是像教室中的学生和教师那样的代表,而不是作为其伟大就在于其独特成就中的个体的条件下。

要使教室成为能在其中探讨人为什么而活问题的一个生产型的环境,教室中的学生就必须以个人的身份参与会话。他们必须能感到自己是作为个体自如地参与会话,而不是仅仅作为其首要责任是对自己所代表的群体负责的代表。而要促使他们把自己看成是代表,就要把关于人生意义这个首要的个人问题变成似乎不太有意义的,甚至可能是自我放纵的。它使他们还必须面对一种可能性,即他们自己的关于不同价值的(一个人的生活是围绕着这些价值安排的)相关诉求的思想,可能被他们所遇到的自己的同学的思想所改变。为了使其成为可能,他们就必须把自己看成是一次共享的探究的参与者,面对一些每个人都会遇到的同样的永恒的问题,并且会共同奋斗去解决这些问题。它们(个人的参与和人类的共同一致)似乎是相互矛盾的要求。但是事实上这些要求代表着某一个经验的两个方面,因为它仅仅是建立在他们的共同的人性的基础上,来自不同背景、种族等的学生甚至能在什么赋予生活以目标和价值这样高度私人的问题中发现或创造他们分享的投入。有人相信一个人的最深层次的利益和价值观,是由其种族和性别之类的不可改变的特性不可逆地确定了的,他们还相信课堂教学的目标就是揭示这种联系,这种信念同时破坏了以上这两个条件。这使学生更难冒险进行关于人生意义的任何严肃的会话所要求的个人的参与,而是促使他们以代表的身份接受挑战性较小的姿态。同时它也使学生更难接受关于人类的共同责任意见,这种共同责任超越了命运偶然地让他们从属的那个特定群体的经验,而他们又从未实质性地渴望去超越由自己个人的更有限的生命所构成的范围。

支持利用种族和多样性的其他形式作为课堂教学的一个原则的论争,既损害了个人参与的精神,又损害了作为探索人生意义问题的论坛的课堂的生命力所依赖的共同人性的观念。它并未彻底破坏这些条件,没有任何论争有能力去这样做,但它的趋势是要使之更难建立和维持。

只有人文学科热情地参加这场论争。只有它们肯定了种族和性别多样性是一种教育学价值。自然科学和强势的社会科学断然拒绝这一观点。但是自然科学和强势的社会科学也没有假装要去研究人为什么而活的问题。对于它们而言这个问题已不再具有任何重要性。它已超出了它们的权限；它们自己的方法要求它们忽略这个问题。人文学科利用种族和性别多样性作为选择课本和教学方法的准则而产生的令人沮丧的结果，使得在仍有机会提出这个问题的仅存的学科内部探讨人生意义问题变得更为艰难。

　　世俗人文主义当然也承认多样性的价值。它赞美使人尽善尽美的主要形式的多元化并坚持绝不能比较这些形式的价值并将其分成等级。但是世俗人文主赞成的多样性，较之它的浅薄的流派要深刻得多并更有挑战性，后者是今天的在政治和道德方面受到鼓舞的多样性观念的辩护者们所考虑的。世俗人文主义所接受的（种族的、性别的和种族划分的）多样性，含蓄地依据每个人都期待分享的态度和价值。

　　总而言之，这些是政治自由主义的价值。今天的多样性的捍卫者们假设，他们的学生就一系列问题作出的解释性判断将随其种族、性别和种族划分而不同。但同时他们又希望自己的学生能分享对政治自由主义价值的承诺，这种价值支持种族公正的理念，而这种理念又推动了平权行动计划，关于多样性的当代概念本身对捍卫这一行动至关重要。在今天的人文学科中，这些价值组成了学生所体验到的共同责任的根本原理。在学生的各种不同的、有局限性的观点之间的差异不管有多大，对他们参与其中的教育计划（其目标正是要揭示这些差异）的合法性和道德性辩护，预先假定政治自由主义的价值是可以接受的，尤其是关于平等的活力四溢的、华丽的解释是可以接受的，而平等则是政治自由主义的核心。因为它依据的是这些价值，所以种族和性别多样性应该成为课堂教学的组织原则的主张，公开地或隐蔽地要求忠诚于这些价值以及它们所代表的道德和政治义务的共同体。

　　这些价值可能是建立一个政治共同体的最好的（最合理的、最持久的）基础。我深信这样的价值是存在的。以政治自由主义提供的自由和保护为标志的一个合法的和有文化的环境，可能是一个最能使高等教育机构繁荣的环境。我认为应该就是这样的环境。但是当对政治自由主义价值的假定承诺开始束缚对关于人生意义这样的个人问题的探讨时,即当想让每个人分享这些价值的期望开始对选择设置隐蔽的限制时,对这个问题的探究本身就大大地失去了对参与其中的学生的意义,他们的教师也失去了引导这一探究的权威性。

不管有悖于政治自由主义的价值在一系列可能性的范围内是多么勉为其难,现代多样性概念允许学生承认自己是探索人为什么而活这个首要的个人问题的答案的严肃斗士。柏拉图和亚里士多德的政治哲学连同其易被接受的人的自然不平等,处处都冒犯了这些价值。[1] 从奥古斯丁到加尔文(Calvin)的神学传统及其对教会权威的坚持以及关于罪恶和慈悲的教旨,也是相似的情况。甚至许多诗歌[全部诗歌,如果我们相信威廉·哈兹里特(William Hazlitt)论述莎士比亚的《利里奥兰纳斯》中所说的],也是受到一种反平等主义的对美和权力的爱的诱导。[2] 现代的多样性观念起始于自由主义的价值,从自由主义的价值观出发所有这些观念和经验都是可疑的。任何东西都不代表"正确的"一类多样性。没有任何东西在可接受的选择范围内是适合的。没有任何东西是必须真正严肃对待的,要被看成是对人生意义问题答案的探索中对生活作出的选择。没有任何东西适合于作为政治生活的基础,因此关键性的一步就在于,也没有任何东西适合于(可尊敬地、可接受地、体面地)作为个人生活的基础。没有任何东西能为个人对一个自由的共和国中的偏执的价值作出的肯定提供起码的辩护。最后,没有任何东西可以发挥有用的作用,除非可以作为要回避的东西的榜样,除非作为不幸在东方渐白前出生的那些人的混乱的、狭隘的观点的注解。当以真正严肃和负责的方式探索回答关于人生目标和价值问题的答案时,以上所述的所有观点都必须受到批评或排斥,从严肃的思考中排除出去。

---

[1] See Anthony T. Kronman, "The Democratic Soul", in *Democratic Vistas: Reflections on the Life of American Democracy*, ed. Jedediah Purdy (New Haven: Yale University Press, 2004), 16—35.

[2] William Hazlitt, "Coriolanus", in *Characters of Shakespear's Plays*, 2nd ed. (London: Taylor and Hessey, 1818), 69—82.

与世俗人文主义肯定的多样性相比较,今天的多样性是多么的局限,人们有理由称之为假冒的多样性,其真正的目标是促成一种道德的和精神的划一性。世俗人文主义允许宽泛得多的可能性的调色板。在世俗人文主义那里,既允许重视荣誉胜过平等的军人,也允许相信美比公正更重要的诗人,也允许冷漠地或轻蔑地考察政治生活关系的思想家,也允许献身于自由主义价值的道德讨伐者。世俗人文主义允许柏拉图的杰出人物统治论和奥古斯丁的悲观主义以及更民主的、更令人振奋的生活观。其中的许多(事实上是大部分)必须作为古代的或没有价值的东西或更坏的东西,遭到那些用种族、性别、种族划分来界定多样性观念的人的排斥,他们把压倒一切的优先权赋予作为补偿性公正理念之基础的道德和政治价值体系,为了实现补偿性公正而把这个多样性概念作为一种教育规范来提倡。

多样性的这个新概念可以被看作是为世俗人文主义所接受的那个旧概念的修正版,从新概念的观点看来,旧概念由于不承认种族和性别对我们的价值观和信念形成的重要性而具有局限性。但是在过去的四十年中对人文学科产生深厚影响的受到政治和法律鼓舞的多样性概念,并没有扩大在反省一个人应该如何生活的问题时可以合法地予以考虑的人的可能性的范围。它反而使这个范围缩小了。当代人文学科中对多样性的理解建立在政治自由主义价值的基础上并得到后者的支持,忠诚于这种价值的假设把人性观念本身简化为自由的平等主义。专注于它们的价值和生活方式的可选择的概念,作为我们的学院和大学的人文学科各系中讨论的主题当然不会消失,但它们不再作为一个人可以在自己的生活中予以领悟的概念而被严肃思考。它们主要是作为不应该怎样生活或思考的范例。在个人意义上(人生意义问题只有在个人意义上才能架构起来),今天在我们的人文学科的课堂上流行的多样性是疲弱的和误导的。尽管它的捍卫者主张通过让学生获得过去未被注意的或被压制的价值和经验来扩大学生的认知范围,但是今天得到许多人文学科教师热捧的种族和性别多样性概念,在现实中是受到道德目标的强制的划一性的驱动,在他们的眼中,世俗人文主义的更坚定的多样性只能被认为在道德上是暧昧的。

如果一个人从一开始就假设,关于人为什么而活的问题的正确答案只有一个并可以引导学生认识这一点,人文学科的权威性的性质和源泉自然也就一清二楚了。这是南北战争前的学院的计划所依据的前提。但是世俗人文主义否定了这个假设并谋求在非教条式的基础上构建一种组织化的方式去研究人生意义问题。它承认多元化、自由和选择的价值并断言人文学科的权威性有一个新的来源,只要我们继续承认这些价值,这就是人文学科权威性的唯一源泉。随着可被学生看作是个人生活模板的可供选择的范围大大缩小,种族和性别多样性的识别悄悄地恢复了南北战争前的教育所依据的前提——假设只有一种唯一正确的生活方式。这让我们绕了一圈又回到了美国高等教育开始时的道德一致性精神。但是南北战争前学院的循规蹈矩者精神是恢复不了的。我们的世界已经深度专注于多元论的价值及其选择。我们生活在并希望生活在一个由这些价值形成的世界中,人文学科的权威性今天取决于它们对这些价值的尊重是否真诚。多样性概念只不过是在口头上承认这些价值,现在却在许多人文学科的课堂上强迫形成冷漠的一致意见。多样性概念不尊重这些价值的最深刻的和最具挑战性的形式。它不严肃对待这些价值,而用一种浅薄的多样性代替一种真正的、令人骚动的多样性,这种浅薄的多样性隐含地要求每个人进行同样的思考和判断。在这样做的时候它就败坏了维护当代多样性理念的人的威望,他们自己的关于价值的好坏、态度的好坏、生活方式的好坏的教条主义,就像旧时学院的教条主义一样与我们时代的多元论格格不入。

人文学科教师在引导学生探索人为什么而活的问题方面的威望,也是他们自己如何严肃地对待这个问题的一种功能。当对这个问题的探索局限在符合政治自由主义要求的那些个人的思想观念时,这样的探索就变得是要求不高的。它的迫切性、重要性、危险性和改变一个人的生活的能力,全都减退了。它变成了对一种真正的探究的滑稽可笑的模仿。当出现这种情况时,引导这种探究的人就失去了引导探究的威望。他们变成了结果与个人几乎无关的会话的仲裁者,这根本就不是真正的会话。人文学科的种族和性别多样性平衡,使支持这一平衡的政治道德成为探索生命的个人意义的强制性前提。它缩小了这种探究的范围并大大降低了它的风险。它使人在内心深处对这个问题麻木了,切断了人文学科教师的威望的唯一源泉,像我们一样这是他们在绝对的多元论者的文化中必须面对的源泉。

对这个狭隘的观点的一个特别重要的表述就是:今天的有政治动机的多样化概念赋予对不公正的受害者的判断以特殊的重要性。

平权行动计划依据的是补偿性公正原则。这些计划起始于道德(有时候还有法律)补偿思想,这一思想认为应该对不公正的受害者所遭到的苦难予以补偿,而虐待过他们的人应该通过某种类型的补偿性赔偿来恢复公正的平衡。从补偿性公正的观点来看,受害者和加害者并非站在同一个平面上。他们之间存在着一种道德的不对称,每个补偿计划所周密筹划的转移,其目标是把各个派别放回到一个较为平衡的关系中——而要这样做就必须从加害者那里拿出点东西(钱、机会,等等)并把这些东西交给他们的受害者。①

这个基本思想作为道德和法律推论的原则具有巨大的力量。但当把它延伸到课堂上并对之作出了教育学上的解释——当它宣称,不公正的受害者的直觉和知觉要求得到的尊重大于对施害者的直觉和知觉的尊重,不公正的受害者的直觉和知觉对世界现实的反映要比他们的压迫者的判断更准确,因此在某种基本意义上也就更真实——其结果就是使一系列观点变得狭隘了,促使(甚至允许)学生以严肃的方式去娱乐。当对每个平权行动计划所暗示的道德的不对称从认识论方面作出此类解释时,其结果就是对多样性的一种限制。

有种思想认为,不公正的受害者对世界的认识比他们的压迫者更

---

① Aristotle, *Nicomachean Ethics*, in *The Basic Works of Aristotle*, ed. Richard McKeon, trans. W. D. Ross (New York: Random House, 1941), 1132a5—10. See also Jules L. Coleman, *The Practice of Principle: In Defense of a Pragmatist Approach to Legal Theory* (Oxford: Oxford University Press, 2001); Jules L. Coleman, *Risks and Wrongs* (Cambridge: Cambridge University Press, 1992).

深刻、更清晰,这当然不是什么新思想。这是希伯来圣经预言书和基督教福音书中的一个核心主题。先知站在穷人和被压迫者一边,站在被遗忘和被凌辱的人一边,站在没有能力的人一边,站在追逐名利的权贵者的圈子之外,先知认识事物的角度是这个圈子中的人不可能达到的。① 因为他们(权势的拥有者们)对能从中获益的压迫制度感兴趣,这就使他们看不到这一点。他们看不到这一点是因为他们自己是其中的一部分。但先知及其追随者们则不一样,正因为他们不一样,他们才能看到这个世界上的富人、有权有势的人和心满意足的人绝不可能理解的东西,他们的特权阻止他们去理会这些东西。

在犹太教徒和基督教徒的宗教著作中,这也是一个深刻的、时常出现的主题,是西方文学和哲学传统的一块基石。即使在我们这个现世的时代这个观念也能得到意义深远的回响。例如,在马克思的论据中,在资本主义制度的阶级中间无产阶级不仅在道德意义上,而且在认识论的意义上享有特权的地位,资本主义制度的结构只有从探究所依据的阶级的观点来考察时才可以理解为是一个完整的制度。② 可能有人会从弗洛伊德的著作中听到这种观念的回音。弗洛伊德坚持人的大多数边缘的、似乎没有意义的点滴经验具有揭露的力量,坚持失言和梦境也具有揭露的力量,但从享有特权地位的清醒生活的角度看这些东西都被视为无稽之谈而被淡忘。③ 有种思想认为,那些站在已建立的秩序之外的有财富和特权以及因袭的思维习惯的人,享有所能想到的特殊的优越性,这种思想是西方文明的最古老的和最强势的思想之一。

但还有一个具有竞争性的、同样是历史悠久的思想,在明智地与西方传统遭遇冲突时必须予以公平地对待。这个思想就是特权和好

---

① Max Weber, *Ancient Judaism*, trans. and ed. Hans H. Gerth and Don Martindale (Glencoe, Ⅲ: Free Press, 1952), 267—296.
② Georg Lukács, *History and Class Consciousness*, trans. Rodney Livingstone (Cambridge, Mass.: MIT Press, 1971).
③ Sigmund Freud, *Interpretation of Dreams*, trans. and ed. James Strachey (New York: Science Editions, 1961); *Jokes and Their Relation to the Unconscious*, trans. and ed. James Strachey (New York: Norton, 1963).

运能够使判断更合理而不是损害它——财富、教育和其他优势尤其能帮助拥有它们的人更充分、更自由地发展他的精神和心智。根据这一观点,没有这些优势的人似乎就会遭到缺失它们而带来的伤害,就会发育不良或者在智力和文化方面成为畸形,所以虽然我们可以同情他的悲惨命运,但我们不应把他的判断作为准确或智慧的标准。生活平安的人的判断才应该是我们的标准,正是这样的人才是安乐环境中的人,他能悠闲地成长为一个全面发展的、健康的人。根据这个观点,无知、贫穷和无权势是与认知有关的债务,而不是优势,即使它们是我们确信为不公正的政治或法律制度的产物。这一思想在亚里士多德对伦理生活的论述中和在追随他的其他人的著作中发挥了重要作用。[1] 尼采对此作了特别引人注目的解释,他还强调了这一思想与犹太教和基督教赋予受害者的判断和价值在认知方面的优先权之间的冲突。[2]

关键不在于这些思想孰对孰错——关键不在于被剥夺了特权和权力的经历是使不公正的受害者受到了启示还是使他们变得无能。关键在于这两种思想都深深地植根于西方思想的传统中,都有能言善辩的斗士,至今在表面上都还说得通,而且都还保持着自己的魅力,西方的儿女们不能忽视其中的任何一个思想,因为他们希望能理解处于他或她所继承的西方文明中心的、纠结成一团并相互冲突的信念。

至于说这两种思想之间的冲突是雅典与耶路撒冷之间的古老的冲突的一个方面,这有点夸张,但不算太出格。[3] 这种冲突至今还存在。确实很难想象这种冲突如何才能平息。一个人要想理解西方文明,要想在某种个人意义上成为这种文明的常住居民,他就必须亲自去处理这个冲突。他必须面对它,抓住它,了解一个人可能有的不同的且相互斗争的人性。在探索人为什么而活问题的答案时一个人需

---

[1] Aristotle, *Nicomachean Ethics*, 1098a—b; 1099b.
[2] Friedrich Nietzsche, *On the Genealogy of Morality*, trans. Carol Diethe and ed. Keith Ansell-Pearson (Cambridge: Cambridge University Press, 1994).
[3] See Leo Strauss, "Jerusalem and Athens: Some Preliminary Reflections" (Lecture, The City College, New York, March 13 and 15, 1967).

要面对的多样的信心和经验中间,可能没有一个要比它更迫切。

但是这两个观点中的一个,在今天的人文学科中具有压倒一切的气势并享有巨大的威望,以至它的竞争者几乎从人们的视线中消失。平权行动所承认的并恰如其分地尊重的受害者的道德的和法律的优先,在今天的课堂中已转变成能对判断产生决定性的更大的影响的认识的优先,这个判断是由信誓旦旦地声称能代表被不公正地剥夺了财富和权力的群体的观点的人作出的。不能作出如此声明的学生的判断就处于不利地位,他们的判断缺乏只有受害者的判断才能享有的特殊地位。一个人若想公开地挑战这个假设,往往就必须有勇气处于被种族公正与认识权威性的平衡牢牢地形成的环境中,现在许多人文学科的课堂就是这样的环境。挑战这种假设的书籍和作者,也处于同样的无能境地。

这种平衡排除了其他观点或把其他观点(尤其是关于好的判断与特权和安宁之间的古老的亚里士多德式的联系的观点)说成是不合理的,这就使要予以考虑的基本可能性的范围很狭小。世俗人文主义承认的真正的和令人骚动的多样性,被浅薄的多样性所替代,这种浅薄的多样性所维护的对以前所排斥观点的开放,掩盖了它真正鼓励的观点的减少和它所鼓励的令人压抑的道德划一性。其结果就是,在课堂中再也感受不到西方文明的最古老的和最深沉的张力,而且再也不允许感受到这种张力,在这种课堂上由于挑战历史上的不公正的受害者的判断和知觉的认识优先而说的任何可能得罪他们的言辞,都被体验为更进一步的不公正,因为已被迫沉默了太久的受害者至今还在"沉默"。其结果就是,这种课堂上的每个人,无论是教师还是学生,都感受到被迫小心翼翼以免得罪某人,这是一种在智慧和精神方面都处于冷冻中的课堂,在那里想对某些具有深远意义的重要问题进行诚实的、热烈的辩论(这种辩论中的分歧意见也是具有深远意义的)的前景,变得更遥不可及。在那里所有的一切都以促进更诚实地面对种族主义、性别歧视和诸如此类的事实为幌子。

但是,在当代,对多样性理解的背后所隐藏的政治和道德动机是

第四章 政治正确性

可以理解的,甚至是可赞叹的,它与人文学科和解并使人文学科更少地承诺作为探索人为什么而活问题的中介。这个问题是永远存在的并失去了它的任何强度。对于今天的学院和大学的学生而言——不管他们是白人、黑人、西班牙人、亚洲人还是男人和女人——这个问题的吸引力与对从前的学生是一样的。但是他们不再期待人文学科帮助他们回答这个问题。因为由于法律的偶然性,一种伟大的道德抱负被强制进入了一种破坏性的教育理论中,于是在这样的道德抱负的畸形压力下人文学科变成谨小慎微和令人胆战心惊的领域。

多元文化主义肯定尤其是西欧之外的不同文化、传统和文明的价值。它以许多方式提出了全球规模的多样性原则。多元文化主义的一个强大动机是认为西方观念和制度的价值常常被夸大,这样的夸大有助于使大范围的不公正和剥削他人的实际行为合法化,尤其在西方殖民扩张的数百年内更是如此:西方观念和制度的价值为受到种族主义、仇外和贪婪所驱动的行为涂脂抹粉。因此许多人把多元文化主义观念看作是一种必要的补救,是对道德和政治改革计划作出的贡献,这场改革是由在西方扩张时期被凌辱的人民和传统的日益增强的尊严和文化价值引起的。与多样性观念一样,多元文化主义观念的产生在相当大的程度上是受到政治利益和作为改善公正的手段所起作用的激发,虽然它所谋求的改善主要是信念和价值的改善。

与多样性观念一样,多元文化主义观念也是一种温和的陈述,没有什么挑战性的言辞,更无破坏性的言辞。这个温和的概念发端于一个命题:在今天的世界中经济、技术和政治因素的多样性把这个星球上的人民引向更紧密的接触(这种接触通常被描绘成"全球化"的一种现象),对非西方文化的某些认识和鉴赏,对于希望能够在这个世界中以一种睿智的、负责的姿态行事的年轻人是绝对必要的。对于西方人来说,此类鉴赏曾经是一种奢华,是专家和行家的职责。而今天,这是必需的。我们所有的人越来越是这个星球上的公民,我们所面对的问题和承担的责任远远超出了我们作为某个民族共同体的成员,远远超出了我们对某种文化或传统的由偶然的、受出生决定的忠诚。许多持这种观点的人坚定地认为,今天美国每个本科生的理想的教育,应该包含对一个或多个非西方世界(例如,中国,或印度,或日本,或伊斯兰世界,或南美洲和中美洲的文明)公民的艺术、文学和历史经验的严肃的、长时间的研究。每位富有思想的学院和大学教师从这个命题中看到了明智的见解,它描绘了成为在我们现在所居住的一个普世的共同体中的一个开明的、负责任的成员所必须经历的一个阶段。[1]

多元文化主义还有一个并非无关痛痒的流派,它肯定西方的观念和制度以及体现它们的著作所具有的价值,并不高于其他的、非西方的文明。它不但承认这些其他的文明所取得的成就,还强调了它们在道德和智慧方面的平等。这是一个简单的、激进的命题,由此开始了多元文化主义的有破坏性的第二个流派,对于接受这一命题的人而言,否定它的正确性只能是缺乏远见的结果——人的自然的(如果是令人遗憾的)倾向是更重视近在身旁的东西,因为它是熟悉的和令人放心的。对于多元文化主义的这个更强大的流派的捍卫者而言,缺乏远见既是一种认识上的错误,也是一种道德缺点。他们将此称为"欧洲中心主义",他们提出的补救办法是少赞美西方的成就并培养相信其他文明具有同等价值的习惯,即丢弃对西方的忠诚,并用对普遍人性的忠诚,或者用对人类或文化的全球化共同体的忠诚,或者用对西

---

[1] See Derek Bok, *Our Underachieving Colleges: A Candia Look at How Much Students Learn and Why They Should Be Learning More* (Princeton: Princeton University Press, 2006), 225—254, 226:"学院显然有责任去努力清除(对世界事务的)如此的无知,并培养自己的学生适应受我们的领地之外事务的影响越来越大的生活。" Richard C. Levin, *The Work of the University* (New Haven: Yale University Press, 2003), 99—105, 100:"当我说到成为一所世界的大学时,我在展望一种课程和研究日程,其中渗透着一种意识,即世界的任何部分中的政治、经济、社会和文化现象,再也不可能孤立地去予以充分理解。" Martha C. Nussbaum, *Cultivating Humanity: A Classical Defense of Reform in Higher Education* (Cambridge: Harvard University Press, 1997), 50—84, 63:"世界公民身份的任务是要求想成为世界公民的人成为一个敏锐的、能移情的解释者。所有时代的教育都应该培养这种解释能力。"

方掠夺的受害者的更豁达的忠诚来取代它。①

对西方观念和制度的敌意推动了多元文化主义的这个第二个流派,这种敌意本身的来源是很多的——马克思主义攻击西方社会所允许的自由民主实践以及财富和才能的不平等,这得到了西方共产主义同情者的赞成,即使在今天,在苏联解体以及共产主义运动不被信任之后,它依然还能得到道德方面的反响;在弗朗茨·法农(Frantz Fanon)和其他人的著作中对西方价值进行的反殖民化的抨击,把马克思主义者对资本主义经济剥削的批评改造为对超级的"身份主导"的一种文化的和精神现象的批评;对引起了越南战争并从此以后给美国的外交政策投下了阴影的美国军队规划的智慧和合法性的尖锐的、一定程度上是正当的怀疑态度。② 它们都鼓动对西方的怀疑并与其价值对立,在过去的几十年内成为我们的学院和大学中的一股强大力量。它们

---

① See Rajani Kannepalli Kanth, *Against Eurocentrism*: *A Transcendent Critique of Modernist Science, Society, and Morals* (New York: Palgrave Macmillan, 2005); Molefi Kete Asante, *The Painful Demise of Eurocentrism*: *An Afrocentric Response to Critics* (Trenton, N. J.: Africa World Press, 1999); Arthur B. Powell and Marilyn Frankenstein, eds., *Ethno-mathematics*: *Challenging Eurocentrism in Mathematics Education* (Albany: State University Press, 1977); Ella Shohat and Robert Stam, *Unthinking Eurocentrism*: *Multiculturalism and the Media* (London: Routledge, 1994); Edward W. Said, "The Politics of Knowledge", in *Debating P. C.*: *The Controversy over Political Correctness on College Campuses*, ed. Paul Berman (New York: Dell, 1992), 172—189; Molefi Kete Asante, "Multiculturalism: An Exchange", In *Debating P. C.*, 299—311; Martin Bernal, *Black Athena*: *The Afroasiatic Roots of Classical Civilization* (New Brunswick, N. J.: Rutgers University Press, 1987), Ⅰ: 215—223.

② See Maurice Merleau-Ponty, "Concerning Marxism", *Sense and Non-Sense*, Pt. Ⅱ, Ch. 9, trans. Hubert Dreyfus and Patricia Dreyfus (Evanston: Northwestern University Press, 1964); Jean-Paul Sartre, *Search for a Method*, trans. Hazel Barnes (New York: Knopf, 1963); Frantz Fanon, *The Wretched of the Earth*, trans. Constance Farrington (New York: Grove Press, 1963); Frantz Fanon, *Studies in a Dying Colonialism*, trans. Haakon Chevalier (New York: Monthly Review Press, 1965); Lorenzo M. Crowell, "The Lessons and Ghosts of Vietnam", in *Looking Back on the Vietnam War*: *A 1990s Perspective on the Decisions, Combat, and Legacies*, ed. William Head and Lawrence E. Gritner (Westport, Conn.: Greenwood Press, 1993), 229—240; Adam Yarmonlinsky, "The War and the American Military", in *The Vietnam Legacy*: *The War, American Society and the Future of American Foreign Policy*, ed. Anthony Lake (New York: New York University Press, 1976), 216—235. 最近,美国军事力量、伊拉克和阿富汗战争酿成了新的一轮怀疑和忧虑。See Stephen M. Walt, *Taming American Power*: *The Global Response to U. S. Primacy* (New York: Norton, 2005); Andrew J. Bacevich, *The New American Militarism*: *How American Are Seduced by War* (Oxford: Oxford University Press, 2005)。

是多元文化主义的这个更强大的流派所表达的知识观的政治根源。但是并非所有的学科都以同样的热情接受这种知识观。人文学科相信西方文化和非西方文化的平等,这一信念受到政治的鼓舞,因此只有在人文学科中才把这种知识观用作教育原则并成为包括员工聘任及教程和课程的设计在内的一系列教育判断的根据。只有在人文学科中才把这些教育判断所反映出的反西方的主导思想转化成教育实践,通过贬低对人文学科本身的完整性和目标是至关重要的价值而进一步降低其权威性。

情况确实是这样。关于什么是我们可称之为人文学科的"会话"价值。非西方文明的作品历史悠久且伟大;只有无知的傻瓜才会否认这一点。但是它们没有成为构成西方文明的会话的一部分,只不过是偶尔地进入其外围。① 会话是一种隐喻,但它指向某种真实的东西——即指向西方文明的伟大著作以互补的和好争论的方式谈论彼此这一事实。斐洛(Philo)和奥古斯丁与柏拉图扭打。霍布斯(Hobbes)攻击亚里士多德。莎士比亚与马基雅弗利(Machiavelli)对峙。斯宾诺莎纠正笛卡儿。康德回答休谟(Hume),潘恩(Paine)谴责伯克(Burke),艾略特回想起但丁,布鲁内莱斯基(Brunelleschi)研究先哲祠,诸如此类不一而足。西方作家和艺术家的作品和思想有着内在的联系。他们互相引证、称赞、纠正、指责并在前人作品的基础上创造。人文学科历来研究的正是这种内在的绵延不断的会话。相比之下,世界伟大文明的作品可以极少例外地仅仅以外部的方式汇集在一起。每种文明同样都有其内在的连续性,这就是西方文明的特点。但是不同文明的作品和思想,大部分只能像展品那样供观赏者欣赏,从而从外部把它们联系起来。如果它们有着内在的联系,如果要在它们

---

① 伊斯兰国家是一个重要的和有趣的例外,尤其在艾安达卢斯(Al-Andalus)大繁荣时期。See Maria Rosa Menocal, *The Ornament of the World: How Muslims, Jews, and Christians Created a Culture of Tolerance in Medieval Spain* (Boston: Little, Brown, 2002). 有时候另一个例外是中国。See D. E. Mungello, *The Great Encounter of China and the West, 1500—1800* (Lanham, Md.: Rowman and Littlefield, 1999); Jonathan D. Spence, *The Search for Modern China*, 2nd ed. (New York: Norton, 1990); Wolfgang Franke, *China and the West*, trans. R. A. Wilson (Oxford: Basil Blackwell, 1967).

中间进行会话,这种会话必须是由观赏者本人开始的,因为这些作品本身并未做好会话的准备。它们属于(隐喻下一阶段)不同的言语世界,但它们每一个都有着内在的联系(极少且有趣的情况除外),只不过是外在地与其他作品连接在一起。如果这些伟大的作品相遇时发生了会话并开始争吵或意见相合,这样的会话必然是由考察所有这些作品的观赏者创造的。这样的会话必定是由观赏者开始的,因为这并非是正在进行中的会话。

有人会说这正是多元文化主义的要点——使这样的会话进行下去。他们会强调在这个相互联系日益增长的世界中开始这样的会话所具有的道德和政治的重要性。他们还会强调,真正的会话不可能开始,除非会话以平等为前提,除非会话建立在下述假设之上,即会话中的所有声音,会话中他们谈到的所有作品,都具有同等的价值,一种文化优于另一种文化的推测(西方的声音)是会话的绝对杀手。

但是这种表面上有吸引力的观点存在一些被它的捍卫者忽略了的严重的不利倾向。它低估了开始他们推荐的此类有意义的会话的困难,因为这要求深刻了解世界所有(至少是若干种)伟大文明并能产生共鸣,而且还要有能力以能促进会话的方式架构能连接各种文明创造的作品的问题。如果认识不到这些困难,会话的结果就像是肤浅的观念大杂烩,绝不会超出大多数博物馆的参观者从一个展品转到另一个展品时所发出的一连串互不关联的赞叹。

更重要的是,它的支持者不承认为在世界文化和各族人民之间建立会话所作出的似乎无可非议的努力中所失去的东西的道德意义。失去的正是对与过去的一种负责任的联系的培育,这种联系只能与进入并非我们自己发起的会话中的经验相伴。要自由地从零开始会话,要在仅在外部关联的作品和思想中间创建会话链,就必须成为一个自由的人,摆脱强加在进入已在进行中的会话的人身上的束缚。它要摆脱过去的束缚,摆脱它们的引力作用。它处在一个人自己的失重的轨道上。这对某些人可能确实是有吸引力的。它可能像是一种解放或逃避,但是如果一个人要回避的过去确实是唯我独尊的,这种情况就有可能。但是西方的会话所保存和发扬的过去几乎不可能是唯我独尊的。限制是确实存在的。进入这场会话的人并非自己想说什么就能说什么,限制他们对从前所说的、所想的东西作出响应。但是这种会话所要求的响应不是盲从的响应。西方的会话要求对它所传递的遗产作出自由的、批判的响应。它坚持必须对过去进行研究并给予应有的重视,但要求以新颖的、更好的方式,在一个永远开放的会话中重塑过去的主张。为了加入一场正在进行的此类会话而摆脱一个人继承而来的限制,这不是自由,而是自由的幻觉。实际上这是一种不负责任的形式,因为认为一种新的会话将恰如其分地替代旧式会话,认为这种新的会话既丰富、又深刻,还有日积月累的连接和联系,这样的会话即使有想在同时代人帮助下由自己来创造的佳愿,它也会让人妄自尊大地认为自己拥有无限的、无节制的权力。它使人与伴随着继承及保存和完善它的义务而来的管理者的责任一刀两断。它所占领的世界在空间上已扩展到包含整个星球,但现在暂时平稳下来——这是一个切断了与过去的密切而严肃联系的世界,与创造的新的会话的令人陶醉的经验相反,它把在正进行的会话中所培育的经验作为主导价值而予以肯定。

所宣布的为这种联系服务的动机,能使我们更强烈地感到与我们自己的一致性,还能扩大我们感到与之有联系的那些人的圈子。但是它的真正的作用是增强一个人的孤独感。因为,一个人更多地不受过去的约束,他也就能更少地受到早就在进行中的会话的语调和要领的限制,就更能接近拥有与造物主相似的十足的自信的条件,神圣的造物主拥有无限的发现能力,然而他的孤独也是全面的。对于神而言,这样的失重和自由可能是与责任并不矛盾的。而涉及人类,这样的失重和自由倾向于破坏这种责任。对于我们而言,责任总是始于与过去的根深蒂固的联系,以及过去所发挥的权威作用,即使我们的主要责任是要以尽我们可能的最好的方式完善过去。平等主义的多元文化主义让我们开始的新的会话,对这种根深蒂固的体验起着破坏作用。但是它自信地主张承担更大的、普世的责任,老实说这是唯有我们的根才能滋养的负责精神的敌人。

我在上面所说的当然不是为了支持西方而对一些事情进行抨击。以上所述仅仅是肯定了根植于一场正在进行的会话或其他会话所具有的价值,以及肯定提高到一种文明水平的任何会话都是为了这一目的。就根的培植而言,关于西方的会话没有给予会话任何特殊的价值。

对于出生在西方的人而言,西方的文明可能更适合于他们。然而,一个西方人可能把另一种文化或传统作为他或她自己的文化或传统来接受,并使这种文化或传统的会话成为他或她自家的并接受这种会话的内在联系的约束,这样的可能性肯定也会存在。重要的是,会话是要有根的,这对于责任感的发展是至关重要的。如果说多元文化主义的强烈的平等主义流派坚持认为所有的文化和传统,无论是西方的还是非西方的,都具有同样的价值,不同的文化和传统仅仅是通过提醒我们每种文化都能为根的生长提供同样合适的中介,在这一方面没有一种文化优于任何另一种文化,从而支持这种可接受的可能性,如果这就是多元文化主义肯定的全部东西,那么人们就可以询问,在它对西方文明的优越性及其特殊的(并不总是宽厚的)价值和制度的这种激昂的否定中,危害性在哪里?

危害性在于这个主张的虚伪性和对赞成这一主张的学科的可信性所产生的影响。

在我们今天所栖息的地球上出现的全球文明,为多元文化主义提供了动因并使它在表面上似乎很有道理。但是如果这种文明尊重(至少渴望尊重)许多不同的文化和传统,承认它们在赞美宽容精神方面所取得的独特的成就,那么它就不能在这种精神的最深刻的、最重要的意义上对它们平均地分配分量或价值。在这个新的全球文明中拥有最高声望的观念和制度,对力争加入全球文明的个人和共同体产生最大影响的观念和制度,以及能最具有决定性意义地决定每个人的日常生活的状况(从居住在里约热内卢的贫民窟到湖南省的农场再到洛杉矶的市郊的居民所体验的生活状况)的思想和制度,全都起源于西方。

个人自由和宽容的思想,民主政府的思想,尊重少数民族的权利和一般人权的思想;依靠市场作为组织经济生活的机制并承认要通过附加的政治权威来调节市场需要;在政治领域内要依靠官僚政治的行政管理方法及其正式的职能划分和合法地区分职务和任职;接受现代科学的真理和无所不在的对技术产品的使用:所有这些为世界各地提供了政治、社会和经济生活的现有基础,它们被看成是有抱负的目标,每个人都具有最有力的道德的和物质的理由去力争实现这些目标。如果一个人想要公开地与其中的任何一个对立,他就是一个保守分子,一个狂热分子,一个蒙昧主义者,这样的人拒绝承认集大成的现代观念和制度的道德和智慧权威,他们(毫无结果地)立足于反对不可抗拒的潮流。

这些观念和实践构成了在我们周围成型的全球文明的台柱,在那里它们并非各得其所地规定着改革的方向。它们结合在一起制约着我们每天在这个世界上的实际经验,成为一种规范性的指导,指导我们去认识今天这个世界上什么是进步的,什么是倒退的,什么是发展了的,什么是未发展的,什么是现代的和超(或反)现代的。在其他任何基础上都不能安排任何有凝聚力的计划。对这些观念和实践的接受,就是现代化的标志,这又反过来界定了全球化的特征。所有这些,所有这些独特的现代观念和制度,都是起源于西方。全球化就是现代化,现代化就是西方化。这可能是今天生活的唯一的最惊人的事实——地球上所有人的行星凸现(planetary salience)的事实。

这当然并不意味着每种西方文化行为、每种西方趣味,都产生或应产生与现代化的那些更基本的特征相同的不可抗拒的魅力。在我们的全球文明中为不同类型的局部差异保留着相当大的空间,我们有充分的理由希望这种差异得到保存和学习,希望我们自己能承认并享受这种差异,即使仅仅作为旁观者或(精神的和文化的)旅游者。但是,只有通过普遍的宽容实践,只有借助本身就是起源于西方的一个稳定的政治和经济制度的框架,才能确保差异的保存和对差异的享受。

　　这也并不意味着西方最基本的和最有魅力的特征全都是宽厚的。例如,就技术而言,在实践和精神的意义上它都具有黑暗的一面。但是包含技术的运动和保护被技术破坏的事物的运动,是唯一能够采用西方其他智慧和道德资源才能有效进行的运动。从外部以其他的非西方传统的名义抵制它,是勇敢的,然而却是无益的举动。世界上的土著民族对土地的崇敬确实能引起西方人的仿效,但他们反对技术的潮流并不能让他们站稳脚跟。他们全都注定要被一扫而光。在这个意义上,即使是反对西方的战争也必须用西方的措辞进行。①

　　这也并非意味着自由政府和自由事业的伟大通则,以及宪法保障和人权的伟大通则,只容许一种解释。很显然,容许对它们作出多种解释。落实每种解释在任何情况下都要求进行选择。世界的各种政治共同体和经济组织的构成,以有趣的和重要的方式而千差万别。但是所有这些差别都在可接受的某些基本原则规定的范围之内,这些基本原则构成了可允许的政治和经济差异空间。所有这些原则确定了在进行解释时展开的辩论所用的措辞,它们本身就是起源于西方的。

　　这也并不意味着必须取消一个人的其他许多身份以支持围绕着西方价值组织的某个单一的、新的身份。我们所有人都有许多身份。我们大多数人都属于一个家庭,属于一个语言的和文化的共同体,属

---

①　例如,保护亚马逊雨林的最有希望的一个策略,是从现代财政中推导出来的一种技术:以债务替换自然资源,这一技术在亚马逊流域的应用是生物学家托马斯·洛夫乔伊(Thomas Lovejoy)的智力的产儿。Thomas E. Lovejoy 3d, "Aid Debtor Nations' Ecology", *New York Times*, October 4, 1984, A31:"改善债务来刺激保护能促进双方进步。"关于此技术的更详尽的分析,see Robert T. Deacon and Paul Murphy, "The Structure of an Economic Transaction: The Debt-for-Nature Swap", *Land Economics* 73 (February 1997): 1—24. 关于技术和自然之间的冲突的一般背景,参见 Bronislaw Szerszynski, *Nature, Technology, and the Sacred* (Malden, Mass.: Blackwell Publishing, 2005); Roger S. Gottlib, ed., *This Sacred Earth: Religion, Nature, Environment*, 2nd ed. (New York: Routledge, 2004); Jerry Mander, *In the Absence of the Sacred: The Failure of Technology and the Survival of the Indian Nations* (San Francisco: Sierra Club Books, 1991); Andrew Revkin, *The Burning Season: The Murder of Chico Mendes and the Fight for the Amazon Rain Forest* (Boston: Houghton Mifflin, 1990); Alex Shoumatoff, *The World Is Burning* (Boston: Little, Brown, 1990); Bill McKibben, *The End of Nature* (New York: Random House, 1989)。

于一个教派团体,属于一个政治联盟,等等。我们感到自己在不同的程度上忠诚于每一种身份,并在不同的程度上认同所有这些身份。我们的身份是由相互重合和相互冲突的义务所构成的复杂的拼花图样。黎巴嫩作家艾明·马阿劳夫(Amin Maalouf)说自己是黎巴嫩基督教徒,出生于一个古老的、有教养的家庭,现在生活在巴黎并用法文写作。①

　　马阿劳夫说他自己是一个有着多重身份的人,他的这种状况绝非是个例外。全球化的过程使这种状况变得更显而易见。人们的流动性的极大提高与保持与在遥远他乡的他人的联系的技术能力的结合,意味着我们今天的许多人比过去任何情况下都更真切地感到自己是以多重身份生活的。全球化促使马阿劳夫的状况成为我们人类共同的状况。它不能制造或不要求取消我们的其他身份,也不要求取消把我们彼此区分开来的身份,也不要求用在我们所共同分享的世界主义的价值基础上获得的某种优秀的新的身份去代替我们的其他身份。恰恰相反,正像马阿劳夫和其他人已注意到的那样,它产生一种身份的激增和一种复杂的纵横交错的忠诚。虽然这样的忠诚可能是很重要的,但这并不要求我们由于承认我们与他人(与所有的他人)的关系必须受到对作为人类的完整性的普遍尊重的左右而限制它们在我们生活中的权能。在我们的身份以及它们的更受限制的依附的范围之上,全球化还添加了以超出所有这些依附的普遍人性为前提组织起来的普世(ecuméne)中的一员的身份。它还要求这个最后一种身份在下面这个意义上要绝对地优先于其他身份(家庭的、部族的、宗教的,甚至政治的身份),即在承认这种身份的要求能约束其他的身份的意义上。这种身份是居于首位的,这是不可取消的。它并不要求忘却或废除其他身份。它的首要地位就是一种边界,限制在它规定的范围内可以允许做些什么。这种全球化要求得很多,这种要求最初是作为在现

---

① Amin Maalouf, *In the Name of Identity: Violence and the Need to Belong*, trans. Barbara Bray (New York: Arcade Publishing, 1996). See also Amartya Sen, *Identity and Violence: The Illusion of Destiny* (New York: Norton, 2006).

第四章 政治正确性

代西方的广阔的领土范围内的组织人际关系的基础而被接受的。宽容观念在许多传统中尤其在宗教传统中找到了支持。但是只是在现代西方它才间歇地、犹豫地,然而又是越来越清晰地、决定性地成为政治生活的一个公理。接受这个公理并不是要否定某个人的其他身份,它只是规定了以这些身份的名义和为了这些身份个人可以做些什么事情的范围。在这个意义上它就是"让这些身份各得其所"。这就是西方化的过程部分地取得的最适度的、然而却是最革命的结果,它还不仅为西方居民,而且为全人类留下了鼓舞人心的目标。

最后,西方化的过程也不意味着西方在任何党派意义上的胜利。因为虽然作为全球化标志的观念和实践的历史起点在西方,并部分地通过西方势力的侵略和剥削扩展到世界的其他地方,但其权威性和影响最终不是来自它们的西方本原这一事实,而是来自它们的普遍的正确性和适用性。例如,就现代科学的权威性而言,它的西方起源纯粹是一个偶然事实,是一个历史的偶然,与现代科学本身的真理性无关。这是世界上任何地方的男人和女人都能接受的对理性和经验验证的承诺的一种作用。民主政府和人权的观念同样也是这种情况。它们的西方起源没有为其合法性作出丝毫贡献。我们承认它们的权威性不是因为它们是西方的。这与此毫无关系。我们承认它们的权威性是因为它们表达全人类的普遍的道德和政治抱负,尽管西方以这些抱负的名义做了一些令人发指的事情,并且自私地利用了它们的魅力,从而没有理由去指责它们的建立在出类拔萃的基础之上的权威性。

"一个在近代的欧洲文明中成长起来的人,在研究任何有关世界历史的任何问题时,都不免会反躬自问:在西方文明中而且仅仅在西方文明中才显现出来的那些文化现象(这些现象正如我们常爱认为的那样,存在于一系列具有普遍意义和普遍价值的发展中),究竟应归结为哪些事件的合成作用。"[①]马克斯·韦伯在1920年提出的这个正确见解,至今还是那么正确。我们可以说,欧洲成为一系列观念和制度

---

① "Introduction", Max Weber, in *The Protestant Ethic and the Spirit of Capitalism*, trans. Talcott Parsons (New York: Scribner, 1958), 13.

的故乡,这是其得天独厚的命运所使然,这些观念和制度的普遍价值(借用韦伯的措辞)不再是欧洲人所特有的。开始于西方,但现在以普遍的道德和智慧为基础的文明,在世界其他文明中占据着独特的地位,所说的西方文明的特权地位依据的就是对这种地位的理解,在这个意义上,这样的说法不仅是合适的,而且是必需的。西方的观念和制度,摆脱了其历史起源的偶然局限性,成为人类的共同财产。它们构成了今天的全球的文明连同其惊人的成就、伟大的希望和粗俗的失败的基础。

如果多元文化主义的这一个强大的流派否定上述意见,这就不仅仅是否认生活中我们每天都要经历的最明显的、最基本的事实——买咖啡、读报纸、坐车、参与政治辩论、看医生,等等。这也就是否定我们最坚定地信服的一些观念——例如,关于人权和民主的观念,不受意识形态和宗教桎梏的自由的科学探究的观念。在教室外面我们承认这些事实并赞成这些观念。多元文化主义坚持对世界所有的文明等量齐观并否定西方优先的主张,如果我们要接受这样的多元主义,那么我们就必须在教室内否定以上这些事实和观念,然而事实上却是我们并未真正放弃它们。它们深深地根植于我们的经验和信仰中。结果将会是,那些否定或蔑视它们的课堂覆盖着自欺的黑幕,充斥着虚伪的托词,因而丧失了它作为讨论一些最深刻的问题的论坛的可信性——事实上,讨论这样的问题总是需要最真诚的坦率和这样的坦率所需要的勇气。

其中的一个问题就是人为什么而活的问题。只要人文学科教师还在坚持询问这个问题的责任以及为探究这个问题提供帮助的权威性,他们对多元文化主义的这个极端地肯定所有文化和传统的平等的流派的热情接受,就会使他们的课堂成为探讨任何具有真正重要性的问题的不可靠的场所。它把接受这一思想的教师置于与其学生所知的关于世界真理的东西相矛盾的地位,也与教师自己的深刻的道德和政治信念相抵牾。它把自己装扮成关于西方观念和制度的不合法性的公正的谈话,但它的实际作用是诋毁学生对某些教师的坦率所给予的尊重,而那些教师则以更苛刻的诚实之名,要求学生否定诚实迫使他们承认的事实和肯定的价值。这是无益的,而只能使课堂变成一个谈话的场所,而这种谈话所提出真理显得是不诚实和不严肃的。在课堂上,学生可以热情地肯定他们的教师所信仰的多元文化主义。他们甚至可以一时地感到自己也信仰它。但在私底下,他们知道他们并不信仰它,而这个更为深刻的认识降低了捍卫这些思想的教师的威信,也降低了由这些教师作为代言人的学科的威望。

有种观点认为西方对其学科内容的处理方法仅是许多方法中的一种,它不比其他任何方法更好或更正确。物理学和经济学之类的学科未受到这种意见的干扰,这些学科在调和自己的主张与权威性时并不存在这样的不和谐。只有人文学科处于这种妥协的地位。只有人文学科接受了多元文化主义,而多元文化主义通过让它们与居住在课堂外面的学生的经验和道德世界交战而耗尽了它们的权威性。生活的目标和价值问题,要求人尽最大可能地诚实。这是一个很难提出的问题,更不用说诚实地回答这个问题了。但要以其他精神面貌去处理这个问题已然是不行的。多元文化主义放弃了有意义地处理这个问题所需要的一样东西。通过强制性地否定他们的学生所知道和相信的不同的东西,在受到西方本原的政治和道德抱负鼓舞的多元文化主义的影响下,那些否定西方及其价值的优先性的人文学科教师,丧失了自诩诚实的资格,而诚实正是处理人生意义问题所必需的,只有具备诚实的品质,他们才有引导自己的学生探索并回答这个问题所需要的威信。

多样性和多元文化主义,是校园之外的道德和政治事件形成的重要观念。结构主义则相反,这个概念在思想界、在关于人类知识的特性和局限性的知性辩论中,即在被称作认识论的哲学探究分支中,有它自己的起源。它的本源包括康德的先验唯心主义、尼采的视角论及其权力意志观、福柯的作为控制技术的知识观、马克思对观念的"上层建筑"的分析、维特根斯坦的反形而上学的语言哲学,以及美国实用主义者[尤其是杜威和皮尔斯(Pierce)]的著作。结构主义的某些捍卫者[例如,理查德·罗蒂(Richard Rorty)]①敏锐地、崇敬地对待这些本源。但这是对人文学科产生最重大影响的概念的一个较为简单的、不很严密的流派。某些了解现代哲学史的人,以及某些对结构主义的这个较为简单的流派的支持者的有吸引力的文本有第一手知识的人,感到他们的思想似乎是滑稽可笑地模仿这些文本所表达的较为复杂的流派。但正是这个较为生涩的流派在人文学科中流传最广并常常被展开,且具有破坏作用,它支持多元文化主义和下述主张:种族、性别和种族集团成员的多样性对这些学科的工作是至关重要的。② 正是结构主义的这个生涩的流派,为过去五十年来控制着人文学科的政治正确性文化提供了哲学基础。

结构主义以最简单的形式肯定了人的世界(包括自然界在内的整个现实世界),是一种由居住在那里的人类构造的人工制品("结构主义"由此而来)。有人认为这个世界的某些特征是"天然"地存在着的或具有一种我们理应予以尊重的独立的"要素",结构主义认为这种观点必定是错误的。对于结构主义者而言,所有此类主张都是虚假的必然性(false necessity)的具体化,这种虚假的必然性歪曲意义建构活动的真正的衍生自由,正是从这种活动中导出了这个世界作为意义境界的存在。③

结构主义进而坚持,这种意义建构活动的动机和方向来自维护对某个人(本人、他人或世界)或某件东西的权力和控制的欲望。结构主

---

① Richard Rorty, *Philosophy and the Mirror of Nature* (Princeton: Princeton University Press, 1979).

② For examples, see Dinesh D'Souza, *Illiberal Education: The Politics of Race and Sex on Campus* (New York: Free Press, 1991), 182—193; Kimball, *Tenured Radicals*, 219; "对西方文明的指责,如无可救药的种族主义者、性别歧视者和家长作风,学校管理人员力图把语言准则强加于校园,公然改写历史课本以抚慰受伤的少数民族成员的情感;所有这一切正在改变美国社会的特质。" David Barnheiser, " A Chilling of Discourse", *St. Louis University Law Journal* 50 (Winter 2006): 361—423, 367; "因为对现有的政治制度所固有的偏见进行解构批评而提出更高的社会道德的要求,在此掩护下多元文化主义成为限制传统上拥有这种权力的人的权力的工具。"

③ See Roberto Unger, *Politics: The Central Texts*, ed. Zhiyuan Cui (New York: Verso, 1997).

第四章 政治正确性

义认为,人类世界的结构在这个意义上总是受到利益的驱动,那些诉诸事物的"天然"和"要素"的虚假的必然性的人,是为了提高驱动其诉求的利益,不管其外表如何,必须把这种诉求理解为基于另一种利益之上的结构。

结构主义者认为,知性分析的目的尤其在人文学科中是要揭示这些动机,把它们从虚伪和欺骗(包括自我欺骗)的黑暗中引领出来,引入批判性理解的光明之中。最后,他们坚持认为,智慧启蒙的过程既不依靠也不可能产生一些标准,按照这些标准去排列人们所做的事情或欲望驱使他们去做的事情的意义的相对重要性。

这一观点的辩护人当然承认,我们对某些人为制造的东西的判断会比对其他东西的判断更好一些,或更美一些,甚至更诚实一些,即我们是根据各自的价值在政治制度、道德准则、哲学思想和艺术作品中间作出区分。这样的分等级是不可避免的。很难想象,如果不进行这样的分门别类我们如何工作。但他们还认为,一个有知识的人知道不可能根据是否与事物的"天然"或"要素"相一致来证明自己的等级区分是正确的,他还能意识到,即使启蒙本身也不能产生可用来客观地测评人们的不同思想和安排的价值的标准。他知道他作出的等级区分与其他任何人作出的一样,发源于启蒙过程的外部并先于这一过程,即起源于他的利益,利益优先于他的价值判断并引发判断,而不是反过来。如果启蒙本身能对一个人的利益作出某些改变,这不是因为这个人处于这些利益之外的可以据以评价它们的"真正的"价值的有利地位,而只不过是因为他获得了能修正或替代他的旧的利益的新的(知性的)利益。关于世界的某些特点是否公正,或是否美丽,或是否真实以及赋予它们什么样的价值诸如此类的分歧由此产生,它们在现实中从来就是争论者利益的表白或展示,而不是其他任何别的,这种利益是在争辩范围之外的,只不过被对理由、性质和其他诸如此类的诉求所隐藏了而已(这种隐藏常常是出于战略上的考虑)。

这一系列相互联系的思想构成了结构主义的这个生涩流派的核心,它对人文学科产生了很大的影响,多元文化主义在谋求支持时为什么要常常祈求于它也就很清楚了。因为如果在世界的不同文化中间不存在固有的("天然的")等级序列,那么任何主张只可能是利益的虚伪的和伪装的表达,其控制赞同的能力是隐藏在它背后的力量的作用而不是它所诉求的理由的作用。根据这种观点,尤其是那些代表西方提出这些主张的人,仅仅是采用同样的强权政治的方法。人们必须透过他们的诉求看到隐藏在其后面的欲望。人们必须意识到,对声称的西方思想和价值的优越性的抵制,本身就是一种政治行动,并为摆脱殖民压迫世界的更大的运动出力。对于持这种观点的人而言,处理世界文化和传统的方式只有一种,那就是把它们全都放在一个同等的地位并坚持认为,任何将它们分成等级的企图都是试图这样做的人的一种自我扩张的利益驱动行为。多元文化主义是一种观念,它阐明这种立场的政治关系,结构主义是为它提供哲学支持的理论。多元文化主义的政治和道德诉求,是结构主义的知性魅力的重要源泉,反之亦然。

结构主义当然是有争议的,并常常受到攻击,尤其是遭到所谓的"传统"价值的捍卫者们的攻击,这些人坚持认为,在客观上、本质上好一些的和坏一些的价值和制度是天然地存在的。[1] 传统价值的捍卫者们肯定,某种可有意义地称作人的"本性"的东西和它们的重要性是存在的,他们通常把结构主义指责为虚无主义的,这种虚无主义应理解成:一个人否定的不是所存在的价值,而是否定为价值的存在提供合理根据的可能性,否定逃避赋予我们的价值内容和力量的前理性欲望的决定性影响的可能性。

这条进攻路线虽然肯定会有许多能说会道的支持者,但是结构主义的支持者只要指出这种进攻本身的特点在于它是受到攻击者的政治利益或其他利益驱动的侵略行为,就常常能使它转向,还可以通过

---

[1] Alvin J. Schmidt, *The Menace of Multiculturalism: Trojan Horse in America* (Westport, Conn.: Praeger, 1997); Kimball, *Tenured Radicals*; William J. Bennett, *The De-Valuing of America: The Fight for Our Culture and Our Children* (New York: Simon and Schuster, 1994).

宣称建立在事物性质基础上的合法性,把这条进攻路线装扮成似乎隐藏了其真正的来源。对结构主义的每个外部批评都会引起反响。结果就是一种可以预料到的反反复复:批评者攻击结构主义是一种不承认人性之真实性的虚无主义的教条,结构主义者作出的回应就是认为这种攻击本身就是一种证明其哲学观点的、受到利益驱动的政治行为,接下来批评者又作出反击,认为这种回应进一步证明了他们的对手的虚无主义的深度。就这样,攻击与回应就会无休止地循环往复下去。

只有不以这种方式使之转向,对结构主义的批评才是内部的批评,即这种批评是谋求证明结构主义按其自己的措辞是难以理解的,或者谋求证明结构主义所支持的结论与它的捍卫者们所得出的结论是不一样的。

例如,我们假设,人类的世界是在结构主义所宣称的意义上的一个人为的世界,即我们赋予这个世界的所有意义都是人发明的。任何建构性活动的可理解性取决于活动是按照人被强制接受的活动规则而展开的。这些规则的采用(不管是我们自由发明的还是按我们的意愿部署的,都不可能再发挥其强制作用),是(对采用康德的公式而言)使任何此类行为对于行动者或其他任何人都有可能是可理解的所必需的先决条件。[①] 这是使我们能够就此问题进行思考和阐述的先决条件。

但是要接受这个假设就必须承认,正是我们在创造意义的能力方面的自由,依赖从一开始就限制和强制我们的自由的必要性来赢得其可理解性(即让我们承认它是一种自由的操练而不是任何其他东西),这是自由的同时代的合作伙伴的必要性。接受这个模糊地受到了康德(或者维特根斯坦)[②]鼓舞的论点,就是要在广阔无垠的创造性王国中设置必要性的滩头阵地,结构主义设想,从这一阵地出发,就有可

[①] Immanuel Kant, *Critique of Pure Reason*, trans. and ed. Paul Guyer and Allen W. Wood (New York: Cambridge University Press, 1998), 121, 126.

[②] Ludwig Wittgenstein, *Philosophical Investigations*, trans. G. E. M. Anscombe (Malden, Mass.: Blackwell, 1977), 241—318.

能通过相似的先验分析过程导出其他的具有同等必要性的条件。人们甚至可以期待所有这些条件最后可以和谐地结合进富于哲理性的人类学中,而人类学不仅能校正关于古代人性思想的合法性尺度,而且现在还能对之作出先验论的而不是形而上学的阐发。① 结构主义至少可以使我们没有理由认为寄予的这种希望从一开始就是注定的。

贯彻进攻的另一条内部路线是,即使每一种价值都是一种利益、一种前理性的激情或欲望的表现,一定的激情以及所有诸如此类的东西,都是最典型的人的特点,可用被哲学家称为他们的"理想"的东西予以区分。这样的理想化的激情不同于较为单纯的情感和在某个至关重要方面产生的欲望。它们全都将某一类观念当作其组成要素之一。愤怒就是一个例子。愤怒的人因为被错误对待而感到激愤。他愤怒是因为他没有受到应有的对待。如果他对自己应有怎样的待遇没有任何想法,他就不会愤怒。我们称为愤怒的激情,作为一个关键要素(正确待遇的标准参考)参与其中。这个标准是一个观念,是一种抽象,是一种思想,这种思想是愤怒所指代的东西的一部分并表明我们是如何体验它的。②

骄傲是另一个例子。骄傲的人因生活达到了自己的理想以及其待遇与其地位所要求的相一致而感到快乐。他的愉快只有在参照这些理想时才产生。希望和羞愧是其他的理想化的激情。它们各自都有自己所参照的一个观念,作为思想或表象出现在那个满怀希望的或感到羞耻的人的头脑(或心灵)中。

这些激情和欲望的结构包含了一种心智成分——某一类观念的想象性投射。即使是我们的最基本的欲望,确实也非常典型地,至少以其独特的人性形式包含着这类要素。例如,人的性欲就具有一种幻

---

① Martin Heidegger, *Being and Time*, trans. Joan Stambaugh (Albany: State University of New York Press, 1996), Sec. 5.

② Jonathan Lear, *Love and Its Place in Nature: A Philosophical Interpretation of Freudian Psychoanalysis* (New York: Farrar, Straus and Giroux, 1990); Martha C. Nussbaum, *The Therapy of Desire: Theory and Practice in Hellenistic Ethics* (Princeton: Princeton University Press, 1994). Aristotle, *Nicomachean Ethics*, 1105b—1106b.

想的要素,而正是这种幻想的要素把人的性欲与其他动物的没有思想的性欲区分开来了。① 动物的欲望是本能的,其中根本就没有思想。人的某些激情和欲望也可能是盲目的本能,但我们所特有的其他激情和欲望,都是内在地有理智的,心智(推理、思考、想象)是它们的一个明确的特征(虽然这个特征不需要有这种激情或欲望的人去有意识地予以鉴别)。属于这一类理想化的欲念的任何其他欲望,一个人期待推进自己的政治议程的欲望(结构主义从对真理和本质的所有诉求背后所窥探到的欲望),肯定也必须包括在内。因为这类利益中的每一种都包含着某些要达到的目的的想象性投射——以一种观念、某种机构的计划、分配的结果、文化实践或以其他政治目标的形式出现的预期的表象。每种政治激情都有理想的特点。

这可能是无可争议的,但它对于结构主义的含义是很大的。因为结构主义预先假定,利益、激情和欲望的范围是先于并独立于思想(观念、信念和价值)世界的。根据结构主义的观点,思想世界可以简化为某一类利益。每一类都是一种本身是既盲又哑的利益的独特的表述——一种无理性的欲望,在理性不能裁决的权力竞争中它只能受到另一类同样哑口无言的欲望的挑战,因为在其中毫无理性。但是要为这一观点进行辩护,甚至要使这一观点成为可以理解的,思想和利益的领域必须全部是独特的,因为倘若不是这样前者就不能以结构主义所要求的方式简化为后者。

但要承认某些人的激情和欲望的理想性,尤其是那些人所特有的激情和欲望的理想性,就得否定这种区别的尖锐性和全面性。而这就

---

① 乔纳森·利尔从弗洛伊德的人的性冲动理论中发现:"对弗洛伊德而言,本能是一种顽固的先天行为模式,是动物行为的特点;例如,鸟筑巢的先天能力和压力……欲望则相反,它具有一定的可塑性:它的目的和方向在某种程度上是由经验形成的。像弗洛伊德那样把人设想为受到欲望的驱动,这就部分地把人与动物世界中的其他生物区分开来。" Jonathan Lear, *Love and Its Place in Nature*, 123—124. See also Sigmund Freud, *Three Essays on the Theory of Sexuality*, trans. James Strachey (New York: Basic Books, 1962), 100:"人的性发育高潮出现在两个阶段,即发育被潜在因素所中断,这一事实看来应引起特别的关注。这是男人对发展一种更高文明的态度的必要条件之一,但也是他们的神经症倾向的必要条件之一。就我们所知,在男人的动物亲属中找不到任何相似物。"

是要承认,思维(想象的理想化过程)是这些激情和欲望本身的结构特征,离开了它就不可能描述或理解其特点。一旦这被认可,思想如何完全地简化为利益就不再清楚了,而这样的简化被结构主义假设为能完成的,因为我们的思想所要简化成的利益,在许多情况下本身就已是"思想丰富的"。更重要的是,在我们的许多利益中已体现出思想,并且在与达到我们的道德和政治目标有关的利益中肯定会体现思想,承认这一点也就是为思想建立了在利益领域中的立足点,并有可能从其内部反省地、批判地审视激情和欲望。① 心理分析假设,甚至我们的性欲也是可以用此类内部观点作出解释的。如果真是这样,那么,我们的更公开地富有思想的政治欲望,就肯定也必须接受内部的批评。

结构主义者拒绝传统主义者对理性和自然的诉求,正像另一个伪装的政治运动依赖以下这个假设一样:不可能从内部理性地彻查我们的利益,我们的利益听不到理性的诉求。它依据的假设是,理性如休谟指出的那样是激情的婢女和"事后的想法",为我们的利益和欲望服务,但不能对它们产生影响。② 我们的最有特点的人的利益从一开始就是含有思想的,承认这一点也就削弱了这个假设并澄清了达到能破坏完美的简化计划的内部批评的方式,这种完美的简化计划造就了结构主义的偏窄性和表面的无懈可击性。

结构主义提出一个问题:对理性或自然的诉求是否更甚于对盲目利益的表述。当以理性或自然的名义对结构主义发起的外部攻击回避这一问题时,发起攻击的一方容易发生转向。像我刚才概述的那两种一样,内部批评是不能以这种方式改变方向的。它们向结构主义的这个在人文学科中拥有众多支持者的生涩的流派提出了严肃的、我想最终是不可逾越的挑战。为了应对这种批评,结构主义会无奈地变成一种在哲学方面较为微妙的理论。它必须驳斥虚无主义,因为虚无主

---

① See Stuart Hampshire, "Spinoza and the Idea of Freedom", in *Spinoza and Spinozism* (Oxford: Oxford University Press, 2005), 175—199.

② *A Treatise of Human Nature*, ed. L. A. Selby-Bigge, 2nd ed., revised by P. H. Nidditch (Oxford: Clarendon Press, 1978), 415.

义否认我们的利益和欲望有接受理性审视的可能性。它还必须承认理性在政治和道德辩论中的作用,以及在关于观念和制度的相对价值的分歧中的作用。它必须放弃认为对世界文化进行分等的任何企图是纯粹的、简单的政治行动。

它尤其要迎合为西方观念建立特权地位的企图。它还必须使这一观点的支持者的论据与它自己的反驳能对接。它还必须正视这样一个事实,即结构主义本身是一种西方的发明,它对普遍性的诉求反映的正是被它以批判哲学的名义所拒绝的传统的最典型的特点,而批判哲学的要旨是不受狭隘的西方观念的牵制。结构主义要能这样做,它就有可能具有更大的哲学魅力。但是它再也不能为多元文化主义提供强有力的(即使是无意识的)支持,于是多元文化主义的那个简单的流派就会失去它对今天的许多人文学科教师所具有的政治魅力。

结构主义(即使是它的最生涩的流派)的概念,与世俗人文主义具有某些共同的重要因素,就像与多样性的现代一样有一些共同要素。在多样性观念方面,共同要素就是承认价值是多元的。在结构主义观念方面,就是承认自由发明在创造意义和价值中的作用。世俗人文主义承认当我们的人生面临取舍时会遭遇不能化简的多元价值,对此须具有灵活性或自由。结构主义否认价值是强制性的并坚持我们并非受"自然"或"理性"的强迫而去优选一个基本的价值,同样,它也把选择和自由置于我们的道德生活和精神生活的中心并强调,是由我们来决定世界应该具有什么样的意义和价值(虽然结构主义通过把我们作出的选择和我们肯定的价值简化为盲目利益的驱动力,从而收回了它所承诺的许多自由)。

在强调自由和选择方面的这个相似性可能会使结构主义显得像是世俗人文主义的延伸而已,是对世俗人文主义的改良。人们可能得出结论认为,结构主义仅仅是吸收并进一步发展了世俗人文主义的核心思想,使之摆脱了自己的局限性,并适当地使世俗人文主义的唯意志论者的精神更趋完善。但这是错误的。由于我们的自由的范围和权力大大扩大了,结构主义对自由在一个世俗人文主义者的框架内所拥有的价值起着破坏作用,并制止采用结构主义方法的任何学科对探索我们应该关心什么和为什么的问题的答案提供有益的指导。

根据世俗人文主义的观点,一个人对诸如此类的问题作出的选择的意义或价值,取决于两个相互依存的条件。第一个条件就是,这是一种真诚的选择。其道德和精神价值,随着受某个他人所授意或某个人的处境所胁迫的程度,随着达成选择自由而以任何方式妥协的程度而削弱。第二个条件是,这是对某种有价值的东西的选择——它表达了对某种值得承诺的东西的承诺。不管选择有多么自由,选择的价值随着选择的对象不值得承诺的程度而降低,并且价值的欠缺是不能靠寻找更自由的选择方式来予以弥补的。因为要履行第二个条件,一个被人当作生活的基石而予以肯定的价值是否真正有价值,不完全是他肯定了它们这个事实所起的作用。它们必须是有价值的,然而这个价值与他的选择无关。它们必须具有自己的内在的价值。

我必须对自己在生活中应关心什么作出选择,而且只有被我选为要关心的事物才可能对我是有价值的或有意义的。这是对的。被我选为要关心的事物只有其自身是有价值的或有意义的才可能是有价值的或有意义的,而与我所作出的选择无关。这也是对的。世俗人文主义坚持这两点。它为成功探索人生意义问题答案设置了两个条件。在这两个条件之间当然存在着一种张力。但是这种张力创造了一种动态,在它的生气勃勃的、不稳定的领域之内,我们只能寄希望于找到对这个问题的答案,而这个答案之所以是有意义的是因为它同时满足了两个条件,即它是自由的以及我们作出的自由选择是有价值的。

如果取消了第一个条件,我们就退步到权威主义,不给自由留有空间,这种权威主义认为正确的生活必须遵从一种唯一的、明确的、最好的生活模式。但如果放弃了第二个条件,我们的选择由于脱离了本身有意义和有价值的事物而将自己的意义和价值丧失殆尽。使我们的选择具有意义的张力变得松弛了。当选择的全部价值已经完成时,我们就再也没有任何选择的目标,对选择的内容(我们选择什么)的处理就会千篇一律。

结构主义就把我们留在了这里。结构主义坚持认为自然或理性的每个祈求,以及关于工作、实践或制度拥有自己内在的价值的每种主张,是有知识的人所知道的对虚假的必然性的一种诉求,仅仅是夸大在世界中没有根基的选择的夸张权力的方式;结构主义通过对上述观点的坚持,取消了使我们的选择具有意义和价值的第二个条件。它使我们失去了它可能为之具有并实施价值的任何东西,并使我们失去了我们所拥有的自由。

世俗人文主义及其两个条件在古典主义(在古典主义那里选择不起任何作用)与结构主义(结构主义否认选择有任何固有的价值)之间占据了一个中间的地位。如果某个人设想这个中间地位必定是不稳定的,设想在时间上稍后的结构主义思想能矫正这种不稳定性,从而使之以与世俗人文主义超越古典主义相同的方式超越世俗人文主义,那么,这条从古典主义走向结构主义的路线似乎完全是渐进的,每一个阶段都是前一阶段的完善。但是在现实中,只有世俗人文主义及其所允许的不稳定性,才是一种自由的响应,才是自由地接受某种内在的价值,因为世俗人文主义恰如其分地认识到,这两个条件是形成对生命的最基本问题的有意义的响应所要求的。其中的第二个条件在从世俗人文主义向结构主义运动时丢失了,结构主义清除了有意义地实施自由所需要的张力并使我们对最重要东西的选择不受目标和价值的限制。

古典主义对生活的意义提供了有组织的教导。但是对这种教导的组织是过度的,因为这种教导取决于对(不再可靠的)唯一正确的生活方式的假设。世俗人文主义放弃了这一假设后还能继续对生命意义的探索提供训练有素的指导,这仅仅是因为它所承认的价值的多元化是有限的和(相对)确定的。这给了世俗人文主义一种结构,从而有可能用一种有组织的方法去探索人生意义问题,这种方法通过研究多多少少固定的一组著作去遵循一种明白无误的顺序和一致同意的主题范围,所有的一切都建立在存在某些可视为相同的、拥有内在价值的生活方式的假设之上。我们每个人必须从中作出最终的选择,这些生活方式没有使一种生活方式优于另一种的内置的等级顺序。但是从中作出的选择受到数量可控的生活方式的制约,也受到伟大的文学、哲学和艺术著作所呈现并捍卫的传统的连续性的制约,即受到世俗人文主义的精髓的制约。

  结构主义谴责内在价值的观念,将其斥为一种虚伪的"本质主义"。结构主义嘲笑关于有固定的一套常在的生活选项的意见。它还挖苦伟大会话的思想。它号召我们摆脱这些幼稚的、否定自由的信条。但一旦我们这样做了,要探索的可能性就没有了限制。正是这种限制观念成为可疑的,任何重新设置限制的企图则显得像是随心所欲地动用无理性的力量。但是如果没有某种限制,在关于学习什么、学习的顺序以及要通过哪些著作的考试的问题上,在人文学科教师中间也就不会有一致意见了。如果没有这样的限制,探索人为什么而活问题的答案就会成为没有方向的探究,这样的探究不能为自由的实施提供结构化的环境,因而也就失去了价值的自由本身。人文学科作为探索人生意义问题的指导者的权威性,有赖于当其他学科停止此项探索时人文学科询问这个问题的意愿;还取决于它们为学生的探索提供某种有组织的帮助的能力。研究理念阻止人文学科教师提出这个问题,而结构主义剥夺了他们以一种有组织的和有益的方式去探究这个问题的手段。

  多样化和多元文化主义的观念始于有吸引力的道德和政治前提。每种前提都提倡一个有价值的理由——在一个场合下是种族公平,在另一个场合下是负责任的地球公民的身份。在把这些观念转变成教育学原则时,人文学科教师有能力重申关于他们在高等教育中具有特殊的重要作用的主张。他们有能力认为自己正在对他们的学院和大学的道德和政治工作作出独特的贡献。当把结构主义者的知识理论（这种理论强调人的自由和选择的深度）作为多样化和多元文化主义观念的基础时，他们有能力想象自己的新的作用就是把世俗人文主义的一个关键前提延伸到它的臻于完善的结论。

但是所有这一切都是错误的。人文学科对这些观念的承认所具有的真正作用恰恰是相反的。对这些观念的承认非但没有恢复人文学科的威望，反而是进一步地作出了妥协。它诋毁了关于古老的和正在进行的会话能使每个参加会话的人对与过去的联系产生重要感和责任感的思想，并用自我中心的傲慢予以替代，即认为我们可以开始我们自己的新的和更自由的会话，在我们为自己发起的会谈中研究全部世界伟大文明的所有著作。它助长了一种空想，即在我们今天的世界中，西方的观念和制度不会具有比其他任何文明更大的意义或价值。它摧毁了人文学科关于能为探索人生意义问题提供有组织的指导的诉求。它把我们的判断力过分紧密地与我们所不能改变的关于我们自己的事实捆绑在一起，从而同时又限制了关于人的自由的观念，并把关于自由的观点扩展到我们的无意义的选择上。人文学科以所有这些方式广泛地接受了多样化、多元文化主义和结构主义观念，这就使这个领域中的教师更难承认人为什么而活问题的合法性，更难以严肃的、负责任的和有组织的方式去研究这个问题。

这些观念同时又用对自然科学和社会科学毫无可靠性而言的信念去阻碍人文学科。假设我们的价值不可改变地与种族和性别联系在一起，假设所有的文明在道德和精神上是平等的，假设"真理"和"自然"是我们从来都不应采信的政治虚构，所有这些假设使自然科学和社会科学卸下了重负，如研究理念所估量的那样它们从强大走向强健。与研究理念所依赖的客观性精神形成对照的这些观念，与它们毫无瓜葛。

这些发展当然并没有削弱人生意义问题对于在我们的学院和大学中学习的青年男女们的迫切性。这个问题的压力纯粹来自校外。人文学科之外的其他学科不再假装关心这个问题，人文学科自身也失去了关心这个问题的意愿和能力,其原因最初是因为赞成现代研究理念,然后是因为由于接受了前所未有地疏远这个问题的一套观念而使重新建立某种独特的目标感的努力遭到失败。在遭遇人生意义问题时寻找指导的学生,现在必须从别处谋求帮助。

大多数学生自然地就会返回到自己的家人和朋友中间。他们回到与之有着最亲密的和最牵挂的关系的那些人那里。不论他能从其他人那里得到什么样的帮助,与他生活在一起并爱他的那些人的爱和支持,对我们大多数人在面对生活中的不可思议的事物时保持平衡是至关重要的。但是我们的家人和朋友很少是探索人生意义的权威人士。他们难得拥有使他们能以训练有素的方式处理这个主题的方法或有组织的知识体系。在任何情况下这些都不是我们想从他们那里得到的,也不是我们因此而器重他们的。我们想要的是他们的爱,他们的地位并不优于在我们探索人生意义时提供有组织的指导的任何其他人的地位,但这个事实并未丝毫降低他们的爱的价值。这也给了我们许多人理由去他处寻找这样的指导,这种指导虽绝不能替代家人和朋友的爱,但总是有用的并常常是一个重要的补充。

我们的学院和大学曾经声称拥有这样的权威性。年轻人去学院的原因之一,或更确切地说,他们的家人送他们去学院的原因之一,是让他们在有能力指导他们的教师的督导下研究人生意义问题。这很少是他们去上学的唯一的原因。总是还有其他许多(往往是更清晰、更强烈的)原因。但是,被训练有素地引入人为什么而活问题的道德和精神利益,也在学院教育所允诺的利益之列。这些利益也是他们为什么去上学的部分原因。

我们的学院和大学当然从未声称自己是唯一能提供有关人生意义的权威性教学的机构。宗教机构也总是宣布它们能够提供这样的教导。人生意义问题处于每个宗教传统的核心部位。它们一直是宗教思想和制度化的宗教信仰形式所致力于研究的核心问题。对它们而言,人生意义问题是一个本质问题,它们不能将它弃之一旁或放弃致力于这一问题的权威性,否则的话就会丧失它们的宗教特性并变成另一类机构。

在美国高等教育的最初二百年内,学院和教会几乎是同义词。南北战争后的一百年内,它们分道扬镳,变成在提供人生意义教导范围内的独立的、有时竞争的权威中心。当世俗人文主义的传统崩溃,并且人文学科放弃了对此权威性的诉求时,学院和教会之间的竞争性张力就消失了。我们的教会依然是主张以权威的方式致力于这一问题的权利和义务的唯一机构。今天,如果某个人在回答人生意义问题时想得到有组织的帮助,而不仅仅只有家人和朋友的爱,那么他就必须求助于教会。

不同的宗教传统都具有古老的、深邃的和行之有效的研究人生意义问题的方法。即使在一个习俗日益世俗化的世界中,这些宗教传统依然保持着巨大的权威和特权的储备。但是这些在其他方面各不相同的传统有两个共同的特点,使它们与世俗人文主义所推崇的研究人生意义问题的方法相区别。

第一,没有一种宗教可能像世俗人文主义那样成为深刻的和最终意义上的多元论者。没有一种宗教能够接受如下的命题:人生意义问题存在着悬殊的答案,其中的等级顺序是不能确定的。宗教可以是(某种程度上)宽容的,但每种宗教最终都必须果断地回答人生意义问题。它必须提供并捍卫一个最好的答案,不管那个答案有多么复杂,不管我们多么坚持对别人的答案的宽容,但是都必须从某个一元论的意义和价值概念的观点出发去表述人的生活和人的斗争的多样性。一种宗教如像世俗人文主义那样否认接受这一观点的可能性,则根本就不再是宗教了。

第二,每种宗教都在某个时刻要求"智慧的牺牲"。这个时刻的到来可早可晚,但每种宗教最终都会到达这一时刻。每种宗教都坚持,在某个时刻思想已不再适合于人生意义问题,只有采用思想以外的其他手段才能继续取得进步。所有的宗教都像世俗人文主义那样承认人的理性是有限的。但是与世俗人文主义相反,每种宗教也肯定除了思想之外的某些态度的存在和精神价值,如果我们做好了接受这样的态度的准备,它就有力量带领我们超越理性的局限。所有的宗教都宣布,当我们跨出这一步超越了理性的边界并让自己面对"远超人所能知"的睿智时就有了最深沉的和平和最伟大的洞察力。①

所有的宗教都在这两个方面不同于世俗人文主义:它们不能接受世俗人文主义的最终的价值多元论,并要求承认超越理性极限的精神力量(无论是以神秘的、虔诚的还是以其他方式表述这种力量)。"原教旨主义者"一词的许多含义中的一个含义,很好地抓住了宗教思想和实践的这两个特点。今天这一词最常被用来区分某些宗教态度——区分基督教原教旨主义者和基督教非原教旨主义者,等等。但这个词有一个更基本的意义,即每种宗教都是原教旨主义者,因为每种宗教都坚持认为,关于人生意义的问题到了最后都只有唯一的一个正确的答案,尽管既为了便利也出于道德尊重的原因已准备好容忍其他人给出的答案,但每种宗教都固守自己对这个问题的答案。每种宗教最终都必须坚持意义和价值的基础。每种宗教还必须坚持,当理性不能为回答人生意义问题提供依据时(好比我们不能争辩可论证的正确答案的方式),其他的方式或许可以。每种宗教都肯定还存在其他的某种东西(信仰、与神的神秘联盟、祷告的操练,等等),能为我们提供获得关于人生意义问题的能驳倒所有批评和怀疑的答案所需要的基础。在这两个方面,每一种宗教,即使是最宽容的,都是原教旨主义者。

美国的学院和大学不再要求承认其在探索这一问题时提供有组织的教导方面的权威性,这一事实意味着,现今在这方面最有影响的教导工作是教会进行的,几乎所有这样的教导今天几乎都是从原教旨

---

① Max Weber, "Social Psychology of the World Religions" and "Rejections of the World and Their Directions", in *From Max Weber*, ed. H. Gerth and C. W. Mills (New York: Oxford University Press, 1946), 267—301, 323—359.

主义者关于每种宗教所依据的前提开始的。① 我们的学院和大学已不再是维护其以非原教旨主义者的观点(即以世俗人文主义的观点)指导年轻人探索人生意义问题的权力和能力的独立的权威中心,从世俗人文主义的观点出发,那就是承认价值的最终的多元性,坚持人类天性思想的可理解性及其最具强迫性的表述的持久性。我们的学院和大学放弃了自己的地位,从而也就把教授人生意义的事业割让给宗教机构,而宗教机构曾经一度只不过是它们的竞争伙伴。现在教会独占这一领域;教会独家索要并实施这种权威性。因此,在提供关于人生意义的有组织的教学方面,原教旨主义现今在美国占据压倒的优势,没有竞争和挑战——原教旨主义(不是狭义的原教旨主义)一词有时被用来说明特定的宗教态度或正统性,但是在更深刻的、更重要的意义上,这个词表明每种宗教,不管其气质和教旨如何,都是从世俗人文主义极端严肃地予以探究、质问,但拒绝予以接受的信仰的基本原理开始的。

  一个世纪以来,我们的学院和大学的人文学科各系,在世俗人文主义传统的支持下向原教旨主义提出了竞争性的挑战。这个传统的被破坏使谋求教授人生意义的那些人走投无路,于是只能转向教会。这使他们只能投靠原教旨主义——要么选择原教旨主义,要么彻底放弃教学。当人文学科对自己提供这样的教学的能力失去了信心并断绝了自己与人为什么而活问题的联系时,它们危害的不仅是自己在学校内的地位。它们不仅使人怀疑它们的教育目的和价值。由于它们让具有原教旨主义者信仰的人几乎独占人生意义问题,从而危险地、

---

① See, e.g., Oral Roberts University, *Vision and Mission Statement*, http://www.oru.edu/aboutoru/missionstatement.html (accessed August 23, 2006):"这是奥拉尔·罗伯特大学的使命——对基督教信仰和大学的创办者的观点的承诺——帮助学生探索关于上帝、人性和宇宙的知识及关于与它们的关系的知识。"Regent University, *Mission Statement*, http://www.regent.edu/general/about_us/mission_statement.cfm (accessed August 23,2006):"我们的观点是,通过我们的毕业生和学术活动,通过肯定和教授圣经所描述的、体现在耶稣基督身上的、通过圣灵的力量赋权的真理、公正和爱的原则,为改造社会提供基督教的领导。"Liberty University, *Statement of Purpose*, http://www.liberty.edu/index.cfm? PID=6899 (accessed August 23, 2006):自由大学的使命是"培养以基督为中心的男人和女人,他们具有能影响明天的世界的基本价值、知识和技巧"。

有害地缩小了一般文化范围内的知性和精神的可能性。

我们的教会不再与我们的学院和大学竞争谈论这个问题的权威性。有些人毫无疑问地认为这是好事。他们认为这种权威性只属于上帝的代表，认为我们的学院和大学一旦停止作为宗教机构时，它们也就丧失了索要这种权威性的权利。他们认为，尤其是承诺多元论并拒绝维护信仰的力量的世俗人文主义，不能为这种诉求提供合法的依据。他们深信，我们的学校应局限于学术研究和传递特殊的研究领域中的专业化知识，并且应该把人为什么而活的问题留给他人。他们认为，我们的学院和大学对应予以有组织的响应的主题拟出了长长的一串名录，但其中却没有这个问题，这反映出它们没有能力回答这个问题。

这个观点忽略的是可信地抗衡原教旨主义本身所具有的极端重要性——原教旨主义像宗教那样虔诚地对待人生意义问题，但是它开始探讨这个问题的前提，与所有受到宗教鼓舞的教学所依据的前提不同。因为没有一种在精神方面极端重要的原教旨主义的替代物（这种替代物能以同样严肃的态度最深切地关心人的灵魂，但拒绝承认每种宗教所要求的东西），由于不能对抗对结果提出质疑的人的挑战而维护自己，我们的教会变得较为软弱了。没有这样一种替代物，我们的整个文化在精神方面枯竭了，乃至关于终极关怀问题的辩论堕落成今天的样子——一场吵吵嚷嚷的比赛，其特点是疑虑重重、缺乏理解力。有些人希望在思考其人生意义时能得到某种有组织的帮助，但他们出于某种原因拒绝教会提供这种帮助的权威性，但因为没有可以真正替代原教旨主义的东西，他们只能尽自己所能地冥思苦想这个问题。世俗人文主义不能令人信服地抗衡原教旨主义，于是我们的精神世界就黯然失色并私人化了。它变得更浅薄，也不去寻根究底。我们所有人都感兴趣的一个问题（人类的共同兴趣），被迫返回到所有人的私生活的王国中，但接受了宗教指导他们考察这个问题的权威性的人除外。

人文学科对现代研究理念的接受，由此而产生的窘迫和焦虑，围绕着一组在政治上有吸引力但在智慧方面是极具破坏性的观念组织起来的关于自觉性的新意义所进行的悲观失望的研究,使这些学科处于万劫不复中,而且不能清楚地认识自己对高等教育作出的贡献。它们曾经拥有的自信心已破灭,它们作为世俗人文主义传统的守护人所曾经发挥的权威作用也被破坏,正是这种权威性在美国大学兴起后的一个世纪内使人文学科能够继续(在较为多元论的和怀疑论的意义上)提供人生意义教学的较为古老的传统。

对于这些学科本身而言,结果是悲惨的。但对于更广泛的文化而言,后果则更糟,这种文化被剥夺了可在其中谋求人生意义教学的强大的、独立的中心,它们不具备有组织的替代物去代替宗教的原教旨主义。今天,复兴人文学科在我们的学院和大学中的权威地位,不仅对于那些在这个领域中从教的人,不仅对于高等教育,而且对于整个文化(其精神颤动是受人文学科的自毁所累),都是具有极端重要性的一件事。我们的文化若要强大,人文学科就必须强大。必须重申世俗人文主义的传统。必须恢复人为什么而活问题在我们的学院和大学中的尊贵地位。人文学科教师指导其学生回答这个问题的权威性,必须重新得到肯定,尤其要得到这些教师本人的重新肯定。

第五章 科学时代的精神

自然科学的权威性在今天是天下无敌的,它们的知识基础是稳固的。在自然科学领域中工作的教师和学生都知道自己在做些什么,也知道为什么做这些事情是很重要的。大部分社会科学家对自己工作的价值,与他们有相似的感觉。他们也深信自己的工作在知识方面具有完整性并在实践方面具有重要性。这种状况在经济学中尤为清晰,经济学是社会科学中最严密的一门学科,所有其他学科现在都运用它来测评自己的成就。因此,在我们今天的学院和大学中,自然科学和社会科学中盛行的基调是一种强劲的自尊基调。然而方法和目的方面的分歧确实时时破坏着这些领域,即使在像物理学这样的学科中,在关于学科发展方向的问题上也会周而复始地出现不确定性。① 但是这样的纷扰并未颠覆或挑战这些领域中的人所秉持的坚定不移的自信心,这些领域中的人几乎全都深信自己正在对确定无疑的和有价值的目标做出有意义的贡献,即为加深我们关于自然界和社会界的结构的集体知识并为改善人的条件而实际应用这一知识做出有意义的贡献。对于从事自然科学和社会科学的教师和学生而言,这种更深切的自信心是专业生活的一种事实。他们感到这是理所当然的。他们率真地认为,关于方向问题的方法论的争吵或辩论可以是尚未解决的;他们还坚定地认为,自己正在为高等教育工作做出有价值的贡献,并

---

① Dennis Overbye, "Science Panel Report Says Physics in U. S. Faces Crisis", *New York Times*, April 30, 2006.

感到自己能稳稳当当地获得受到学术尊重的权利和分享自己所在学校给予的金钱和荣誉。

人文学科中的基调恰恰相反,在那里充满着不安全感和疑虑。关于目标"危机"的谈论(失去方向,没有目标,丧失勇气,传统崩溃),从20世纪60年代以来就一直在这些学科中流传,至今仍未衰退。① 这些谈论所反映出的自信缺乏,依然是渗透在从事人文学科的教师和学生的专业经验中的事实。对于那些一知半解地认识这一状况的人而言,这样的疑虑可能似乎是没有根据的。毕竟人文学科的价值一再地被学院和大学校长们肯定,并且在课程委员会审查本校的教学计划时也在形式上被承认,就像最近耶鲁所做的那样。② 仍然设置人文学科教学班。人文学科各系仍在继续聘任教师。没有人号召取消它们。在表面上它们的地位显得与自然科学和社会科学的地位一样稳固。但现实是人文学科的教师与他们在其他领域中的同事们不一样,他们并不清楚自己为高等教育所做的贡献,而且对自己的贡献也缺乏自信。他们对自己所做工作的独特性和价值缺乏振奋感和集体感。与50年前不一样,他们今天对自己工作的价值缺乏轻松的、悠闲的自信心,而这种自信心曾经是所有各类科学家所共有的。那些从事自然科学和社会科学的人士对人文学科常常表现出一种因袭的尊重,然而他们的真实态度却往往是对这些学科感到困惑甚至蔑视,人文学科的激昂的政治正确性,使其在那些重视处于现代研究理念核心的客观性和

---

① See e.g., Pauline Yu, "Comparative Literature in Question", *Daedalus*, March 22, 2006, 38; Stanley N. Katz, "Liberal Education on the Ropes", *The Chronicle of Higher Education*, April 1, 2005, 6; Richard Byrne, "A Crisis in Academic Publishing Gives Way to a Crisis in the Humanities", *The Chronicle of Higher Education*, January 15, 2005; Lindsay Waters, "Bonfire of the Humanities", *The Village Voice*, September 7, 2004, 46.

② Yale University, *Report on Yale College Education*, 2003, www.yale.edu/yce/report/(accessed August 17, 2006). See also, e.g., Lawrence H. Summers, "Remarks at the 20th Anniversary of the Humanities Center," Harvard University, October 10, 2004, http://www.president.harvard.edu/speeches/summers/2004/humanities.html (accessed August 18, 2006); "一代又一代地加强……对人文学科的研究,作为一所大学,我们没有比肯定这一点更为重要的义务。"*Report of the Presidential Humanities Commission*: *Executive Summary*, University of California, www.ucop.edu/reseach/news/uchcexecsumm.pdf (accessed August 18, 2006): "不能为人文学科创造丰富的、多层面的环境的大学,就不可能是真正伟大的大学。"

非人格性规范以及发现的协调性和增值性的人的眼中,显得更加可笑。今天的人文学科处于学术权威和威望层级的底层。

正如我试图证明的那样,这种状况部分地是学校内部发展的结果。这是人文学科自毁式地接受研究理念以及甚至更具破坏性的政治正确性文化所造成的后果,在过去的 50 年内它们牢牢地抓住了这些学科。但这也是高等教育外部的世界发展所造成的结果,这种发展以平行的和互补的方式降低了人文学科的权威性并质疑人文学科的价值。

其中最重要的是科学在这个世界上所普遍具有的巨大威望。

科学在今天是我们的生活中最伟大的权威者——比任何政治或宗教理念,比任何文化传统,比任何法律体系都要伟大。我们只能依靠科学、服从科学,舍此则一事无成。政治、文化、宗教和法律,在生活的所有这些领域中,关于真理性和合法性的不同概念相互争奇斗艳。这些领域都不能像科学领域那样以超脱的精神接受关于真理性和客观性的观念。今天我们对这些观念的意蕴的理解,是它们在科学中的意义所起的作用。科学的真理性和客观性设置了标准,用这个标准去衡量它们在其他领域中的有限的适用性。许多东西要求我们付出尊重和忠诚。但是在世界上现在没有任何东西像科学那样坚持得到我们的尊重和忠诚。科学的卓越威望是我们时代的核心事实,在我们的学院和大学中人文学科威望的江河日下,部分地是科学在校园之外所赢得的权威性的后果。

实际上科学的权威性始于(虽然是无止境的)技术。① 我们今天的生活空前地受到技术力量的制约,其中的大部分我们都是不假思索地、心甘情愿地予以接受的,在任何情况下它们都已成为我们生活中不可回避的事实。事实上人的生活的每一个方面,现在都是由技术塑造的,我们对技术的依赖和服从,在人生经验的最深刻的,也是最不明

---

① 关于技术的讨论,要感谢马丁·海德格尔对这个主题的探讨。See Martin Heidegger, *The Question Concerning Technology*, trans. William Lovitt (New York: Harper and Row, 1977)。

晰的层次上灌输着对科学的尊重。今天我们生活在一大堆精巧的小装置的包围之中,至少在这个发达的世界中,即使是中等富裕的人的生活也无可奈何地要依赖它们。烹饪器具和其他用具改变了家务劳动的性质;电话使我们能与世界上任何地方的人立即取得联系;火车、飞机和汽车消除了曾经把人们和地方分隔开来的实际的和估算的距离,并把旅行的危险转化成不方便而已;电视源源不断地即时播出关于我们这个宇宙的各种事件的图像;计算机简化并加速了无数的任务,把一个大于现实世界本身的信息世界置于我们的手指尖上;在所有这些之外,在各种小装置之外,还有了不起的互相连接的工厂网络和管线网,它们能产生驱动所有这些设备的能量。

如果我们对其中的大部分不再感到惊讶并已习以为常,这是因为它们已成为我们的物质文明的非常熟悉的要素,我们几乎察觉不到它们的存在。但是我们生活于其中的技术,现在对我们是不可或缺的。我们对它们的依赖与日俱增。倘若没有了它们,我们的日常生活将是无法想象的。我们对技术的接受与日俱进,我们对技术力量的服从也与时俱进。当我们思考未来时,我们所能想到的全是(不包括巨大得足以摧毁世界的天灾人祸)技术力量本身的进一步扩张。我们所能想象到的一切是更大的技术含量:新的和更好的设备,使我们能以最快的速度和最低的成本做我们想做的事情。对今天的我们而言,这仅仅是可以设想的未来,我们接受它,既是因为我们希望这样,也是因为我们相信这是合情合理的。

技术是一种工具,我们现在所依赖的无数设备,本质上只不过是工具的累积。每件工具都是提高我们达到某个目的或完成某个任务的能力的手段。在这一方面,我们的现代技术与早先的、较原始的工具毫无二致。但是它们的大得多的力量构成本质上的差异,而不仅仅是程度上的差异。这种强大的力量把它们区分开来并催生了以前做梦也想不到的抱负。

现代的技术工具使我们的能力呈指数般增长。它们使我们有能力控制人类从前从未能够操控过的东西。它们使我们能够扩大或者避免以前的世世代代作为自己的命运接受的极限。今天,我们可以用炉子和空调装置控制我们室内的温度。我们可以通过激光外科手术来矫正我们的视力。我们可以安装心脏起搏器和进行化疗来延长我们的生命。像飞机、电话、照相机之类的给我们的日常生活带来便利的设备,使我们有可能克服时间和空间的一度确定了的范围。它们使这些限制不再能阻碍我们去我们想去的地方,不再阻碍我们与我们想与之交谈的人的谈话,而且能使过去的情景逼真地出现在眼前。现代技术空前地扩展了人类行动的范围,与此同时每一步都极其清晰地揭示隐藏在作为一个整体的技术体系背后的抱负,这个抱负就是清除任何阻止我们去做我们想做的事情的障碍。

即使最热忱的技术崇拜者似乎也不认为我们能够达到这个目标。某些限制总是会保留着的。我们的行为总会受到某种类型的钳制。尽管我们的没有局限的生活目标永远不能达到,但是这依然是技术竭力想达到的目标。使技术具有意义和价值是其指导性目标。技术进步具有意义和价值是因为它带领我们沿着这个方向前行,从技术的观点来看,在特定时刻限制我们生活自由的局限,限制我们自由地去做想做的事情的局限,只不过是一种挑战,激励我们通过新的、更好的技术去征服这些局限。

在这个意义上技术是一种反宿命论的力量,而且是这个世界上最强大的一种力量。它把自己的目标界定为把命运改变为自由,即把我们必须接受的东西改变为我们的能力允许我们接受的东西,或者变成根据我们的选择而不接受的东西。技术的目标是完成这种转变。这不是我们所能达到的目标。尽管如此,这依然是一个有意义的目标,因为我们能随着时间的推移而越来越接近这个目标。技术的目标及其意义,就隐藏在对这个有意义的、虽然是达不到的目标的追求中。

我们对技术的依赖以及它在我们的日常生活中所拥有的权威性,是这个目标对我们所具有的深切魅力的结果。因为推开命运边界的欲望,是我们的最古老的欲望之一,彻底清除这些边界的幻想,也是我们最古老的梦想之一。虽然这个愿望本身是原始的,然而现代技术所能提供的满足这个愿望的机会完全是独一无二的。技术使我们完全有理由越来越不能容忍阻挠我们实现这个愿望的任何东西。技术的承诺是:我们现在能够有史以来第一次充满自信地规划朝着人类的古老梦想稳步前进,这个梦想就是要摆脱看不到进步的终点的命运的羁绊,实现完美的自由。每天出现的新发明使这个承诺变得可靠。它们证实了我们至少是从一开始就处于在做我们想做的事情的位置上。它们承诺把我们从束缚我们的抱负的命运的牢笼中解脱出来。技术今天在我们生活中的权威性,就像控制目标的实现的古老愿望一样深刻。我们不能想象没有技术的生活,也不希望有这样的生活,这比它的权威性迹象更重要。这本身就是一种权威性。

技术的权威性扩展并返回到隐藏在它背后的科学。虽然并不是再以我们注意到的那种方式。我们中很少有人懂得有多少科学作为我们日常所采用的技术的基础。我们根本就不懂得这一点。在这个意义上我们生活在我们所依赖的设施的包围之中,而我们并不懂得这些设施的操作原理。但是我们也知道,在某处有某人懂得每种设施是如何工作的,虽然每件设施对你或我或我认识的任何人可能都是理解不了的,然而人类的智慧是能够理解它们的。[①] 我们同样也知道,这种理解是建立在关于这个世界是如何工作的知识的基础上,建立在关于世界的结构和规律的知识的基础上,而且关于世界的这类知识使人类有可能创造我们日常生活中所使用的技术设施。我们还知道,这些技术能正常运作仅仅是因为技术所依赖的科学知识是精准的和正确的。因此,我们承认其实际功效的技术就证实了对技术所起源的世界的理论认识。它们证实了科学的正确性。技术是从科学真理中衍生出来的并给予我们接受科学真理的理由。技术在我们的生活中所拥有的权威性贯穿我们的全部生活,又回流到科学,我们通过科学发现所产生的技术的功效,反过来证实了科学的真理。

---

① Max Weber, "Science as a Vocation", in *From Max Weber*, ed. H. Gerth and C. W. Mills (New York:Oxford University Press, 1946), 139.

说到"科学"一词时,我脑海中首先并最清晰地出现的是从 16 至 17 世纪的知识革命中脱颖而出的现代自然科学。当代自然科学起源于始自哥白尼(Copernicus)、终于牛顿的这场知识革命中形成的方法和理念。他们是中世纪和现代初期的两位重要先驱,虽然后来的思想家们对他们的观点作出了重大的修正。正是在这两位思想家的最著名的著作发表后 150 年内,自然科学呈现了它现在所具有的形式,获得了现在所具有的权威性。①

许多因素促成了这种发展。某些是概念性的,诸如新的运动理论替代了旧的、亚里士多德关于自然位置的思想并为笛卡儿主义的以及后来的牛顿的力学开辟了途径。② 新的观察工具的发明也发挥了作用。望远镜的使用使得对天空的研究不再受限制,不必再像从前那样用"裸"眼去观察。使用计时器,就能以前所未有的精度测算运动周期和变化速率。③ 数学技术的发展使加速度之类的基本概念得以公式化,并允许创造用抽象公式表达的一个统一的世界图景,这也是一个极其重要的贡献。④

重要性的另一个要素是实验方法的精细化。这是使理论与观察密切结合的一种独特的富有成效的技术。⑤ 一项实验就是一种根据人的假设形成的有控制的经验,以离析它的某些特征。实验的目的是扩展我们推论已有经验的能力。如果我们必须有什么经验就接受什么经验,就像"一次清算的总额"那样不能分离和独立细察其元素,因此

---

① See E. J. Dijksterhuis, *The Mechanization of the World Picture* (London: Oxford University Press, 1961).

② Edward Casey, *The Fate of Place: A Philosophical History* (Berkeley: University of California Press, 1997).

③ See David S. Landes, *Revolution in Time* (Cambridge, Mass.: Harvard University Press, 1983). 参见望远镜和伽利略的工作。

④ Otto Toeplitz, *The Calculus: A Genetic Approach*, trans. Luise Lange (Chicago: University of Chicago Press, 1963); Alfred W. Crosby, *The Measure of Reality: Quantification and Western Society, 1250—1600* (New York: Cambridge University Press, 1997).

⑤ See generally Hans Reichenbach, *The Rise of Scientific Philosophy* (Berkeley: University of California Press, 1956); M. B. Foster, "The Christian Doctrine of Creation and the Rise of Modern Natural Science", *Mind* vol. 43 (October 1934): 446—468; M. B. Foster, "Christian Theology and Modern Science of Natural", *Mind* vol. 45 (January 1936): 1—27.

也就不能分开评估它的因果关系,我们推论它们的能力也就严重地受到遏制。实验方法是一种使我们的推理能力摆脱束缚的技术,从束缚的意义上而言,实验是另一种范围的设定,当给定的实验机制相同时,推论抽象的正当性是以实验本身为对照的。

当推理摆脱对给定的经验性结果的依赖,并同时创造一种手段,以新的一套人为确定的事实为依托,采用系统的方式来检验我们的理论时,实验方法使无止境地走向完美地理解自然界的思想,显得空前地合情合理。这使科学家可以踌躇满志地接受这一思想,把它作为自己的奋斗目标。实验方法使科学家能够尽可能地以高度的抽象,用理性的措辞重新描述世界,并且同时证明他们对世界的描述准确地刻画了世界的真实面貌,也就是说使科学家能够保证数学的和经验主义的真理的融合,即现实世界的数学化,从那时起就是全部科学知识的标志。

于是,通过一种操作方法得到了用数学语言表达的现代科学真理,这种操作方法允许我们既利用我们的经验又超脱我们的经验,即当我们摆脱所有的经验对我们的思考能力的束缚时采用实验来证实我们的所思所想。这些科学真理是我们对这个世界进行智慧操作的产物,使我们能够建构实际操作它的工具。它们为我们提供了提高实际控制能力所需的知识,许多人从这些能力的扩展中看到了科学本身的动因和目标。

例如,弗朗西斯·培根的一个有名的发现就是,我们是为了获得力量而追求知识,即知识就是力量。① 这句名言中包含着重要的真理。我们想知道这个世界是如何运作的,这是因为我们想知道如何使这个世界如我们所愿地运作,现代科学置于我们手中的伟大的技术力量,不仅仅证实了科学的真理,而且还提供了谋求把科学真理置于首位的主要动机之一。但是培根的名言没有考虑到某些重要的方面。它是正确的,但仅仅是一半正确。现代科学大大提高了我们的实际控制能

---

① *The Great Instauration*, in *The Works of Francis Bacon*, ed. J. A. Spedding, R. L. Ellis, and D. D. Heath (London: Longman, 1858), 4: 32.

力和享有其权威性,这部分地是因为科学发现为这种能力打下了基础,它的权威性还有另一个来源。科学今天之所以能享有权威性不仅仅是因为来源于科学的发明以及来源于满足我们的控制欲的能力的实用性的发明,还因为它比我们所拥有的其他任何知识形式更能充分地满足我们的第二个基本欲望——认识的欲望。

我们想知道这个世界是如何运作的,仅仅是为了这些知识本身,与这些知识所衍生的任何实际利益无关。认识的欲望是一种独特的、只有人才有的欲望。它与控制的欲望不是一回事。但它也是同样地古老和深刻,现代科学的权威性不仅仅是它放在我们手中的实际力量所起的作用,它还是满足我们认识世界的欲望的能力所起的作用,而且仅仅是为了这种认识所能提供的愉悦。

亚里士多德在《形而上学》中以实事求是的方式开宗明义地指出:"求知是人类的本性。"[①]他把我们从这一欲望的满足中所得到的愉悦与视觉的愉悦进行了比较。他说,我们喜欢观赏,这不仅仅是因为这样做是有益的——因为必须通过观看来找出事物之间的许多差别,还因为观赏本身具有内在的愉悦。根据亚里士多德的观点,从认识世界中获得的愉悦也是这种情况。

也可以说许多动物对世界感到"惊奇"——众所周知猫就是这样。但是除人类之外,动物的好奇仅限于事物的表面。是否有只老鼠在椅子背后?或者是否有只鸟在花园里唱歌?人们也对这类事情感到好奇,但是唯有人类还对其他某些事感到好奇。他们对隐藏在表面之下的世界的组织结构感到好奇。我们想知道的不仅仅是某些东西在哪里(树林中是否有头鹿?),还想知道为什么(为什么这头鹿在此时而不是在其他时间出现在这里?)后者是人的好奇心所特有的,人谋求知道事情的原因或原理。[②] 而当有关原因和理由的知识能实际应用时,亚里士多德说,拥有此类知识就是真正的奖励。在动物中间,唯有我们被鼓励去探究世界的结构,也唯有我们把对这一探究所产生的理解

---

① Aristotle, *Metaphysics*, 980a 22.
② Aristotle, *Physics*, 192b ff.

体验为本身就是某种很愉快的事情。

如果如柏拉图和亚里士多德所言，我们对世界的探究是受到"好奇心"的刺激①，受到我们人类的好奇心的激励，我们想知道世界成为这个样子的原因和由来，我们的探究以快乐而告终，快乐也可以描述为一种惊讶——惊叹世界具有一种能解释它的结构，惊叹我们能够自己理解这种结构。② 因此，人对世界的研究既始于好奇，也终于好奇，产生研究行为的好奇，是一种为了享受而享受的状态，与令我们惊叹不已的发明物的功效无关，即与这些发明物有什么用处无关。

科学是我们为对世界的研究所起的一个名字。它肇始于无知以及想知道为什么事物是它们现在这个样子的欲望。它从惊讶开始，而惊讶在词典里的意思就是"满怀好奇"。科学的目标是用领悟取代愚昧，用理解取代迷惑。但是科学的目标并不是要使对世界的好奇心消失得无影无踪。科学并不谋求采取诸如吃饭、饮水那样的行为方式去扑灭好奇心，吃饭、饮水之类的行为能清除引起动机的饥饿和干渴状态。科学把我们的惊奇的性质从关于事物的惊奇转变为对事物的惊奇，转变为对事物结构的惊奇以及对我们自己抓住这一结构的能力的惊奇。

第一类惊奇的特点是不存在认识因素。认识因素能上升到对知识的求索。第二类惊奇的特点是存在认识因素，这正是惊奇的源泉。所以恰好可用存在另一类中缺失的东西来界定这一类惊奇。亚里士多德认为，这两类惊奇是相关的，全部发展过程的开始和结束总是相关的，开始的标志是缺乏并渴望获得结束所真正拥有的东西。③ 因此，每个这样的过程是一种完善，而不仅仅是两个不同状态之间的间隔。在这个意义上科学也是一种完善。因为科学开始于并终止于其中的这两类惊奇状态是相关的，就像渴望与成功、匮乏与拥有的关系一样，从一种状态向另一种状态的运动就是唯有人才拥有的潜力的实现，亚

---

① Plato, *Theaetetus*, 155d.
② See Jonathan Lear, *Love and Its Place in Nature: A Philosophical Interpretation of Freudian Psychoanalysis* (New York: Farrar, Straus and Giroux, 1990).
③ Aristotle, *Metaphysics*, 1032a ff.

里士多德说,潜力的实现给我们带来的快乐不同于它所衍生的有用的能力。

这个古老的、亚里士多德式的思维方式会对今天的科学具有现实意义,这似乎是不可思议的。毕竟16至17世纪的科学革命始于对亚里士多德的自然概念及其"圆满实现"和其他重要能力的批判,并且用一幅完全不同的世界图景替换亚里士多德的世界图景,在这幅新的世界图景中所有的原因都是机械的,并且可以用数学予以测算。更何况对亚里士多德而言,我们对世界的研究所得到的知识以及我们对世界的惊讶,臻于完善,存在于他称之为"作为存在的存在"的理解中和上帝的冥想中,即存在于形而上学和神学中。① 现代科学彻底摒弃了这一切,如同它否定了对亚里士多德的思想而言是很重要的假设一样,这个假设就是:世界具有一种人的智慧能够透彻理解的固定的和最终的结构。今天,我们知道科学是一种没有终点的过程,这个过程不存在能产生最终的和最优的知识的最终的界标。我们知道,科学是一种探究,它持续不断地、逐渐深入地探究世界的结构而不能穷尽对依然被询问的问题的研究。我们知道,科学是一系列可作废的发现,每个发现都注定被后来的发现所取代,就像经典力学被量子论所取代、孟德尔(Mendel)对遗传学的理解被分子生物学所替代一样。

这是我们的科学知识观念与亚里士多德的观念之间的基本区别。但是,亚里士多德断言,我们为了求知,尤其是为了知识所赋予的内在的满足而从知识中获得愉悦并追求知识,这个主张至今还像当时那样是正确的。科学的品性和内容各个时代是不一样的,但是认识世界的欲望任何时代都是一样的,在满足这个欲望中所得到的愉悦也是永驻的。

今天,在满足我们的认识欲望的能量方面,现代自然科学胜过人类的所有其他各种类型的(宗教的、哲学的、历史的和文学的)知识。从自然科学知识中流淌出巨大的力量,它们能空前地满足人的控制欲。除了自然科学知识在我们所有人都要依赖的现代技术的日益扩

---

① Aristotle, *Metaphysics*, 1072b ff.

大的武库中明显表现出的功效外,我们对世界的科学理解能掌控其在我们的文明中所享有的权威性,因为它比其他任何类型的知识都更能充分地满足我们认识的欲望。自然科学现在几乎垄断着奇迹。它们尤其拥有最巨大的力量,能在我们中间制造产生惊讶的条件,而惊讶是对世界的每次成功探究的结果。我们之所以遵从自然科学并赞叹它们是因为它们具有无与伦比的力量去制造这种条件,如果有时从对我们的认识欲望的满足中我们感受不到强烈的愉悦,这仅仅是因为从扩张我们的控制能力中所得到的愉悦感的强度几乎总是与它相上下。

我们深深地依赖现代技术体系,今天没人敢冒险甚至不敢想象脱离现代技术的各种各样能提高能力的小装置;我们承认,通过加深自然科学所提供的有关世界结构的知识,我们源源不断地从这个世界中榨出现代技术的奇迹;这些学科有能力甚至使毫无科学训练的人对世界的可理解性以及我们理解世界的能力产生惊奇感——曾经仅仅是其他形式的知识才能产生的一种经验;今天,所有这一切共同促成了自然科学及其实用产品在这个世界上的无与伦比的普遍权威性。自然科学依靠其有用的发现成果证实了自己。它们设置了标准,而其他形式的知识的可靠性和客观性必须用这个标准去衡量。它们使这个世界光辉灿烂并使它处于我们的控制之中。它们满足我们的控制欲和认识欲,它们能同时满足这两个欲望的力量是多么的强大,这种力量是自然科学在今天的世界中拥有独特的权威性的源泉。自然科学的权威性是我们时代的处于主导地位的权威性。

社会科学的情况也是如此,虽然具有较大的局限性。社会科学制造的知识当然不能通过实用的发明来证明自己,而且这种实用的发明不可能具有与自然科学的发现相同的无可置疑的功效。但是我们现在可以指望社会科学能客观地引导我们去解决范围更广的社会和政治问题,并能在更大的程度上依靠它们的方法和理念所允许的管理技术。

现代的政治社会不再通过治理国家的本领与个人忠诚的结合来进行管理,这种社会也不再是建立在常识和逸闻基础上。这些东西对于过去的政治社会可能是适当的。但是现代的民族国家的政治、司法和管理机器实际上触及人类生活的每一个方面,并以极其敏锐的、精细的方式进行大量的调节,它需要更系统的和非个人形式的知识。① 这部机器的大部分今天掌握在专家的手中,他们的权威性来自他们能够严密地、客观地认识制约政治家和行政官员工作的结构和系统的力量。确实,这些结构本身正是我们有时称之为"社会工程学"或"制度设计"的典型产品,是审慎地指向达到特定的功能目标的过程的产物,这一过程要由对达到这些目标所要求的手段的丝丝入扣的理解来引导,拥有并应用这种理解的专家们则指望社会科学能提供这样的手段。

每一个政治社会总是在某种程度上是一宗遗产,也是一种人工制品。在某种程度上它总是一件历史产品,也是一个自觉设计的机会。但是现代世界的政治社会,在整个人类历史上是绝无仅有的按照计划建构的人工制品。它们是由专家依据系统的和非个人的知识(依据作为政治家的智慧的对立面的社会科学)作出的决策的产物,为了进行管理还要求专家们持之以恒地应用这样的知识去应对社会生活和政治生活的挑战。

生活在这样的社会中的人,能直觉地理解这个条件。他们知道,其社会组织依赖一种管理专家的专门技能,这种专门技能能够相当可靠地对那些负责保养这部复杂的社会生活机器的人进行他们所需要的指导。他们也自信地,虽然并不总是清晰地懂得,这种专门技能是社会科学的产物,社会科学终于以这种方式拥有了强大的权威性。

社会科学的权威性以无数方式表现出来。例如,今天在许多国家中竞选出的官员依靠舆情监测策略来架构观点和研发战略,他们的选民依靠同样的策略来判断党政官员的业绩。监狱达到惩罚犯罪目的

---

① 典型的表述,see, Bruce A. Ackerman, *Reconstructing American Law* (Cambridge, mass.: Harvard University Press, 1984)。

的效率,以及其他防止犯罪的方法的相关功效;批准能找到安全和速度之间最理想的平衡的新药的过程设计;创建维持渔业的规划;在不同的保健体系中作出选择;设置汽车限速和交通灯的位置和定时;社会安全的改革;财产权的详细定义——现代社会所面对的所有这些和其他川流不息的问题,是今天专家们辩论的问题,他们把社会科学看成是用来进行教导和指示的。[1]

　　社会科学并不总是能决定性地平息这样的辩论。在价值和观点方面难以调和的差异往往依然保留。但是社会科学所提供的知识对于所涉问题的陈述,以及对不同的专家提出的解决方案的评估发挥着至关重要的作用。要在一个不断扩张的、现代的行政管理政权所负责的任务领域内思考任何问题,确实是越来越困难了,现在不再期待社会科学能对这些问题的解决作出什么贡献。在许多情况下,不依靠社会科学提供的对人类社会的丝丝入扣的理解,我们甚至再也不能去评述这些问题,或者再也不能去设想解决这些问题的手段。

　　这种状况在经济学的案例中尤为清晰。经济学学科对现代公共生活所起的作用比其他任何社会科学学科都大。立法者、管理者甚至法官,今天都例行公事般地采用经济学的词汇和方法来架构他们遇到的问题和他们提出的解决问题的方案。[2] 今天在某些管理领域中,若要用其他任何观点去解决问题,则几乎是不可想象的,然而用经济学的词汇来表述问题是不足为奇的。可以毫不夸张地说,经济学今天就

---

[1] See, e.g., Mark R. Levy, "Polling and the Presidential Election", *Annals of the American Academy of Political and Social Science* 472 (March 1984): 85—96; John J. Dohonue Ⅲ and Peter Siegelman, "Allocating Resources Among Prisons and Social Programs in the Battle Against Crime", *Journal of Legal Studies* 27 (January 1998): 1—43; David J. Spiegelhalter et al., "Probabilistic Expert Systems and Graphical Modelling: A Case Study in Drug Safety", *Philosophical Transactions: Physical Science and Engineering* 337 (December 15, 1991): 387—405; W. Michael Hanemann and Ivar E. Strand, "Natural Resource Damage Assessment: Economic Implications for Fisheries Management", *The American Journal of Agricultural Economics* 75 (December 1993): 1188—1193; Dana B. Kamerud, "Benefits and Costs of the 55 m.p.h. Speed Limit: New Estimates and Their Implications", *Journal of Policy Analysis and Management* 7 (Winter 1988): 341—352; James J. Anton and Dennis A. Yao, "The Sale of Ideas: Strategic Disclosure, Property Rights, and Contracting", *The Review of Economic Studies* 69 (July 2002): 513—551.

[2] See Richard A. Posner, *Economic Analysis of Law*, 3rd ed. (Boston: Little, Brown, 1986).

是管理科学和决策科学,为追求收益最大化(这正是期待决策者做的事)而对成本与利益进行的每次评估,是经济分析的一种形式,或者是根本没有章法的特别评估。

即使拥有现在社会科学交给我们支配的经济学的工具和政治权力,我们控制我们的社会、政治和经济环境的能力当然还是有限的。累进所得税是缓和财富悬殊的手段,但是出身依然对我们的谋生机遇造成了巨大的差别。政治家做得更多的是动辄就进行审查,但暗箱操作的事情还是屡见不鲜。虽然我们控制市场和适应市场的系统效应(例如,环境的衰退)的能力比以往任何时候都大得多,但市场本身在一些很重要的方面仍然是一股前所未有的、不可控制的力量,是一种命运,它以我们必须接受的方式来塑造我们的生活。

但是对于现代社会科学让我们采用的社会和政治控制技术而言情况并非如此,我们的生活会更深刻地、更决定性地由命运来决定,这不是我们中的任何人能够接受甚至想象的。因此,社会科学赋予我们力量,这种力量的基本意义与自然科学所提供的力量的意义是相同的。现代的通信、运输和医疗技术,全都是用于打破或至少是延伸命运设置的范围的手段,我们则以另一种方式被囚于命运设置的极限之中。现代经济和政治控制技术做的是同样的事情。它们的结果可能不那么引人注目,或者它们的能力可能不那么完美。但是它们朝着同一个方向施压。它们受到同样的抱负的激发。我们也是因为同样的原因而器重它们。我们器重它们是因为它们能满足我们摆脱以社会和经济形态出现的命运世界(我们出生的家庭的地位,市场的隐性的力量)的欲望,以及满足摆脱以纯粹的物质状态出现的命运世界(没有技术帮助,我们就不能与相距千里之遥的人交谈,或者身患糖尿病而存活)的欲望。

与自然科学一样,社会科学享有权威性还有另一个原因,那就是,它们使我们能够以空前的精确性和全面性认识我们居住在其中的社会世界,这种认识有充足的理由成为满意之源,而与它所衍生的实际能力完全不同。人类社会的性质和运作,当然早在18至19世纪现代社会科学兴起之前就已经是观察和分析的主题。哲学家、历史学家、政治家和从柏拉图到托克维尔(Tocqueville)等其他人,详尽地研究了这些主题。但是从事新的社会科学的人们拥有他们的前辈所缺乏的某种东西:一套使他们能首次用一种严密的方式研究这些古老的主题的方法,这套方法使他们能够系统地研究人类社会,并用定量的措辞表述其规律,这与新的自然科学二百年前就已找到的手段很相似。

这些新方法依靠大量关于人类动机的来源和特征的简化假设(关于作为经典力学基础的物体运动的简化假设的变式),并采用新技术来收集和分析关于社会中的人的行为的庞大的信息,而这些信息反过来又能架构社会行为的规律,并能在比逸事知识更可靠的某种信息的基础上检验这些规律。① 早期的哲学家和其他人撰写了关于社会性质和社会运作的著作,他们除了自己的关于社会世界的不系统的经验和自己对这个世界的个人判断之外,没有其他任何东西可以依据。新的社会科学的先驱者们却可以依靠调查和统计数据,他们的同时代的弟子们则可采用更先进的计量经济学的技术。社会科学采用这种方式就能够沿着与在自然科学中已很好确立的路线相似的路线改革对社会行为的研究。严密性、客观性、非人格性、依靠定量方法、架构可能与经验不一致的假设,所有这一切都是自然科学中的认识的标志,现在对人类事务的研究也破天荒地可以体现这些特点了。

期待社会科学达到自然科学的那种精确水平,可能是荒谬的。社会科学能采用实验方法的程度是较有限的,它们能采用的精密观察仪器也较少,它们所研究的人的行为所固有的目的性(这就引入了自然科学不会遇到的一类特殊的不确定性),所有这一切都限制了社会科学对精确性和客观性的追求。尽管存在这些局限性,社会科学仍从一开始就谋求尽可能地仿效自然科学,以前所未有的精确性界定社会行

---

① Theodore M. Porter, *The Rise of Statistical Thinking*, 1820—1900 (Princeton: Princeton University Press, 1986); Robin M. Williams, Jr., "Sociology in America: The Experience of Two Centuries", in *Social Science in America*, ed. Charles M. Bonjean et al. (Austin: University of Texas Press, 1976), 77—111; Harry Elmer Barnes and Howard Becker, *Social Thought from Lore to Science*, 3rd rev. ed., 2 vols. (New York: Dover Publications, 1961).

为的规律。这就把作为一个学科门类的社会科学与它们所继承的古老的、缺乏严密性的研究传统区分了开来,而且社会科学在实现自己的抱负方面取得了足够的成功,这个抱负就是要证明从一开始就把对人类社会的研究建立在科学的基础上的主张是正确的。

例如,如果把亚里士多德关于家务经济学的主要观点与艾尔弗雷德·马歇尔(Alfred Marshall)对农场经济的分析,或与一般均衡理论的当代模式相比较,如果把卢梭关于舆论作用的评论与最新的轮询技术(polling techniques)研究相对照,如果把麦迪逊(Madison)关于政治宗派的解释与最近关于结盟的原动力的讨论放在一起,都会让人得出这样一个结论:不管前者如何,后者都以更严密的态度对待前者的论题并把我们的认识从逸事和推测提高到知识的更深刻的形式。① 由此得出一个结论:我们正越来越接近客观地认识社会世界实际上是如何运作的。要反对这个结论是很难的。即使这种认识在其严密性方面从来就不能与我们关于自然世界的知识相匹敌,但它满足了(而且这样的满足是完全可以实现的)我们纯粹是为了认识本身的愉悦而去认识人类社会机制的欲望。

今天自然科学空前地满足了我们的认识欲望。但社会科学在其中也占有一定的份额,就像在创造现代技术体系中它们占有一定份额一样,这就使我们拥有了无穷的力量去控制我们的社会环境和自然环境。从它们对我们的认识欲望和控制欲望的双重满足中,社会科学赢得了它们今天所享有的崇高的威望,就像自然科学从这两个相同的源泉中赢得更大的威望一样。

---

① Aristotle, *Politics*, trans. T. A. Sinclair (New York: Penguin Book, 1981), 1253a—1274a; Alfred Marshall, *Principles of Economics* (New York: Macmillan, 1961); Jean-Jacques Rousseau *The Social Contract and Discourses*, trans. G. D. H. Cole (New York: Dutton, 1950), 102—109; John Zaller and Stanley Feldman, "A Simple Theory of the Survey Response: Answering Questions Versus Revealing Preferences", *American Journal of Political Science* 36 (August 1992): 579—616; James Madison, "Federalist #10", in Alexander Hamilton et al., *The Federalist Papers* (New York: New American Library, 1961), 77—84; Carol Mershon, *The Costs of Coalition* (Palo Alto: Stanford University Press, 2002).

自然科学和社会科学在校园之外受到重视是因为它们所产生的力量和所提供的知识。这自然就使我们特别重视能导出这种能力和知识的学术研究领域。但即使是这样也不足以表现科学在我们的学院和大学之外的地位与它们在校园之内的地位之间的联系有多么密切。当被看作学科,看作教学科目和研究领域时,自然科学和社会科学就属于实践和信念的更大的系统,这个系统将其科学的显性性状赋予我们的作为一个整体的世界。它们不从外面支持这个系统,而是依附于它。它们是这个系统的一部分。它们是这个系统内的结点。因此,自然科学和社会科学今天在高等教育领域内所享有的威望,是科学和它的产物在我们的普遍文明中所享有的至高权威性的局部表现。

人文学科则相反,它们没有分享这一权威性。它们不是科学系统的一部分,对这一系统没有作出贡献。它们既不增强这一系统的实际力量,也不参与它在知识方面的进步。因此它们也就与今天这个世界上权威性的最强大的源泉一刀两断了。

组成人文学科的各门学科,当然以各种不同的方式与高等教育领域之外的活动和机构相联系。它们非常直接地与"文化"领域相联系——与博物馆、电影院、管弦乐队和出版社相联系。许多人在这个领域内谋生,这个领域中的产品是大多数人的生活中一个熟悉的、有价值的部分。我们欣赏文化作品,没有它们我们就会萎靡不振。但是不管它们带来多大的愉悦和满足,文化世界缺乏今天唯有科学才拥有的这种权威性。

科学的技术产品以决定性的方式影响着我们并朝着一个共同的方向改变着我们的生活。在这个意义上技术是一种凝聚力。即使它拓展了我们的选择能力,但它还是使我们的生活变得更相似。它越来越全面地把我们引入一个分享经验、习惯和期望的共同体中。隐藏在技术背后的科学也是一种凝聚力。科学的真理是我们每个人都必须承认的,我们对科学真理的承认稳步地、不可抗拒地把我们推向一个分享信念的共同体中,这个共同体超越了观点和意见的所有其他差异。

文化则相反,它既不是同一的,也不是渐进的。它往往更趋向于是一种离散力而不是凝聚力。它按趣味和传统把我们分开,不管文化产品多么有意义,不管它提供的享受有多大,我们还是常常很难接受以下这个观点:某些文化客体或活动以决定性的方式揭示了关于世界的普遍的、无可争辩的真理。然而对于新的科学发现,我们却能轻易地、不假思索地接受与上述类似的观点。在这个意义上而言,文化缺乏科学所拥有的权威性,人文学科也缺乏这样的权威性,人文学科是属于文化领域的学术科目,它以自然科学和社会科学在科学领域内形成结点的方式在文化领域内形成结点。科学的令人惊叹的成就,科学的龙腾虎跃的能量和能发号施令的发明,以及科学本身的权威性,几乎与人文学科毫无瓜葛。我们不必为了技术而需要人文学科。人文学科不能像自然科学和社会科学那样非常明确地、果断地满足我们的认识欲望。既然如此,我们要人文学科有什么用呢?人文学科的目标和价值又是什么呢?

　　答案就是,我们需要人文学科去满足我们时代的植根于科学本身的霸权主义中的更深层次的精神期盼。在我们的文明及其巨大的控制力的中心,是科学所创造的然而却无力填补的一个空洞。这是许多人都能感觉到的一个空洞,也是引起许多烦恼和渴望的原因。它是激扬宗教情感的温床,是使原教旨主义者信仰泛滥的温床,这是今天在美国和全世界的生活中的一个惊人的特点。这样的渴望被我们许多学院和大学当作一种愚钝的蒙昧主义而错误地忽略了,而人文学科对此作出了最好的响应。我们对人文学科的需要就像我们的无穷的力量遗赠给我们的精神空洞一样大。一旦这种需要被说出来并被承认,人文学科就将被看成是我们作出响应所需要的智慧的最持久的源泉。它们的目标将再次变得清晰,它们的权威将形成一种专利。它们对高等教育所作贡献的性质和价值将再次变得透明。恢复人生意义问题在我们的学院和大学中的尊贵地位以及重申世俗人文主义的道路也将畅通起来。

　　我们文明的精神空洞根源于技术之中,我们庆贺这种技术所取得的成就,现在我们所有的人都依赖这种技术的力量。

技术放宽或取消对我们能力的现有限制。这一过程本身是没有极限的。向前迈出的每一步确实只不过是对走向未来的诱导。这可以称作技术"命令"。我们的能力越大,我们就越清醒地意识到我们的能力所受到的限制,我们也就越渴望征服局限。如果飞机飞得很快,我们就希望它飞得更快。如果药很起作用,我们就希望药效更好。结果就是技术进步的过程从不止步。这个过程的终点或许有可能达到,它或许能把我们的能力拓展成万能的,或许能消灭我们的有限性。这样的终点当然是不可能达到的。但是它起着一种规制性理想(regulative ideal)的作用,依托它可测得所有的技术进步,从这一观点出发也可把它看作是一种进步。

但是存在着一个问题,即追求一个达不到的目标是无所作为的。这个问题产生于这样一个事实,即我们的能力只有在人的有生之年的范围内对我们才是有意义的。它们的价值和意义受到我们寿命的限制。不管其价值和意义有多大,我们的能力具有意义仅仅是因为它们并非是无限的,因为我们并非是绝对强大的,因为我们是有限的生命,我们对这些能力的拥有和实施要服从于某些有束缚力的限制。死亡是没有一个人能够逃避的命运,虽然技术使我们能够延长生命,并且对我们如何死和何时死行使着更大的控制力。但是仅仅因为我们是凡人,我们所拥有的能力才对我们是有价值的,运用这些能力也才是有意义的。①

如果我们能永生,我们的能力不管有多大也是没有意义的。只有在我们的寿限之内,在一个凡人的生存期限内,能力对我们才是重要的。我们有的时候设想(或者认为我们在设想),我们希望在我们的无限的生命中拥有无穷的能力。这是一种幻想,这种幻想总是偷偷摸摸地潜入我们想象中的此类生存的画面中,我们绝不可能回避人的必死

---

① Bernard Williams, "The Makropulos Case: Reflection on the Tedium of Immortality", in *Problems of the Self: Philosophical Papers 1956—1972* (Cambridge: Cambridge University Press, 1973). 我对这个主题的思考,受到海德格尔的《存在与时间》第46—53节的影响。

命运的某些基本特点。在现实中,长生不死的欲念对我们而言是不能想象的。这只能是一种空洞的、不切实际的观念。我们所知道的一切和所能想象的一切就是寿命,它为我们的思考架构最宽阔的视界并确定命运的框架,我们在这个框架内拥有并做每一件事情,包括我们的能力和我们对能力的运用,唯有这样对我们才是有意义的。

事实上我们以多种方式受到限制。例如,我们中没有一个人能随时保持清醒。技术帮助我们控制自己何时、在何处睡觉以及睡多长时间。但是没有一个人可以压根儿就不睡觉。睡觉所提供的休整对于生活本身这种令人疲惫的工作是至关重要的。没有一个人能够以私密的方式与多于限定数量的他人分享日常生活的常规。当我们与家人身处两地时技术帮助我们与家人保持接触,技术肯定也意义深远地改变着家庭生活方式。但是技术从来也不能使我们与其他的每个人建立家庭关系或友情。如果我们可能是永生的,并且假设其他人也是永生的,那么,通过从一个家庭和朋友圈轮换到另一个家庭和朋友圈中我们就可以做到这一点。在这个意义上可以更确切地说,我们的寿命不仅是我们的局限中最令人难忘的,而且是所有局限的条件或总和。

不言而喻,寿命是我们的天数,是我们的命数。它为我们做的事情设置一个范围。一方面,我们希望把设置的边界推向更远。我们总是希望能更多地掌控我们自己和这个世界,少依赖一些命运。我们似乎根本就不愿意认命。我们有一种控制欲,我们实际上达到的任何程度的控制都不能满足这个欲望。我们总是希望多多益善。更多的控制欲已镌刻进人的灵魂。但是另一方面,我们所拥有的全部能力的意义取决于它们在命运决定的范围内所处的地位,如果能力不处于一定的地位,能力的发挥则是无的放矢的。它们不是无的放矢仅仅是因为能力的发挥指向达到各种不同的目的,然而如果我们的生命本身是无限的,这些目的本身可能对我们而言是并不存在的。永生的生活,在目标这个词的严格的意义上说是没有目标的。我们有时思虑的对永生的期盼,并不是渴望一种最终可能实现我们的所有目标的生活,而是期盼一种没有任何目标负担的生存,然而怀有目标正是我们的人性的标志,因此期盼这种生存的就不再是人了。

因此,我们的状况在本质上是自相矛盾的。我们生存的特点是渴望清除能使我们所有的期盼具有意义的限制——如果真的最终实现了对限制的清除,那么这样的限制非但不能使我们的最深层次的抱负完美无缺,反而会根本铲除使我们怀有任何抱负的基础,因此也就会铲除拥有任何意义的生动的生活的基础。这就是人类的状态,其特点是我们必须接受命运的限制,我们既不能对此苟且,也不能没有它们。这就是关于我们是谁的真理。

对取消命运的期盼当然绝不可能实现。技术可以延长生命但不能驱逐死亡。因此限制总是存在的,限制是使我们的各种抱负充满意义的基础,其中包含对生活环境本身具有更大控制力的抱负。因此可能会认为技术是与关于我们的自相矛盾的性质的真理相容的。

但这在一个关键的方面是错误的。因为关于技术的最重要的东西不是技术做了什么,而是技术渴望做什么。技术的局限性确实总是存在的。但是从技术本身的立场出发,这样的局限性总归是一种侮辱,是要克服的某种东西。技术鼓励我们去相信(或思考我们所相信的),取消命运应该是我们的目标。这就贬低了人类生存的重大特点。它怂恿我们把限制看成是一种障碍、一种挑战,是必须清除的东西,它助长把任何限制作为一种彻底消极的事实置于处于一定的技术发展水平的控制能力之下的行为,这只不过是对人生目标和意义的妥协,而不能对它们的实现作出任何贡献。

技术阻止人们认为我们的有限性是使我们的生命富有意义的条件。技术使这种思想显得是倒退的、愚蠢的。它剥夺了这种思想的可理解性。它让我们忘记寿命与意义之间的联系。它使想起我们的局限性并对之作出反省的努力显得没有什么价值和不重要。它遮蔽能出现或可能出现上述努力的想象的空间。它使我们更难找到这个空间并在此空间中栖息,甚至使我们更难想起局限性的存在。技术作为期待和惊异的对象,压制的正是技术力量本身为获得意义而依赖的条件。

　　空前的控制力量是我们的文明的特点。对寿命这一事实的空前的压制也是它的一个特点,而这个特点也正是技术的后果。技术隐藏关于我们的真理(the truth about us)。它用半真理偷换全面的真理,半真理就是承认我们无穷的控制欲,但否认控制欲的意义所依赖的局限性的全部价值。它支持关于人性的局部知识并诱使我们认为这就是值得我们去认知的全部知识。它助长一类无知,这种无知不是针对一些琐细的事物的。技术所助长的无知是对我们自己的无知,而这正是我们想认识的最重要的东西。它助长的是一类最坏的、最麻烦的无知,是我们最迫不及待地想躲避的那类无知。恰恰正是这一类最坏的无知成为我们的文明的标志,这个文明拥有巨大的控制力,并系统地贬低人类生活的重大局限性——抛开这些局限性,我们生活中的任何东西,尤其是我们所拥有的全部能力,就绝不可能对我们有任何意义或价值。今天我们越来越生活在对人类状况的无知之中。

　　贬低这些局限性的价值是精神危机的根源,精神危机激发了受到鼓动的宗教运动,今天在美国和全世界其他地方这些宗教运动拥有大批的和越来越多的追随者。某些宗教运动宣扬和平,而另一些宗教运动则鼓吹战争。某些赞成教会与国家的分离,而有一些则憎恨这种分离。有些要求服从教会的领导,而另一些则强调拯救个人良心的力量。但是所有的宗教运动都谴责人的自大和傲慢。所有的宗教运动都坚持认为我们不能完全控制我们的生活,我们必须依靠我们之外的其他力量,坚持认为我们要服从我们永远都不能超越的限制,并且所有的宗教运动都呼吁在这些限制面前的人性。所有这些运动都从与文明的世俗道德(而它们的大部分追随者则大部分时间都舒适地栖息在这个文明中)的对立中,尤其是从与选择的道德(选择的道德把自由的拓展和做所选择的事情的能力的增长看成是卓越的、即使不是人所专有的善)的对立中赢得能量和导出诉求。与这个道德相对立的还有美国的原教旨主义者的新教教会(伊斯兰教的圣战主义者一翼)和罗马教皇提倡的道德,即谦恭和屈服的道德,默认我们的失控和感激涕零地接受上帝威力的道德,上帝的威力是我们所仰仗的并断然不敢愚蠢地将此威力归于我们自己。所有的宗教运动都谋求重新评价人的生命的极限,并把被我们看作是一种阻碍和只具有负面价值的某些东西转变为我们能够接受的东西,而且这些东西的存在是值得庆幸的而不是要予以抵制的。①

不同的宗教以不同的方式表达这一思想并铸就如此行事的不同传统。但是这个思想本身是由组成我们今天所目睹的宗教复兴的运动所共有的。这一思想使这些运动在利用技术文明所提供的力量的同时却在抵制我们的技术文明的道德。正是这一思想吸引着复兴运动的追随者,这些追随者越来越把技术所包含的对寿命的贬低体验为一种空虚,在这种空虚中这些力量本身就没有任何意义和价值。结果就是普遍的精神危机。今天提倡用谦恭和默认来代替自大和傲慢的宗教运动,是对这一危机作出的最明显的和最有影响的响应。它们的共同目标是恢复寿命的意义,从而恢复我们生活在生与死的命运框架内的生命的意义。

这些运动对我们这个时代的危机作出了一个共同的诊断。它们说,这是"上帝之死"的后果,是人篡夺上帝地位的后果,是人伸张自己有权利和力量去主宰自己的生活、成为自己命运的主人并且根本就不认命的后果。它们称此为现代世界的"不信神",并认为上帝之死是伴随着我们的人的力量的过度膨胀而来的意义丧失的根源。对于这种疾病(它们是这样认识此类危机的),这些运动全都提出了一个相同的治疗方案:恢复上帝的合法地位,使篡夺了上帝地位的人降级。它们的预言者们和鼓吹者们说,只有以这种方式才能克服现代性的精神危

---

① See Billy Graham, *Living in God's Love: The New York Crusade* (New York: G. P. Putnam's Sons, 2005), 82: "今晚去耶稣那里,并让他操控你的生活,清除你的罪孽。" Valerie J. Hoffman, "Muslim Fundamentalists: Psychosocial Profiles", In Martin R. Marty and R. Scott Appleby, eds., *Fundamentalisms Comprehended* (Chicago: University of Chicago Press, 1995), 199—230, 219: "描述在年轻的原教旨主义者穆斯林中的对安全的渴望……由于墨守法规者的一丝不苟以及对被看作是造物主的绝对权威的服从而得到满足。" Joseph Cardinal Ratzinger, *Turning Point for Europe*, trans. Brian McNeil (San Francisco: Ignatius Press, 1994)。

机。这就是今天的所有宗教运动(与军事行动和和平运动一样)为它们的追随者开出的处方所遵循的共同的思路,已有许多人做好了听从并遵循这一处方的准备。

尤其在我们的学院和大学中的世界主义的评论者们,倾向于困惑地或蔑视地考察这种处方。他们认为这是浅薄的和愚钝的。他们瞧不起那些提出和采纳这一处方的人。他们认为这些人是天真的,也可能是危险的。但是他们的自命不凡使他们不能抓住这些宗教运动所指向的意义危机的根源和程度,看不到自己也正陷入这一危机之中,而且是与精神渴望遭其嘲笑的那些人一起陷于这一危机之中。

正如这些运动的领袖们所理解的那样,这个危机的根源在于对寿命的贬低,这就为我们所生活的这个力量强大的但却是没有意义的时代作出了界定。与在我们的学院和大学中经常发生的肤浅的傲慢相对立的真正的理解,始于承认这个危机是现实的。但是对危机有另一种比这些运动提议的响应更好的响应。因为我们面对的危机不是上帝之死的结果。在其他的时代,尤其在古典主义的古代,正如这些运动所认为的那样,对上帝的爱(一种对个人的、出类拔萃的造物主上帝的爱,人们对上帝只有俯首帖耳地服从)是缺失的,然而在这样的时代,寿命与意义之间的联系是被承认的,这种承认的力度和清晰度却已被我们忘怀了。我们现在面对的精神危机不是上帝之死的后果,而是人之死的结果。这是忘记了我们自己的人性,忘记了我们是放纵的自我拆台的动物的矛盾的条件,这种动物的特点是力图获得无穷的力量,他们的追求仅仅在寿命的框架内才是有意义的,寿命现在使无数的男人和女人在自己的日常生活中感受到这个危机和空虚。

他们是宗教的热诚的新成员,对他们而言,号召铭记上帝就是这样的诉求。但是,不是上帝需要被铭记,而是人。只有重新想起人性才是对我们的技术力量所挥之不去的无意义的合适的响应。这就是需要予以恢复的对人的爱:这就是对有趣的、悲惨的、矛盾的人的爱,这种人渴望掌握他自己的命运,并在追求这个志向的过程中改变世界,但是正如索福克勒斯所言,对他们来说,死亡最终是要来临的——

这是从一开始就预见到的不可逃避的结局,它只赋予命定的但是宏伟的征服它的宣传以意义。① 不是贬低了我们的寿命并助长了人的健忘的技术的巧思奇想的产物,也不是顺从作为选项的宗教所提出的关于变成比我们自己更伟大的建议(另一种建议是成为具有无限强大的创造力的人,技术诱惑我们想象我们完全有理由希望成为这样的人),而是对人性的回忆、对人的爱的复苏、对人的条件的苦恼的、满怀深情的重申,这种条件是技术予以隐藏而宗教想让我们屈从的;这个,而且只有这个才真正有希望指向今天我们能在其中找到自己的精神危机。

为找到摆脱这种精神危机的出路,我们必须学习再次注意我们的寿命。我们必须学习对我们所做的和所思考的事情的意义作出评价,以及对我们人类的爱和劳动、抱负和失败的意义作出评价。我们以其他方式拙劣地需要的社会科学和自然科学,不能帮助我们做这些事。就这类认识而言,自然科学和社会科学是问题的一部分,而不是问题的解决。在这一点上我们必须向人文学科求助。因为人文学科记载着我们与寿命的遭遇,人文学科的共同主题正是技术使之失色的东西——命运的局限性,正是命运的局限性约束我们对控制的渴求以及思慕和受挫的凄楚,而这些欲求能使我们人的所有工作多姿多彩。

每个生命体都受到欲望的驱动。但是唯有人类才受到想成为与自己不同的人的欲望的驱动,人渴望通过绝对的知识、圆满的能力和完美的自我控制而凌驾于自己的条件。② 唯有人类才渴望躲避他们的自然条件的轨道,这种对超越的渴望成为我们的不可能实现的一部分。这种渴望及其不可避免的挫折,对超越的渴求和在其范围内产生这种渴求的人的命中注定的寿数;这就是我们的人性,而人性是地球

---

① Sophocles, *Antigone*, trans. Elizabeth Wyckoff (Chicago: University of Chicago Press, 1954), 170—171:"有许多奇迹,但是没有比人更奇怪的……他总是能帮助自己。他面对的不是无助的将来。只有死亡是他不能设法逃避的。"

② See Jonathan Lear, *Aristotle: The Desire to Understand* (Cambridge: Cambridge University Press, 1988).

上所有生物的本性所不具备的,它具有独特的焦虑性。

人文学科研究的正是这种本性。它们描述这种本性。它们思考人性的意义。它们考察人性并让我们注意人性。它们邀请(它们迫使)我们去直面关于我们自己的真理并帮助我们更透彻地理解规定着人的条件的渴望和挫折的支离破碎的条件。阿喀琉斯对荣誉和记忆以及对青年人的韶华如驶的反思;莎士比亚对爱的捍卫,他反抗被"时光涂脏"的权力;康德为把我们关于某些东西的知识置于一个无可争议的基础上(而其他知识则鞭长莫及)而奋斗;卡拉瓦乔(Caravaggio)的画作《以撒的牺牲》描绘摧毁所有的有理性的爱的困惑;以及无数诸如此类的人文主义的作品:它们的主题总是相同的。人始终是它们的主题,这样的人的人性总是渴望使自己变得更强大、更好。技术引起了对寿命的遗忘,把这个主题隐藏起来。只有总是把人作为主题的人文学科才能使它复活。只有它们才能复苏惊异,只有瞥见了人的条件的那些人才感受到了这种惊异,而我们的科学文明连同它的新发明和新发现,使这种惊异变得朦胧,其途径是通过产生另类的惊异使我们看不到我们的寿命并怂恿我们忘掉我们是谁。

技术所依赖的科学具有权威性,这是因为它能立即满足我们的控制欲和为了认识而认识的欲望。但是这种知识不仅是不完善的,因为它必然还处于自己发展的各个阶段之上;它还恰恰是很重要的一类疏忽的原因,这是因为它充分地满足了我们想更多地控制我们的环境的欲望。科学支持技术规则并怂恿贬低其所包含的寿命的价值。但是在这样做的时候,科学推动了对技术所欢迎的人性的遗忘。因此,正是因为它有力地满足了我们古老的控制欲,科学挫败了同样深切的认识我们自己的欲望。在认识的这个重要范围内,科学不能立即同时满足我们的两个最基本的欲望。科学能满足一个欲望,而使另一个欲望落空。它使我们的认识欲望落空,这是因为它对我们的控制欲的满足达到了非凡的程度。

在知识的另一些领域内,可能不存在这样的冲突。但是关于我们的人性的知识,这样的冲突是存在的。我们关于世界的科学知识,今天比以往任何时候都多得多。但是过去的时代关于人性的知识,比我们现在要多。与从前从容地关注人的条件以及所产生的鸿篇巨制相比较,我们的关注是间断的,说得好听点是患有贫血症的。我们对人性的理解缺乏根据,而我们关于物质世界的知识是有根据的。我们失去了根基。科学提高了我们对物质世界的认识并产生了不计其数的技术奇迹,也正是科学同时削弱了我们对人的条件本身的认识。只有对寿命的研究才能防止科学和技术所滋生的无知,并满足我们想知道我们是谁的渴望。我们只能以这种方式去迎接因人的健忘而造成的我们时代的危机。

在人的条件已从视野中淡出的时代,我们需要人文学科来帮助我们对人的条件保持清醒。我们需要它们是因为如果没有人文学科,我们就失去了能用来应对无意义这一恶魔的唯一的视角,当代的宗教复兴是对这个恶魔作出的一个现实的响应。我们需要人文学科是因为它们作出的响应比宗教作出的响应好,宗教允诺通过服从圆满的力量而获得救赎,这种力量通过其他手段使完美控制的技术的奇思妙想日臻完善。我们被诱导去肯定人文学科用我们的一个最古老的和最深切的欲望所作出的响应。因为即使真理是艰涩的,与控制的欲望同样深切的认识的欲望,更是人所特有的。

这种欲望可以遭受挫折,但绝不会丧失。我们从未终止过为了认识而去认识的愿望。但是就对我们自己的认识而言,今天这个欲望正遭受挫折。科学阻断了这种认识的道路。只有人文学科可以帮助我们恢复通路。只有人文学科可以满足我们认识这种渴望的独特本质的欲望,认识我们是命中注定的、被我们自己的弄巧成拙抬高了的生物。只有人文学科能够在这个能量巨大但不得要领的时代帮助我们去迎合对意义的需求,并满足我们的认识欲,享受这样的认识所产生的内在愉悦,然而在知识的这个分支中这种欲望所遭受的挫折今天是最全面的。

因此,没有任何其他东西能比下述主张更远离真理,这个主张就是:我们不必像需要自然科学和社会科学那样需要人文学科。真理恰恰相反。真理是我们对人文学科的需要是极其强烈的;这种需要凝固在现实的危机中,而其他学科已对此危机作出了产生实效的响应;人文学科的复苏以及人文学科所提供的观察和反省范围的恢复,受到最深切的、最持久的一类欲望的驱动,而这类欲望只有人文学科才能迎合。

今天人文学科在我们的学院和大学中的地位是令人沮丧的。它们处于权威和威望层级的底部。它们缺乏自然科学和社会科学所拥有的那种显而易见的价值和从容的自信。但是任何人只要能抓住我们对人文学科的需要的精髓,只要能理解引发这种需要的危机有多么严重,只要能意识到我们有认识关于我们自己的既可怕而又鼓舞人心的真理的欲望(虽然这种欲望遭受过挫折)的潜能,只要能承认唯有人文学科才能实现这个欲望,他就必然会得出这样的结论:校园之外的力量,根本不是致力于使人文学科保持现在这样的不受尊重的地位,而恰恰是在一个完全相反的方向上施压,并为了自己的利益而施加巨大的压力。

人们在我们的学院和大学之外发现复苏人文学科和恢复它们曾经享有的权威性和自信心状态的需要和动机。所有这一切所需要的就是承认我们所面临的意义危机的严重程度,承认人文学科帮助我们对此危机作出响应的独特能力,承认和识别以下问题之间的密切联系,即这个危机给许多人带来的迫切问题以及与人文学科的权威性总是联系在一起的问题——人为什么而活的问题。

统治我们的生活的技术规则束缚着热诚的和着迷的批评者。它制造了意义危机。在这场危机中隐藏着复苏人文学科和恢复其失去了的权威性的时机和诱因。因为人文学科热爱然而并非情绪化地研究死亡这一事实,与教会及其批评者对危机所作出的响应相比较,这种研究作出的响应是更诚实的、更高尚的。教会及其批评者双双逃避危机——教会允诺只要一个人使谦恭地牺牲人的精神变成这种要求就能获得救助,而它们的批评者则伶牙俐齿地彻底否定危机的存在。

只有人文学科赋予我们在处于需要有勇气面对的险境中自尊地、沉着地面对这一危机的资源。虽然在我们的学院和大学中那些教授人文学科的人现在是否抓住了这样做的机会,还须拭目以待,但是现在的前景看来比十年前要光明得多。

我这样说有几个理由。第一,高涨的宗教原教旨主义浪潮,使得在一般文化中,在宗教的反对者和支持者中间越来越凸现出精神本质问题。以最近的一件事为例:是否应该告诉公立学校的学生智能设计论可以体面地取代进化论,这个问题已激起了一场关于科学与宗教关系的辩论,辩论迫使双方各自澄清两个观点,一是关于人的精神需要,二是关于科学满足这一需要的能力。① 关于堕胎和安乐死的辩论,以及恰当采用医疗技术问题的辩论,具有相似的效果。在这里同样被迫公开关于我们的精神本质是否和如何为科学的力量设置界限的问题。这类问题越来越处于我们的文化关注的核心。原教旨主义者通过提出这些问题而为我们效劳。但是如果说他们也知道应如何回答这些问题,则另一些人对此却不太有把握。许多人承认原教旨主义者提出的问题的重要性,但拒绝他们给出的答案,他们渴望一种非原教旨主义者的严肃的精神。② 此刻在他们看来几乎没有地方能让他们解渴。我们的学院和大学尤其显得冷淡。人文学科和世俗人文主义传统的复苏,对它们而言可能是一个可喜的发展。这可能使它们重申自己对人的精神的义务,且不必作出宗教所要求的那种教条式的假设。这可能为它们提供一个平台,从那里对当代的原教旨主义者运动发起有力的、精神严肃的反击,当时唯有原教旨主义者运动对渗透在我们的技术文明中的意义危机作出严肃应对,在今天煽起如此高的热情的关于

---

① See *Kitzmiller v. Dover*, 400 F. Supp. 2d 707 (M. D. Pa. 2005); Kristi L. Bowman, "Seeing Government Purpose Through the Objective Observer's Eyes: The Evolution-Intelligent Design Debates", *Harvard Journal of Law and Public Policy 29* (Spring 2006): 419—490; William A. Dembski and Michael Ruse, *Debating Design: From Darwin to DNA* (Cambridge: Cambridge University, 2004); Eugenie C. Scott, *Evolution vs. Creationism: An Introduction* (Westport, Conn.: Greenwood Press, 2004); Matt Young and Taner Edis, eds., *Why Intelligent Design Fails: A Scientific Critique of the New Creationism* (New Brunswick, N. J.: Rutgers University Press, 2004).

② See Ronald Dworkin, *Life's Dominion* (New York: Knopf, 1993).

宗教和科学的辩论中,这一危机是清晰可见的。对原教旨主义之外的选项的爱好;对一般文化中对精神关怀的非教条式复苏的渴望;一些人的困惑和窘迫,他们承认教会提出的问题的严肃性,但是拒绝教会提供的答案:这一切为人文学科的复苏搭起了舞台并为这一复苏提供能量。存在着渴望,并且只有人文学科(世俗人文主义传统的守护者)才拥有可以为之解渴的东西。

第二,过去四十年来扭曲了人文学科并阻止世俗人文主义复苏的政治正确性文化,掀起了今天正日益衰减的热情。与多元文化主义观念以及早期的结构主义相伴的激昂情感已经消退。被它们的优势所界定的时期正在走向终结。现在一种疲惫精神在人文学科中占据了上风,这种精神就是等待旧的观念充分表演完并等待某个新的东西去代替它们。在20世纪下半叶的大部分时期内,政治正确性文化不可能去鉴别世俗人文主义的价值。它使世俗人文主义的价值处于声名狼藉的困境中,使它们更像是党派压制的工具,而不是珍藏的共同的财富。但阴云已被吹散。对肯定人文学科价值所进行的抵制正在衰退。同时,随着政治正确性文化丧失其使人寒心、使人沮丧的力量,重申人文学科价值的愿望,把这些价值在很不需要精神援助时作为精神援助的源泉予以振兴的愿望,重申世俗人文主义传统的愿望,把世俗人文主义作为摒弃教会的原教旨主义的一种充满自信的、可靠的选择。所有这些愿望所要克服的障碍是很小的。那些能够这样说的人,能把自己的观点表述成是真正进步的观点的人,能更自如地履行自己的伟大的承诺,引领人文学科前进,治愈现在的微恙。

第三,我想,今天我们学院和大学中的许多学生可能会欢迎以更训练有素的方式探讨人生目标和价值问题的机会。今天的学生在选择研究什么时享有几乎无限的自由。当然大部分学校都有某些名义上的分科要求或其他要求,这使大学生的课程计划在表面上有一种体系。但是这些要求非常宽泛和灵活,因此根本就没有什么有意义的指导性。在实践中,学生几乎可以完全自由地学习他们想学习的东西,根据自己的趣味和志向从一大堆散乱的选修课程中选择自己的课程。

许多人会对你说,他们需要这种自由去为他们打算在毕业后所追求的生涯做准备。但这不是真的,学生自己也知道这一点。几乎没有什么职业需要少量的职前训练的本科生课程。医学院只需要六门课程;法学院一门都不需要。

　　学生享受设计自己的学习课程的自由,这并非总是使个人心满意足之源,却往往会产生焦虑和悔恨。令人不安的是,即使在我们的最好的学院和大学中,今天大量的本科生花费四年的时间,在爱好和好奇心的驱使下,在毫无共同的组织原则或主题的指导下,抽选相互之间几乎没有联系或根本就没有联系的课程。他们的自由留给他们的是一份记录,把相互之间没有联系的零七八碎的片断拼凑在一起,但主修科目的选择所提供的任何谨慎的结构除外。今天太多的毕业生把自己在学院中度过的那几年(这是他们在被远远地冲到退休的岸边之前生命中最奢华的年代)看成是挥霍机会,在追求杂乱的、特异的课程学习计划中蹉跎生命。他们懊恼地将此视为错失了在抓住生活的这个要求及他们无暇提出这个问题之前探索人为什么而活问题的机会。

　　这不是幸福秘诀,许多学生都知道这一点,因为他们的父母比他们更敏锐地懂得人生意义问题有多么迫切,懂得他们的孩子探索这个问题的机会是多么的宝贵和不可多得。对于许多学生而言,如果人文学科教师重申自己有能力引导学生以非权威主义的、然而却是有组织的方式考察这个问题,这就是一个可喜的发展。这是对一种需要作出的响应,他们中的许多人感觉到这种需要但承认得过晚,因为政治正确性文化的作祟,他们对这种需要的表达保持沉默,政治正确性文化还使他们心寒——这就是现在决定大部分本科生课程计划的专业化与自由选择相结合的需要,但这种需要不幸未能被满足。他们的父母可能会对此喝彩,他们希望自己的孩子所受到的教育要多于一点点职业训练加上一些随机抽取的、缺乏有组织的核心的课程,他们希望自己的孩子有机会在开始成年时就能在自己的心灵中储存关于人类奋斗和争取完美的最伟大的、最持久的意象,以此来指导他们在今后必然要面对的选择并永远激励他们。

有许多理由有望说明人文学科的复兴和重新肯定人文学科以世俗人文主义所承认的有限的但却是切实的自信心引导学生探索人类精神生活的权威性。但是有一个因素有力地拉向另一个方向,这就是在人文学科领域内持续地占据优势地位的现代研究理念。

今天的人文学科教师与他们在其他学科领域内的同事一样,几乎毫无例外地是巨型研究型大学的哲学博士课程的毕业生。因此他们在开始自己的职业生涯时研究理念已在他们身上内化。这就使他们对职业成就和条件的理解以及对自己所属学科中什么是重要的和有价值的认识,带有一定的色彩。这就限制着他们的前途,他们的前途取决于他们制造的研究成果的数量和质量。研究理念形成了他们的职业判断并确定了他们取得物质成就和赢得威望的条件,这与今天其他学院和大学教师的情况是一样的。但是从研究理念的观点以及从这一理念所颠倒的价值和报酬的观点出发,人生意义问题在职业上不是一个值得尊重的主题。这不是研究型专家可以求索并不显露出自己是自私的浅薄的涉猎者的问题,而正是研究道德最苛刻地予以谴责的问题。只要研究理念继续决定人文学科教师的态度和志向,恢复人为什么而活问题在这些学科中的荣耀地位的任何试图,就必定会与敌视这个问题的一种专业文化竞争。

这是复兴世俗人文主义的真正的障碍,但并非是一个不可逾越的障碍。如果重申世俗人文主义的价值要求全面地批判研究理念,那么前途确实是惨淡的,因为研究理念在人文学科内的持久的统治地位,在可预见到的将来是生活中的一个不可回避的事实。但是此类批判,既没有必要也是不希望发生的。首先,人文学科中的研究产生具有持久价值的成果。它浓墨重彩地丰富了我们对人文学科所涉及的历史、文学、艺术和哲学主题的认识。这些领域的研究可能缺乏自然科学和社会科学中的那种清晰的累积性,它与真理的联系可能也不像在那些学科中那样明显或稳定。但是它的价值是毋庸置疑的。没有人要求(或应该要求)人文学科停止研究或推翻人文学科的价值,世俗人文主义的复兴肯定不要求我们去这样做。

既不要求全面否定研究理念的核心价值(对原创性的赞美、专业化要求、更替道德),也不要求彻底摧毁其合法性。全面否定不仅是不切实际的,也是不应该的,因为含有这些价值的问题不简单地是不合逻辑,而是其占据整个人文学科的倾向,以及提出排他条件的倾向,根据这些条件可衡量在其中做的每件事的价值。这才是必须予以抵制的,如果想恢复人为什么而活的问题在人文学科中的受尊重的地位,并使它们再次成为从事这些领域中的教学工作的人能体面地为之奉献自己的一部分精力和时间的对象。必须予以抵制的是研究理念的肆无忌惮的扩散,以及它的填充每门学科的每个角落的扩张倾向,因为研究理念紧紧地抓住了每门学科并使这些学科中的教师对自己所做的一切所赋予的期望和所做出的判断有一定的偏见。它公开地提出了很多要求。现代研究理念已深深地进入人文学科的常态中,它的权威性所依赖的就是起道德激励作用的学问观念,这种观念质疑处于研究理念所器重的问题和事务范围之外的任何东西的威望,尤其质疑人生意义问题。但复兴世俗人文主义并不要求任何大得不可能的东西。它不要求人文学科教师放弃其对研究理念的依恋,不要求他们否定研究理念所珍藏的价值并把时钟拨回到研究理念席卷所有竞争领域之前。它只要求基本上忠诚于研究理念的人文学科教师表现出更多的谦恭,要求承认还有其他一些价值是唯有这一领域中的教师才有能力去做的,要求承认,只有谦恭地承认强调研究理念的价值也具有自己的极限,才能体面地、受人尊敬地去做。

我猜测,对于某些人文学科教师而言这种承认可能是一种解脱。这可能赋予他们一种职业自由,使他们能够不用解释或不必感到为难地与自己的学生一起去处理这些会被看作既太大又过于私人化的问题。所谓"职业自由",我指的是摆脱职业文化的抑制影响,因为职业文化热衷于专业化和非个人的研究,谴责大多数此类冒险,正是这种谴责极大地阻止了人文学科教师去把他们的课堂至少在有时候变成一个探讨人生意义的论坛。

在正式的意义上,包括人文学科教师在内的大多数学院和大学教师,在教室中已享受到巨大的自由。教什么和如何教,在很大的程度上是由他们决定的。如何实现这种自由,当然在很大程度上受制于教师本人如何感受自己专业地、挥洒自如地使用这种自由的能力,只要对这种能力的界定不考虑一般的、然而是世俗人文主义赞成的个人探究,就没有教师会自信地承担这一工作。清除这种抑制就能使他们中更多的人获得解放从而去这样做。这就使他们能自由地返回到人生目标和价值问题上,即使在今天使许多人文学科教师注意到他们的领域的首先也是这个问题;使他们自由地把对这个问题的考察看成是一种在专业方面负责地使用课堂时间;使他们能自由地把帮助自己的学生形成对这一问题的答案看成是他们对自己的学生应尽的一种高尚的(即使不是最高尚的)的义务。

教室中的自由是巨大的。教师的自由是可以采用他或她认为最好的方式而不需要得到教务长或系主任的批准。伴随着这个自由来到的就是重大的责任。每一位严肃的教师都深切地感受到这种责任,这是一种全面的责任。今天人文学科所需要的不是缓和教师的这种责任感。需要的是把这种责任感与世俗人文主义所赞誉的而现代研究理念所贬斥的问题和探究模式重新联系起来。一位年轻的教师,他或她关心自己的晋升前途并牢记自己的前途取决于学术成就,即使这样的教师也可以再次肯定这样的联系而不必拿威望和职业生涯去冒险,如果已有的职业自由是这样做的。除了把职业主义等同于研究理念的文化之外就没有什么阻碍了,即使是极有节制地把这二者分开,至少也能为某些人文学科教师重新肯定世俗人文主义的尊贵和自己对与此相联系的教学理念的专注,留有余地。如果这样的事情发生了,即使程度极为有限,这也会引起人文学科的巨大变化,一个惊人的和鼓舞人心的真理就是,这种变化隐藏在各位教师自己的引起变化的能力中,他们只不过是一个接一个地行使了他们已拥有的自由罢了。需要的不是更多的自由或来自高层的允诺。需要的是解除研究理念的束缚,研究理念的内化了的权威(它承认没有极限并要求用它的标准去评价人文学科中的全部工作)是今天复苏世俗人文主义的最大障碍。

对于那些转而重申世俗人文主义传统和重新肯定世俗人文主义在反对研究理念的潮汐引力方面的权威的人而言,有一些范式可以追随。世俗人文主义的传统从来没有彻底灭绝。在许多学校中仍有一些课程洋溢着世俗人文主义的精神。里德学院的人文学科一年级新生的必修课程,就是一个很好的例子。以"伟大会话"而知名的圣奥拉夫学院的五个课程系列以及耶鲁的指导性研究计划,是另外的例子。哥伦比亚的核心课程可能是最有名的例子。这些课程计划许多是多年前制定的,当时世俗人文主义的传统还相当强大,这些课程计划仍保持着这一传统的最初的特点。它们的继续存在对希望更广泛地复兴这一传统的人是一个鼓舞,对想就如何复兴这一传统得到建议的人是一个帮助。

我参与教授的耶鲁的指导性研究计划,是我所知的最好的样板。这一计划是在1947年制定的,与哈佛的通识教育计划在同一年,并且目标也相同——有组织地向本科生介绍第二次世界大战所捍卫的文明的观念和价值,使他们做好在一个被期待追随的自由和民主的社会中生活的准备。多年来指导性研究计划已经历了许多变化。今天它依然是一年级新生的人文学科课程计划。修习指导性研究计划的学生要学习文学、哲学及历史和政治学中的三门课程。他们每星期都要听每门科目的一次讲座,并且在每个班级中,18名学生组成一个小组,小组每周要与他们的教师会面两次。每个班级的教学由助理教授和高级教师共同担当。阅读书目对同一计划中的所有学生都是一样的,教每一科目的教师每周会面一次,讨论分配给各人的材料。学生每周写一篇论文。此外偶尔还有专题讨论会,讨论的主题与共同的读物相关(哲学与诗歌之间的"古老争吵",作为文学的圣经的地位,人权思想的哲学起源,等等)。

在文学课程中,秋季学期的阅读从荷马开始,到但丁结束。春季学期的阅读从塞万提斯开始,到艾略特结束。在哲学课程中,秋季学期的阅读从柏拉图到阿奎那（Aquinas），春季学期的阅读从笛卡儿到维特根斯坦。在历史和政治学课程中，秋季学期学生从阅读希罗多德开始，然后阅读修昔底德、柏拉图、亚里士多德、李维、波利比奥斯（Polybius）、塔西陀（Tacitus）、奥古斯丁和但丁。在春季学期他们继续阅读马基雅弗利、洛克（Locke）、霍布斯、卢梭、康德和马克思。每年都要适当地添加和删掉一些读物，但是在一段时间内书目基本上保持不变。在附录中我记叙了完整的书目。

指导性研究计划是选修课。耶鲁招收的一年级新生可以申请这个课程计划并必须接受它们。去年*招收了120名学生，而申请的人则更多。班级规模很小，但教他们的教师人数则要求很多，因此管理这样的课程计划是很费钱的。配备教师也是一种永恒的挑战。教授这一课程计划的教师很享受这一挑战，但某些人认为这使他们不能专心于自己的研究，所以把此看成是一种职业意义上的损失。尽管存在这些困难，指导性研究计划依然是非常优秀的、充满活力的课程计划，它在学生中的人气继续在增长，这样通常能把某些耶鲁最杰出的学者吸引到这一计划的教师队伍中来。

这个课程计划的核心是人为什么而活的问题。学生阅读一系列文本，并以无可匹敌的力量表达对这一问题的许多具有竞争性的答案。他们认为，不同的作者在不同的时期所主张的不同的生活方式，是人类所能过的最好的生活。鼓励他们以解释性的宽容豁达的态度去考虑每一种生活方式——尽可能深入地进入赋予每种生活方式永恒魅力的经验、观念和价值中。帮助他们去认识在这些可能性之间存在的张力并理解为什么其中的某些张力永远也得不到化解。引导他们去思考哪种生活方式最接近他们逐渐形成的自我感。支持他们去努力这样做，其办法是欢迎他们进入会话中，这个会话的参与者千百年来一直在辩论这些问题。

这就是世俗人文主义精神。这就是指导性研究计划以及其他学校中的类似课程计划的精神。其中的任何一个课程计划都不是机械

---

* 这里似应指2006年。——译者注

地精确复制的样板。每个课程计划都有自己的局限和缺陷。没有一个课程计划可以完美地适用于任何一所希望建立此类课程计划的学校的环境。但仅仅是这种计划的存在就足以证明,即使在研究型大学的时代,人文学科仍然有可能以一种有组织的方式致力于人生意义问题的研究,它们的细节提示着这样做的方式。对于想追随的人而言,存在着鼓舞人心的榜样,没有任何东西可以阻止他们去追随,除非他们自己在内心深处怀疑这些课程计划所引起的非专业化的和具有强烈个人色彩的探究的合法性。这就是需要跨越的高高的围栏。但是,内心的怀疑在我们自己的化解能力范围内也是特异的。我们的科学文明的精神空虚,政治正确性威信的下降,许多学生及其家长对现行的本科生教育制度的不满,为了为世俗人文主义清理出一席之地而谨慎地抵制势不可挡的研究理念的需要,已有了现成的可模仿的样板:所有这一切都不能保证,作为世俗人文主义复兴的最大障碍的内心的怀疑将会失去潜力并在任何有意义的程度上得到克服,但是以上所有这一切表明,希望追随这一课程计划的人有理由谨慎地持乐观态度。

世俗人文主义是在怀疑时刻诞生的。南北战争前学院的虔诚开始丧失自己的力量,多样性和怀疑文化已就位,提供有关人生意义教学的传统(美国高等教育从一开始就建立在这一传统的基础上),只能以一种改变了的形式出现才能生存下去。世俗人文主义使之成为可能。它提供了一种方式使人生意义问题保持在学术关注的中心并以训练有素的方式研究这个问题,同时承认多元论的和怀疑主义的信念,这种信念损害旧秩序的权威性及其主要前提的可靠性,这个前提就是在上帝安排的和仅能用智力了解的世界中只有唯一的一种正确的生活方式。使这个旧秩序分崩离析的怀疑让某些人认为,现在没有一所学校会诉求去做从前每所学校所做的事情的权威,以及诉求教导自己的学生关于人生意义的权威。但是世俗人文主义证明了如何使之仍有可能。这是怀疑时代的自信心之源,是拥有这种自信心的教师的自信心之源,这是新的一类信仰,这是在他们现在寄居其中的摆脱了幻想的世界中唯一允许他们具有的信仰。

今天我们需要世俗人文主义是出于相反的原因,不是把它作为防御怀疑的堡垒,而是把它作为对我们的确定性的解释。我们需要它去帮助我们挑战忠诚,这种忠诚深刻地、潜移默化地约束着我们的生活。需要复苏世俗人文主义来帮助我们重新质疑。

不是像政治正确性的人性论文化现在所做的那样去强制意见的日益削弱的一致性,已有了新的活力的人文主义,质疑我们的道德世界和政治世界中的习以为常的忠诚。它迫使学生去思考更高层次的善是否比美更公正,民主是否是高尚的归宿,是否应该根据对原罪的承认来鉴别我们对人类的敬重。它迫使学生所面对的意见的多样性比现在他们在学院和大学的教室中遇到的更广泛、更纷乱。它可能破坏了他们的自信心并使他们的怀疑更尖锐。今天,只有这样的对立才是真实的。在学生对于这些事物的怀疑中,要予以拒绝和抑制的是那些否定表达的怀疑。这样的怀疑几乎不被承认,当出现这样的怀疑时,它们通常是受到谴责的。世俗人文主义的复苏颠倒了这个文化。它把确定性变为怀疑,把确信变为疑问。它使制约我们生活的道德和政治信念进入我们的视野中,使我们有机会考察这些信念。它使隐蔽的东西——人文学科的最高目标和每个教师的首要职责公开化了。

还可以采用第二种方式。今天的学生来到学院时所抱的一个信念是,他们面对的最重要的选择是生计。许多人对于追求什么样的生涯犹豫不决。但是几乎所有的人都假设只有在生涯的渠道内才能过完美的生活,生涯决定着具有在某种程度上固定的期望值和回报的路径。他们认为挑战就是进入正确的渠道(最佳状态),所以挑战的要求可以为他们掌舵。专业化的压力把学生推向这个方向,他们一路行来遭到苛刻的挑剔。但是生涯(任何生涯)的范围要比获得这种生涯的人的生活的范围窄得多。不管这个生涯多么重要,多么引人入胜,回报多么诱人,生涯仅仅是生活的一部分。关于一个人的生涯如何适合于他或她的作为一个整体的生活的问题,始终存在。一个人活得越长久,这些问题就越引人注意;在生命行将终止前,当一个人再次面对在人的生涯范围之外生活的需要时,它们变得格外尖锐。但它们不是能在生涯范围之内回答的问题。只有从一个人的作为整体的生活的角度才能提出并回答这些问题。但是谋生焦虑阻止学生去接受这个观点或者甚至阻止学生去承认这个观点,他们的教师对研究理念的承诺贬低了这一观点。

但是学生迫切地感到被迫去选择生计,被迫进入最佳状态并开始前行,他们的学院年代是他们从更宽阔的视野考察其生活的最后的最好机会,也是发展他们日后从生涯渠道之外的观点考察事物所需要的习惯的最后的最好机会。这恰恰就是世俗人文主义所鼓励的。它在这样做的时候遭遇大多数学生所分享的点滴信念,丝毫不具有这些渠道之外的观点。生活就是生涯成为他们的信条。世俗人文主义坚持作为一个整体的生活观念的重要性,从而质疑这种忠诚。对于一个即将开始自己的生涯的年轻人而言,没有什么能更使人心烦或更有帮助的。

比生涯信条扎根更深的是我们对技术的热衷以及真理与科学的等同。我们今天生活在麻木的迷茫之中,看不清我们的无穷的力量以及产生这种力量的知识以何种方式切断了我们与关于我们是谁的知识之间的联系。我们把自己拥有这种力量看成是理所当然的,看不到扩张这种力量的不安分的冲动如何贬低凡人的生命极限,而我们的生活只有在这个极限内才是有意义的。我们把这一知识等同于真理,看不到它是如何隐藏关于我们的真理的。今天没有任何东西比技术和科学更紧地抓住我们。它们决定着我们的价值观并限定我们的想象的范围。它们用健忘覆盖人的条件。世俗人文主义是一种回忆的力量。它谋求把我们带回到我们的人性。它的办法就是提醒我们,我们的世界让我们忘记的是什么;它提醒我们,我们是正在走向死亡的动物,我们依附在躯体上,命中注定是要死去的,却渴望得到更多的。我们的世界把死亡归结为一种麻烦并使我们丧失人性。技术可以取消死亡,这是我们时代的伟大的正统观念。这是我们赖以生活的忠诚。

世俗人文主义使我们想起寿命这一事实。它帮助我们牢记我们是谁。但它的办法是在存在确定性的地方传播怀疑,并对我们的科学文明要求我们看作理所当然的答案提出质疑。

在20世纪初,在已经成为美国高等教育的主导力量的巨型研究型大学中,发现了一些新的训练学生生活艺术的方式。其中有空前的选修制自由以及教师和系科的日益增长的专业化,人文学科教师被迫想出一种新的方式去做美国学院从一开始就已经做的事,而不依靠已失去可靠性的教条。世俗人文主义指出了道路,它建议可以如何去这样做。它在怀疑主义和怀疑的时代保护了生活艺术的观念。

今天,这一观念不再受到怀疑的威胁。它受到虔诚的信念的威胁。它的真正的敌人是这个新的信仰,这种新的信仰提出了得到众多学生追捧的正统性观念——扼杀严肃辩论的政治正确性文化;追求名利,不再专注于作为整体的生活;盲目接受隐藏和否定我们人的条件的科学和技术。正是这些东西现在把生活艺术的观念置于风险之中,破坏人文学科教师教授生活艺术的权威性。但是同样的这些忠诚使重申这样的权威性成为必要。曾一度使我们摆脱自己的怀疑的世俗人文主义,现在必须要拯救我们摆脱我们的信念。它必须从蔑视和掩盖人生意义问题的力量的手中夺回这个问题,它必须恢复开放性和惊异,只要是真正努力去回答,这个问题就始终会伴有这样的开放性和惊异。

美国的学院和大学,今天是世界的主要研究中心。但我们有权期待更多。我们有权希望它们为自己的学生提供关于人生意义的教育。一旦它们这样做了,当错位了的但从未丧失的世俗人文主义传统得到恢复并发挥杠杆作用,把现在蒙蔽我们的正统观念驱逐出去,它们就将会再接再厉。这种情况将会发生,我对此满怀信心。条件是鼓舞人心的,需要是巨大的。因为认识的欲望是永恒的,在健忘的时代,当我们的人性被我们所拥有的力量掩盖时,当人生意义问题被教会垄断时,当我们的学院和大学把询问这个问题的全部权威性让给了教会时,世俗人文主义的复苏提供了不同于原教旨主义者的另一种精神,原教旨主义者要求我们专心于科学并要求我们忘掉自己是谁。我们惊异地、清醒地并勇敢地面对作为凡人的我们自己:让我们的学院和大学成为它们曾经担任过的精神领袖,我们所有的人,教师、学生、家长、共和国的公民,都需要它们再次成为精神领袖。

附录　耶鲁大学指导性研究计划读物目录(2005—2006)

2005 年秋季

文学

荷马(Homer),《伊里亚特》(Iliad)

荷马,《奥德赛》(Odyssey)

埃斯库罗斯(Aeschylus),《奥瑞斯忒亚》(Oresteia)

索福克勒斯(Sophocles),《奥狄浦斯王》(Oedipus the King)

索福克勒斯,《奥狄浦斯在科洛诺斯》(Oedipus at Colonus)

维吉尔(Virgil),《埃涅阿斯纪》(Aeneid)

奥维德(Ovid),《变形记》(Metamorphoses)

《希伯来圣经》(The Hebrew Bible)(选读)

《新约全书》(The New Testament)(选读)

但丁(Dante),《神曲》(Divine Comedy)(选读)

历史和政治学

希罗多德(Herodotus),《历史》(The History)

修昔底德(Thucydides),《伯罗奔尼撒战争史》(History of the Peloponnesian War)

柏拉图(Plato),《理想国》(Republic)

亚里士多德(Aristotle),《政治学》(Politics)(选读)

李维(Livy),《罗马的兴起》(The Rise of Rome)

波利比奥斯(Polybius),《罗马帝国的兴起》(The Rise of the Roman Empire)

塔西陀(Tacitus),《帝国罗马编年史》(The Annals of Imperial Rome)

奥古斯丁(Augustine),《上帝之城》(City of God)(选读)

但丁,《僧侣》(Monarchy)

布赖恩·蒂尔尼(Brain Tierney),《教会和国家的危机,1050—1300》(The Crisis of Church and State, 1050—1300)

哲学

柏拉图,《尤息弗罗》(Euthyphro)

柏拉图,《斐多篇》(Phaedo)

柏拉图,《会饮篇》(Symposium)

柏拉图,《理想国》(Republic)

亚里士多德,《尼各马可伦理学》(Nicomacheam Ethtcs)

亚里士多德,《物理学》(Physics)(选读)

亚里士多德,《范畴篇》(Categories)(选读)

亚里士多德,《论灵魂》(De Anima)(选读)

亚里士多德,《形而上学》(Metaphysics)(选读)

塞克斯都·恩披里柯(Sextus Empiricus),《皮朗主义纲要》(Outlines of Pyrronism)

阿奎那(Aquinas)《神学大全》(Summa Theologica)(选读)

爱比克泰德(Epictetus),《手册》(Handbook)

奥古斯丁,《论意志的自由选择》(On Free Choice of the Will)

2006年春季

文学

彼特拉克(Petrarch),《离散的旋律》(Rime Sparse)

莎士比亚(Shakespeare),《十四行诗》(The Sonnets)(选读)

塞万提斯(Cervantes),《堂吉诃德》(Don Quixote)

莎士比亚,《李尔王》(King Lear)

弥尔顿(Milton),《失乐园》(Paradise Lost)

布莱克(Blake),《天真和经验之歌》(Songs of Innocence and of Experince)

华兹华斯(Wordsworth),《诗歌和前言选集》(Selected Poems and Prefaces)

歌德(Goethe),《浮士德:第一部分》(Faust:Part One)

福楼拜(Flaubert),《包法利夫人》(Madame Bovary)

陀思妥耶夫斯基(Dostoevsky),《卡拉马佐夫兄弟》(The Brothers Karamazav)

艾略特(Eliot),《荒野》(The Waste Land)

历史和政治学

马基雅弗利(Machiavelli),《君主论》(The Prince)

路德(Luther),《论基督徒的自由》(On Christian Liberty)

霍布斯(Hobbes),《利维坦》(Levitathan)(选读)

洛克(Locke),《关于政府的第二篇论文》(Second Treatise of Government)

卢梭(Rousseau),《第一和第二篇论文》(The First and Second Discourses)*

卢梭,《社会契约论》(The Social Contract)

伯克(Burke),《关于法国革命的感想》(Reflections on the Revolution in France)

汉密尔顿、麦迪逊、莱(Hamilton, Madison and Jay),《联邦主义者论文》(The Federalist Papers)(选读)

托克维尔(Tocqueville),《美国民主》(Democracy in America)(选读)

---

* 卢梭的第一篇论文是《论科学与艺术》,第二篇论文是《论人类不平等的起源和基础》。——译者注

穆勒(Mill),《论自由》(On Liberty)

爱默森(Emerson),《论自助》(Self Reliance)

马克思(Marx),《德意志意识形态》(The German Ideology);《犹太人问题》(The Jewish Question);《共产党宣言》(The Communist Manifesto)

尼采(Nietzsche),《历史对人生的利弊》(Use and Disadvantage of History for Life)

阿伦特(Arendt),《极权主义的起源》(Origins of Totalitarianism)

哲学

笛卡儿(Descartes),《第一哲学沉思录》(Meditations on First Philosophy)

莱布尼兹(Leibniz),《哲学论文》(Philosophical Essays)["神正论"(Primary Truths),"谈形而上学"(Discourse on Metaphysics),"单子论"(Monadology)]

伯克利(Berkeley)*,《希勒斯和斐诺斯三篇对话》(Three Dialogues Between Hylas and Philonous)

休谟(Hume),**《人类理智研究》(Enquiry Concerning Human Understanding)

休谟,《人性论》(A Treatise of Human Nature)(选读)

康德(Kant),《纯粹理性批判》(Critique of Pure Reason)

康德,《道德的形而上学基础》(Grounding for the Metaphysics of Morals)

穆勒,《功利主义》(Utilitarianism)

克尔恺郭尔(Kierkegaard),《恐惧和战栗》(Fear and Trembling)

尼采,《道德体系论》(On the Genealogy of Morals)

维特根斯坦(Wittgenstein),《论确实性》(On Certainty)

---

* 又译贝克莱。——译者注
** 又译休姆。——译者注

术语对照表

A

Achilles 阿喀琉斯
affirmative action 平权行动
African-Americans 非洲裔美国人
　　the question of life's meaning 人生意
　　　义的问题
Allen, Woody 伍迪·艾伦
anger 愤怒
antebellum colleges 南北战争前的学院
　　curriculum 课程
　　　faculty 教学人员,教授会,系科,院
　　　instructional goals 教学目标
　　　single right way of living assumed 假
　　　　设只有一种唯一正确的生活方式
anti-colonialism 反殖民主义
Arendt, Hannah 汉娜·阿伦特
Aristotle 亚里士多德
　　diversity values offended by 被冒犯
　　　的价值多样性
　　Nichomachean Ethics《尼各马可伦
　　　理学》
arts and letters, tradition of 艺术和文学

传统
Astin, Alexander W. 亚历山大·阿斯廷
astronomy 天文学
Augustine, St. 圣奥古斯丁
Austin, Jane 简·奥斯汀

B

Babbitt, Irving 欧文·白璧德
Bacon, Francis 弗朗西斯·培根
Baker, Houston A. 豪斯顿·贝克
　　Bakker case 巴基案例
Barnheiser, Devid 戴维·巴海塞
Bible, the 圣经
Bildung 教化
biography of individuals/ cultures 个人/文
　　化传记
biology 生物学
Bok, Derek 德里克·博克
Brown University 布朗大学
Bureaucrats 官吏

C

Calculus 微积分

California, University of 加利福尼亚大学
Cambridge University 剑桥大学
capitalist entrepreneurs 资本家、企业家
Caravaggio 卡拉瓦乔
Careers 生涯
 career choice 生计选择
cares and caring 关心的事和操心
Cassirer, Ernst 厄恩斯特·卡西里尔
chemistry 化学
Chicago University of 芝加哥大学
childhood 童年
choice 选择
 course election 选修教程
 freedom to choose values/interests 选择价值/利益的自由
Christianity and Christian life 基督教和基督徒的生活
 early colleges 早期学院
citizenship 公民身份
civil rights movement 民权运动
classical studies 古典研究
classroom environment 教室环境
Cohen, Arthur M. 阿瑟·科恩
colleges and universities 学院和大学
 current attitudes toward study of life's meaning questions 现在对研究人生意义问题的态度
 disciplinary divisions 学科分科
 life's meaning question forced out 人生意义问题被迫出局
 religious institutions 宗教机构
 religious movements scorned 被蔑视的宗教运动
 responsibility to help students explore meaning of life 帮助学生探索人生意义问题的责任
 politicization (1960s-present) 政治化(从20世纪60年代到现在)
 university system's emergence 大学制度的脱颖而出
 history of formal study of life's meaning 人生意义问题正规研究史
Columbia University 哥伦比亚大学
communism 共产主义
compensatory justice 补偿性公正
constructivism 结构主义
 definition and origins 定义和起源
 external and internal criticisms 外部和内部的批评
 conversation of great works 与伟大作品的会话
Cornell University 康奈尔大学
culture 文化
 custodianship of tradition/culture: 传统/文化的看守人的职责
 understanding uniqueness of culture/period 对一种文化/时期的独特性的认识
curricula: 课程:
 17th century (Harvard) 哈佛17世纪的课程
 antebellum curriculum 南北战争前的课程
 prescribed courses 必修课程
 elective courses 选修课程

D

Dante Alighieri 但丁
death (mortality): 死亡(寿命)
    the idea of life as a whole 作为一个整体的生活的观念
    mortality as source of meaning 作为意义之源的寿命
    mortality devalued 贬低寿命
    Vas part of human condition 作为人的条件的一部分
    scholars' view of 学者的观点
    willingness to die for highest-order cares 为了最高层次的关心去死的意愿
democracy 民主
Descartes, René 笛卡儿
desires: 欲望:
Dewey, John 杜威
Directed Studies Program (Yale University), 指导性研究计划(耶鲁大学)
discovery 发现
diversity 多样性
    debate silenced by diversity pedagogy 由于多样性教育学而沉默的辩论
    decline 衰退
    life's meaning question and diversity pedagogy 人生意义问题和多样性教育学
    as pedagogical value 作为教育价值
Dwight, Timothy 蒂莫西·德怀特

E

Economics 经济学
Eliot, Charles 查尔斯·埃利奥特
Eliot, T. S. 艾略特
employment, purpose/value of 接受的目标/价值
English, emergence of as 英语作为一门学科出现
    literature 文学
Erasmus 伊拉斯谟
ethnicity 种族划分
Eurocentrism 欧洲中心主义
everyday life and the question of life's meaning 日常生活和人生意义问题
experimental method 实验方法

F

family 家庭
Fanon, Frantz 弗朗茨·法农
fate, stretching limits of 扩展命运的极限
Fermat, Pierre de (last theorem) 费马(最后的定理)
Ficino, Marsilio 菲奇诺
foreign languages 外语
Foucault, Michel 米歇尔·福柯
frameworks of meaning 意义的框架
freedom 自由
Freud, Sigmund 西格蒙德·弗洛伊德
friends and friendships 朋友和友谊
Frye, Northrop 诺思罗普·弗莱
fundamentalism 原教旨主义

G

Galileo 伽利略
Gauguin, Paul 保罗·高庚

gender 性别

generalism 通才

geography 地理学

geology 地质学

Georgia, University of 佐治亚大学

German Universities 德国大学

Globalization 全球化

God 上帝

Godkin, E. L. E. L. 戈德金

Goethe, Johann Wolfgang von 约翰·沃尔夫冈·歌德

graduate school and graduate students 研究生院和研究生

Graham, Billy 比尔·格雷厄姆

Gratz v. Bollinger（Univ. of Michigan affirmative action case）格拉茨案例（密歇根大学的平权行动）

great books curriculum 名著精读课程

Gross, Paul R. 保罗·格罗斯

Gutmann, Amy 阿米·古特曼

H

Hamann, J. G. J. G. 哈曼

Harvard College and Harvard University 哈佛学院和哈佛大学

Hazlitt, William 威廉·哈兹里特

Hegel, Georg Wilhelm Friedrich 乔治·威廉·弗里德里克·黑格尔

Herder, Gottfried 戈特夫里德·赫尔德

Hertz, Heinrich Rudolph 海因里希·鲁道夫·赫茨

history and historians, 历史和历史学家
 age of piety 虔诚期

 age of secular humanism 世俗人文主义时代

 programs of study 研究计划

 research ideal, question devalued by 被研究理念贬值的问题

 specialization's rise 专门化的兴起

Hoffman, Valerie J. 瓦莱里亚·霍夫曼

Homer 荷马

human rights 人权

humanities and humanities teachers 人文学科和人文学科教师
 attitude toward study of life's meaning question 对人生意义问题研究的态度
 common human nature, identification/understanding of 对共同人性的认同和认识
 crisis of confidence/purpose 信心和目标危机
 diversity argument embraced 包含的多样性论争
 freedom of the classroom 上课的自由
 gender/ethnicity and interpretation 性别/种族划分和解释
 lack of respect accorded 缺乏相应的尊重
 life patterns/paths, identification/understanding of 对生活方式的认同和理解
 models for directed study of life's meaning question 指导人生意义问题研究的样板
 research ideal's effects 研究理念的影

响

    revival possible 复兴的可能性

    scientists' attitudes toward 科学家的态度

    secular humanism's rise 世俗人文主义的复兴

    study of life's meaning continued 继续对人生意义的研究

    truth, belief in 对真理的信仰

humanity and human nature: commonality of the human condition 人与人性：人的条件的共同性

    desire to know/understand 认识的欲望 humanities needed to restore love/ understanding of 需要人文学科去恢复对~的爱/理解

    mortality as source of meaning 作为意义之源的寿命

    primacy of human identity 人的身份处于首位

    technology and human limits 技术和人的局限性

Hume, David 休谟

humor 幽默

I

idealizing passions 理想化的激情

identity 身份

impersonal vs. the personal 比较非个人的和个人的

individuality 个性

    group identity 群体身份

    romantic belief in 对~的浪漫主义信念

understanding the uniqueness of a culture/period 对一种文化（时代）的独特性的认识

injustice 不公正

    the privileged 享有特权地位的

intelligent design 智能设计论

Islam 伊斯兰教

J

James, William 威廉·詹姆士

Jesus 耶稣

jobs 工作

Johns Hopkins University 约翰斯·霍普金斯大学

Joyce, James 詹姆斯·乔伊斯

Judaism 犹太教

judgment 判断

    justice 公正

K

Kant, Immanuel 伊曼纽尔·康德

    regulative ideal 调节性理想

Kennan, George 乔治·凯南

Kennedy, Gail 盖尔·肯尼迪

Kimball, Roger 罗杰·金布尔

knowledge as power 知识就是力量

Koelln, Fritz C. A. 弗里茨·凯尔恩

L

La Rochefoucauld, François de 拉罗什富科

Lawrence, Nathaniel 纳撒尼尔·劳伦斯

Lear, Jonathan 乔纳森·利尔
Leibniz, Cottfried Wilhelm von 莱布尼兹
Levin, Richard C. 理查德·莱文
Levitt, Norman 诺曼·莱维特
liberal arts programs 博雅教育课程
liberalism, political 政治自由主义
Liberty University 利伯蒂大学
Liebig, Justus von 贾斯特斯·利比格
Life 生活
 balanced life 正常生活
 patterns/paths 范式/人生道路
 personal nature of question 问题的个人性
 privatization of ~的个人化
 research ideal's devaluation of 研究理念贬低~的价值
literary criticism 文学批评
 personal dimension 个人维度
Lovejoy, Thomas E. 托马斯·洛夫乔伊

M

Maalouf, Amin 艾明·马阿劳夫
Maitano, John R. 约翰·梅坦诺
Mann, Thomas 托马斯·曼
markets and the market economy 市场和市场经济
Marx, Karl 卡尔·马克思
Marxism 马克思主义
mathematics 数学
Meiklejohn, Alexander 亚历山大·米克尔约翰
memory and memorization 记忆和背诵
Michelangelo 米开朗琪罗

Michigan, University of 密歇根大学
modernization, as Westernization 西方化的现代化
Montry Python 蒙提·派森
More, Paul Elmer 保罗·埃尔默·莫尔
Morrill Land Grant Act (1862) 莫雷尔赠地法(1862)
Mortality 寿命,必死命运
Mulligan, Joseph F. 约瑟夫·马利根
Multiculturalism 多元文化主义
 anti-Western bias in the humanities 人文学科中的反西方偏见
 benign formulation 宽厚的陈述
 decline of secular humanism 世俗人文主义的衰退
 the "great conversation" "伟大会话"

N

natural science 自然科学
Nevins, Allan 阿伦·内文斯
Newton, Isaac 艾萨克·牛顿
Nietzsche, Friedrich 弗里德里克·尼采
Nussbaum, Martha C. 马撒·努斯鲍姆

O

Oakeshott, Michael 迈克尔·奥克肖特
objectivity 客观性
Oral Roberts University 奥雷尔·罗伯茨大学
original scholarship 原创性的学问
Oxford University 牛津大学

P

passions, idealizing 理想化的激情

past, connection with 与过去的联系
patriotism 爱国主义
Payne, James Robert 詹姆斯·罗伯特·佩恩
Peck, David R. 戴维·佩克
Pettegrove, James P. 詹姆斯·佩特格罗夫
philology 语言学
Philosophical Investigations (Wittgenstein),《哲学研究》(维特根斯坦)
philosophy and philosophers 哲学和哲学家
　　"Existentialism" Course at Williams College, "存在主义"课程和威廉姆斯学院
physical sciences 物理科学
physics 物理学
Pierce, Charles Sanders 查尔斯·桑德斯·皮尔斯
Plato 柏拉图
Pluralism 多元论
political correctness 政治正确性
political economy 政治经济学
political societies 政治社会
Powell, Lewis 刘易斯·鲍威尔
practical studies 实践性的学科
pride 骄傲
Princeton University 普林斯顿大学
Prior, Moody 穆迪·普赖尔
Puritans 清教徒
pyramid of decisions and commitments 决定和义务的金字塔

R

Race 种族
Recitation 吟诵
Reed College 里德学院
Regent University 雷金特大学
religion and religious 宗教和宗教信仰
research ideal 研究理念
romanticism (romantic individualism) 浪漫主义(浪漫个人主义)
Rorty, Richard 理查德·罗蒂
Rudolph, Frederick 弗雷德里克·鲁道夫

S

Sawyer, John E. 约翰·索耶
Schleiermacher, Friedrich Daniel Ernst 弗里德里克·丹尼尔·厄恩斯特·施莱艾尔马赫
Scholarship 学问
　　ethic of supersession 更替道德
　　original contributions importance 原创性贡献的重要性
　　scholarly ideal's emergence 学术研究理念的萌芽
"Scholarship as vocation" (Weber: lecture)《以学术为业》(韦伯的演讲)
Schopenhauer, Arthur 阿瑟·叔本华
sciences (natural/ physical sciences) 科学(自然/物理科学)
secular humanism 世俗人文主义
self-cultivation 自我教化
sexual desire 性欲
Shakespeare, William 威廉·莎士比亚

slavery issue 奴隶制问题
Smith, Adam 亚当·斯密
Snow, C. P. 斯诺
social engineering 社会工程学
social science 社会科学
societies, political 政治社会
Socrates 苏格拉底
Sophocles 索福克勒斯
"Southerner Argues for a 'Southern Education' in the Hedrick Case, 1856, A","1856年赫德里克案例中南方人为南方教育辩护"
specialization 专业化
Spencer, Herbert 赫伯特·斯宾塞
Spinoza, Baruch (Benedict de) 巴鲁克·斯宾诺莎
spiritual crisis 精神危机
St. Olaf's College 圣奥拉夫学院
students 学生
Students for a Democratic Society (SDS) 争取民主社会学生同盟
Summers, Lawrence H. 劳伦斯·萨默斯

T

Teachers (faculty) 教师
    confidence of science 对科学的自信心
    social science teachers 社会科学教师
    freedom of the classroom 教室中的自由
    life's meaning question in private life 个人生活中的人生意义问题
technology 技术
Thwing, Charles F. 查尔斯·思温
tolerance 宽容
Trachtenberg, Alan 艾伦·特拉顿伯格

U

uniqueness 独一无二
University of ~ 大学

V

values 价值, 价值观
Veysey, Laurence R. 劳伦斯·维齐
Virgil 维吉尔
vocational training 职业训练
Voltaire 伏尔泰

W

Wayland, Francis 弗朗西斯·韦兰
Wealth of Nations, The (Smith)《国富论》
Weber, Max 马克斯·韦伯
Western Culture 西方文化
    anti-Western bias 反西方的偏见
Wiebe, Robert H. 罗伯特·威贝
Wiles, Andrew 安德鲁·怀尔斯
Williams College 威廉姆斯学院
Wilson, Woodrow 伍德罗·威尔逊
Wittgenstein, Ludwig 路德维希·维特根斯坦
Wolf, F. A. 沃尔夫
wonder 惊奇

Wood,Robert 罗伯特·伍德

Y

"Yale Report of 1828, The" 1828 年耶鲁报告

Yale University 耶鲁大学

好 书 分 享

大学之道丛书

大学之用
教师的道与德
高等教育何以为高
哈佛大学通识教育红皮书
哈佛，谁说了算
营利性大学的崛起
学术部落与学术领地
高等教育的未来
知识社会中的大学
教育的终结
美国高等教育通史
后现代大学来临？
学术资本主义
德国古典大学观及其对中国的影响
美国大学之魂（第二版）
大学理念重审
大学的理念
现代大学及其图新
美国文理学院的兴衰
大学的逻辑（第三版）
废墟中的大学
美国如何培养硕士研究生
美国高等教育史（第二版）
麻省理工学院如何追求卓越
美国高等教育质量认证与评估
高等教育理念
印度理工学院的精英们
21世纪的大学
美国公立大学的未来
美国现代大学的崛起
公司文化中的大学
大学与市场的悖论
高等教育市场化的底线
美国大学时代的学术自由
理性捍卫大学
美国的大学治理
世界一流大学的管理之道（增订本）

21世纪高校教师职业发展读本

如何成为卓越的大学教师（第二版）
如何提高学生学习质量
学术界的生存智慧（第二版）
给研究生导师的建议（第二版）
给大学新教员的建议（第二版）
教授是怎样炼成的

学术规范与研究方法丛书

如何进行跨学科研究
如何查找文献（第二版）
如何撰写与发表社会科学论文：国际刊物指南
如何利用互联网做研究
社会科学研究方法100问
社会科学研究的基本规则（第四版）
参加国际学术会议必须要做的那些事
——给华人作者的特别忠告
如何成为学术论文写作高手
——针对华人作者的18周技能强化训练
给研究生的学术建议（第一版）
生命科学论文写作指南
如何撰写和发表科技论文（第六版）
法律实证研究方法（第二版）
传播学定性研究方法（第二版）
学位论文写作与学术规范
如何写好科研项目申请书
如何为学术刊物撰稿（影印第二版）
如何成为优秀的研究生（影印版）
教育研究方法：实用指南（第六版）
高等教育研究：进展与方法
做好社会研究的10个关键

科学元典丛书

天体运行论　〔波兰〕哥白尼
关于托勒密和哥白尼两大世界体系的对话
　〔意〕伽利略
心血运动论　〔英〕威廉·哈维
薛定谔讲演录　〔奥地利〕薛定谔
自然哲学之数学原理　〔英〕牛顿
牛顿光学　〔英〕牛顿
惠更斯光论（附《惠更斯评传》）〔荷兰〕惠更斯
怀疑的化学家　〔英〕波义耳
化学哲学新体系　〔英〕道尔顿
控制论　〔美〕维纳
海陆的起源　〔德〕魏格纳
物种起源（增订版）　〔英〕达尔文
热的解析理论　〔法〕傅立叶
化学基础论　〔法〕拉瓦锡
笛卡儿几何　〔法〕笛卡儿
狭义与广义相对论浅说　〔美〕爱因斯坦
人类在自然界的位置（全译本）〔英〕赫胥黎
基因论　〔美〕摩尔根
进化论与伦理学（全译本）（附《天演论》）
　〔英〕赫胥黎
从存在到演化　〔比利时〕普里戈金
地质学原理　〔英〕莱伊尔
人类的由来及性选择　〔英〕达尔文
希尔伯特几何基础　〔俄〕希尔伯特
人类和动物的表情　〔英〕达尔文
条件反射：动物高级神经活动　〔俄〕巴甫洛夫
电磁通论　〔英〕麦克斯韦
居里夫人文选　〔法〕玛丽·居里
计算机与人脑　〔美〕冯·诺伊曼
人有人的用处：控制论与社会　〔美〕维纳
李比希文选　〔德〕李比希
世界的和谐　〔德〕开普勒
遗传学经典文选　〔奥地利〕孟德尔 等

德布罗意文选 〔法〕德布罗意
行为主义 〔美〕华生
人类与动物心理学讲义 〔德〕冯特
心理学原理 〔美〕詹姆斯
大脑两半球机能讲义 〔俄〕巴甫洛夫
相对论的意义 〔美〕爱因斯坦
关于两门新科学的对谈 〔意大利〕伽利略
玻尔讲演录 〔丹麦〕玻尔
动物和植物在家养下的变异 〔英〕达尔文
攀援植物的运动和习性 〔英〕达尔文
食虫植物 〔英〕达尔文
宇宙发展史概论 〔德〕康德
兰科植物的受精 〔英〕达尔文
星云世界 〔美〕哈勃
费米讲演录 〔美〕费米
宇宙体系 〔英〕牛顿
对称 〔德〕外尔
植物的运动本领 〔英〕达尔文
博弈论与经济行为（60周年纪念版） 〔美〕
　冯·诺伊曼
生命是什么（附《我的世界观》）〔奥地利〕
　薛定谔

跟着名家读经典丛书

先秦文学名作欣赏 吴小如等著
两汉文学名作欣赏 王运熙等著
魏晋南北朝文学名作欣赏 施蛰存等著
隋唐五代文学名作欣赏 叶嘉莹等著
宋元文学名作欣赏 袁行霈等著
明清文学名作欣赏 梁归智等著
中国现当代诗歌名作欣赏 谢冕等著
中国现当代小说名作欣赏 陈思和等著
中国现当代散文戏剧名作欣赏 余光中等著
外国诗歌名作欣赏 飞白等著
外国小说名作欣赏 萧乾等著
外国散文戏剧名作欣赏 方平等著

博物文库

无痕山林
大地的窗口
探险途上的情书
风吹草木动
亚马逊河上的非凡之旅
大卫·爱登堡的天堂鸟故事
蘑菇博物馆
贝壳博物馆
甲虫博物馆
蛙类博物馆
兰花博物馆
飞鸟记
奥杜邦手绘鸟类高清大图
日益寂静的大自然
垃圾魔法书
世界上最老最老的生命
村童野径
大自然小侦探
与大自然捉迷藏
鳞甲有灵
天堂飞鸟
寻芳天堂鸟
休伊森手绘蝶类图谱
布洛赫手绘鱼类图谱
自然的艺术形态
雷杜德手绘花卉图谱
果色花香：圣伊莱尔手绘花果图志
玛蒂尔达手绘木本植物
手绘喜马拉雅植物

西方心理学名著译丛

记忆 〔德〕艾宾浩斯
格式塔心理学原理 〔美〕考夫卡
实验心理学（上、下册） 〔美〕伍德沃斯 等
思维与语言 〔俄〕维果茨基
儿童的人格形成及其培养 〔奥地利〕阿德勒
社会心理学导论 〔英〕麦独孤
系统心理学：绪论 〔美〕铁钦纳
幼儿的感觉与意志 〔德〕蒲莱尔
人类的学习 〔美〕桑戴克
基础与应用心理学 〔德〕闵斯特伯格
荣格心理学七讲 〔美〕霍尔 等

其他图书

如何成为卓越的大学生 〔美〕贝恩
世界上最美最美的图书馆 〔法〕博塞 等
中国社会科学离科学有多远 乔晓春
国际政治学学科地图 陈岳 等
战略管理学学科地图 金占明
文学理论学学科地图 王先霈
大学章程（1—5卷） 张国有
道德机器：如何让机器人明辨是非 〔美〕瓦
　拉赫 等
科学的旅程（珍藏版） 〔美〕斯潘根贝格 等
科学与中国（套装） 白春礼 等
彩绘唐诗画谱 （明）黄凤池
彩绘宋词画谱 （明）汪氏
如何临摹历代名家山水画 刘松岩
芥子园画谱临摹技法 刘松岩
南画十六家技法详解 刘松岩
明清文人山水画小品临习步骤详解 刘松岩
我读天下无字书 丁学良
教育究竟是什么？〔英〕帕尔默 等
教育，让人成为人 杨自伍
透视澳大利亚教育 耿华
游戏的人——文化的游戏要素研究 〔荷兰〕
　赫伊津哈
中世纪的衰落 〔荷兰〕赫伊津哈
苏格拉底之道 〔美〕格罗斯
全球化时代的大学通识教育 黄俊杰
美国大学的通识教育 黄坤锦
大学与学术 韩水法
国立西南联合大学校史（修订版） 西南联合
　大学北京校友会
发展中国家的高等教育 〔美〕查普曼 等